AMIGOS DE DEUS

Conheça nossos clubes

Conheça nosso site

@editoraquadrante
@editoraquadrante
@quadranteeditora
Quadrante

JOSEMARIA ESCRIVÁ

AMIGOS
DE DEUS

Tradução
Emérico da Gama

5º edição

São Paulo
2023

Título original
Amigos de Dios

Copyright © 1978 Fundación Studium

Capa de
Gabriela Haeitmann

Dados Internacionais de Catalogação na Publicação (CIP)

Escrivá de Balaguer, Josemaria, 1902-1975
    Amigos de Deus / Josemaria Escrivá de Balaguer; tradução de Emérico da Ga -
ma – 5ª ed. – São Paulo : Quadrante, 2023.
    Título original: *Amigos de Dios*.
    ISBN: 978-85-7465-565-9
    1. Escrivá de Balaguer, Josemaria, 1902-1975 – Sermões 2. Espiritualidade 3.
Sermões espanhóis 4. Vida cristã. I. Título.

CDD-252

Índices para catálogo sistemático:
1. Homilias : Textos : Cristianismo 252

Todos os direitos reservados a
QUADRANTE EDITORA
Rua Bernardo da Veiga, 47 - Tel.: 3873-2270
CEP 01252-020 - São Paulo - SP
www.quadrante.com.br / atendimento@quadrante.com.br

ÍNDICE

O AUTOR	9
APRESENTAÇÃO	13
A GRANDEZA DA VIDA CORRENTE	27
Deus nos quer santos	28
Coisas pequenas e vida de infância	31
Uma vida cristã coerente	34
Sinceridade na direção espiritual	36
Procurar a presença de Deus	39
Na barca de Cristo	41
A LIBERDADE, DOM DE DEUS	44
Escolher a vida	45
O sentido da liberdade	46
Liberdade e entrega	49
A liberdade das consciências	52
Responsáveis perante Deus	55
O TESOURO DO TEMPO	59
Desde a primeira hora	62
Render para Deus	64
Junto da vinha	66
A figueira estéril	67
Nas coisas do Pai	70
TRABALHO DE DEUS	72
O trabalho, participação no poder divino	74
Valor exemplar da vida profissional	78
Converter o trabalho em oração	80
Fazer tudo por amor	85

VIRTUDES HUMANAS	89
Virtudes humanas	90
Fortaleza, serenidade, paciência, magnanimidade	92
Laboriosidade, diligência	94
Veracidade e justiça	95
Os frutos da temperança	96
A sabedoria de coração	97
Um caminho normal	99
Virtudes humanas e virtudes sobrenaturais	101
HUMILDADE	103
Para ouvir a Deus	105
A soberba, o inimigo	106
Um burrico por trono	108
Frutos da humildade	110
Humildade e alegria	112
DESPRENDIMENTO	115
Exemplo de Cristo	115
O senhorio do cristão	119
Pai..., não os tires do mundo	124
Deus ama quem dá com alegria	128
SEGUINDO OS PASSOS DO SENHOR	132
O caminho do cristão	133
De olhos postos na meta	137
Como o bater do coração	138
Espírito de penitência	142
A RELAÇÃO COM DEUS	147
Somos filhos de Deus	148
O exemplo de Jesus Cristo	149
Piedade, relacionamento de filhos	151
Plano de vida	155
As estacas pintadas de vermelho	157
VIVER DIANTE DE DEUS E DIANTE DOS HOMENS	160
A prudência, virtude necessária	161
Os respeitos humanos	163
Proceder com retidão	165
O colírio da nossa fraqueza	167
A cada um o que é seu	169

ÍNDICE

Deveres de justiça para com Deus e para com os homens	171
Justiça e amor à liberdade e à verdade	173
Justiça e caridade	175

PORQUE VERÃO A DEUS 178
O exemplo de Cristo	179
Trazer Deus no nosso corpo	181
A castidade é possível	184
Todo o coração entregue	186
Amor humano e castidade	187
Os meios para vencer	188

VIDA DE FÉ 194
Junto à piscina de Siloé	195
A fé de Bartimeu	197
Fé com obras	199
Fé e humildade	200
Vida corrente e contemplação	202

A ESPERANÇA CRISTÃ 206
Esperanças terrenas e esperança cristã	208
Em que esperar	210
Tudo posso	212
A miséria e o perdão	214
Deus não se cansa de perdoar	216
A importância da luta	218
Com o olhar no Céu	221

COM A FORÇA DO AMOR 224
Pedadogia divina	227
Universalidade da caridade	230
Manifestações do amor	232
A prática da caridade	234
O único caminho	236

VIDA DE ORAÇÃO 239
Como orar	242
Oração, diálogo	244
Orações vocais e oração mental	246
Mais um personagem	249

8 AMIGOS DE DEUS

PARA QUE TODOS SE SALVEM	253
O fermento e a massa	253
Fainas de pesca	255
Os milagres repetem-se	257
Apostolado na vida de todos os dias	259
As almas são de Deus	261
Audácia para falar de Deus	262
MÃE DE DEUS, MÃE NOSSA	266
Fé do povo cristão	267
Mãe do amor formoso	268
Mãe da Igreja	271
Mestra de fé, de esperança e de caridade	273
Mãe nossa	276
RUMO À SANTIDADE	281
Falar com Deus	282
A Humanidade Santíssima de Cristo	284
A Santa Cruz	288
A Trindade Beatíssima	289
Oração viva	292
Vida corrente	293
Com os santos anjos	295
ÍNDICE DE TEXTOS DA SAGRADA ESCRITURA	299
ÍNDICE DE PADRES E DOUTORES DA IGREJA	305
ÍNDICE DE MATÉRIAS	307

O AUTOR

São Josemaria Escrivá nasceu em Barbastro (Espanha), a 9 de janeiro de 1902. Aos quinze ou dezesseis anos, começou a sentir os primeiros presságios de um chamamento divino e decidiu ordenar-se sacerdote. Em 1918, começou os estudos eclesiásticos no Seminário de Logroño, prosseguindo-os, a partir de 1920, no de São Francisco de Paula de Saragoça, onde passou a exercer o cargo de superior de 1922 em diante.

No ano seguinte, começou os estudos de Direito Civil na Universidade de Saragoça, com a permissão da Autoridade eclesiástica, sem no entanto cursá-los simultaneamente com os estudos teológicos. Ordenado diácono a 20 de dezembro de 1924, recebeu o presbiterado a 28 de março de 1925.

Iniciou o seu ministério sacerdotal na paróquia de Perdiguera, na diocese de Saragoça, continuando-o depois em Saragoça. Na primavera de 1927, contando sempre com a permissão do Arcebispo, mudou-se para Madrid, onde levou a cabo um infatigável trabalho sacerdotal em todos os ambientes, dedicando também a sua atenção aos pobres e desvalidos dos bairros mais distantes e, especialmente, aos doentes incuráveis e moribundos dos hospitais. Aceitou o cargo de capelão do Patronato dos Enfermos, um trabalho assistencial das Damas Apostólicas do Sagrado Coração, e foi professor em uma

Academia universitária, enquanto frequentava os cursos para o doutoramento em Direito Civil, que na época só se ministravam na Universidade de Madrid.

No dia 2 de outubro de 1928, o Senhor levou-o a ver com clareza aquilo que até então tinha apenas vislumbrado, e Mons. Escrivá fundou o Opus Dei. Sempre movido por Deus, compreendeu, no dia 14 de fevereiro de 1930, que também devia difundir o apostolado do Opus Dei entre as mulheres. Abria-se assim na Igreja um caminho novo, destinado a promover, entre pessoas de todas as classes sociais, a busca da santidade e o exercício do apostolado mediante a santificação do trabalho de cada dia, no meio do mundo e sem mudar de estado.

A partir de 2 de outubro de 1928, o Fundador do Opus Dei dedicou-se a cumprir, com grande zelo apostólico, a missão que Deus lhe tinha confiado. Em 1934, foi nomeado Reitor do Patronato de Santa Isabel. Durante a guerra civil espanhola, exerceu o seu ministério sacerdotal – por vezes, correndo grave risco de vida – em Madrid e, mais tarde, em Burgos. Já desde essa época e depois durante muito tempo, teve de sofrer duras contradições, que suportou com serenidade e espírito sobrenatural.

No dia 14 de fevereiro de 1943, fundou, inseparavelmente unida ao Opus Dei, a Sociedade Sacerdotal da Santa Cruz que, além de permitir a ordenação sacerdotal de membros leigos do Opus Dei e a sua incardinação a serviço da Obra, viria a permitir também, um pouco mais tarde, que os sacerdotes incardinados nas dioceses pudessem participar do espírito e da ascética do Opus Dei, buscando a santidade no exercício dos seus deveres ministeriais, em dependência exclusiva do seu respectivo Ordinário.

Em 1946, Mons. Escrivá passou a residir em Roma, onde permaneceu até o fim da vida. Dali estimulou e orientou a difusão do Opus Dei por todo o mundo, concentrando as suas energias em dar aos homens e mulheres da Obra uma sólida formação doutrinal, ascética e apostólica. Por ocasião da sua morte, o Opus Dei contava mais de 60.000 membros de oitenta nacionalidades.

Mons. Escrivá foi Consultor da Comissão Pontifícia para a interpretação autêntica do Código de Direito Canônico e da Sagrada Congregação de Seminários e Universidades, Prelado de Honra de Sua Santidade e Acadêmico ad honorem da Pontifícia Academia Romana de Teologia. Foi também Grão--Chanceler das Universidades de Navarra (Pamplona, Espanha) e Piura (Peru).

São Josemaria Escrivá faleceu a 26 de junho de 1975. Havia anos, oferecia a Deus a sua vida pela Igreja e pelo Papa. Foi sepultado na Cripta da igreja de Santa Maria da Paz, em Roma. Para suceder-lhe no governo, foi eleito por unanimidade, no dia 15 de setembro de 1975, Mons. Álvaro del Portillo (1914-1994), que durante muitos anos fora o colaborador mais próximo do Fundador. O atual Prelado do Opus Dei é D. Javier Echevarría, que também trabalhou durante várias décadas com São Josemaria Escrivá e com o seu primeiro sucessor, Mons. del Portillo.

O Opus Dei, que desde o princípio contou com a aprovação da Autoridade diocesana e, de 1943 em diante, também com a appositio manuum e mais tarde com a aprovação da Santa Sé, foi erigido em Prelazia pessoal pelo Santo Padre João Paulo II no dia 28 de novembro de 1982: era a forma jurídica prevista e desejada por São Josemaria Escrivá.

A fama de santidade de que o Fundador do Opus Dei gozou já em vida foi-se estendendo após a sua morte por todos os recantos da terra, como o põem de manifesto os abundantes testemunhos de favores espirituais e materiais que se atribuem à sua intercessão, entre eles algumas curas medicamente inexplicáveis. Foram também numerosíssimas as cartas provenientes dos cinco continentes, entre as quais se contam as de sessenta e nove cardeais e cerca de mil e trezentos bispos – mais de um terço do episcopado mundial –, em que se pedia ao Papa a abertura da Causa de Beatificação e Canonização de Mons. Escrivá.

A beatificação de Mons. Escrivá *foi celebrada pelo Papa João Paulo II em 17 de maio de 1992, e no dia 6 de outubro de 2002 o Santo Padre canonizou o Fundador do Opus Dei – incluindo-o assim no elenco dos Santos –, em solene cerimónia celebrada na Praça de São Pedro de Roma.*

O corpo de São Josemaria Escrivá repousa na Igreja Prelatícia de Santa Maria da Paz (viale Bruno Buozzi, 75, Roma).

Entre os seus escritos publicados, contam-se, além do estudo teológico-jurídico La Abadesa de Las Huelgas, *livros de espiritualidade que foram traduzidos para numerosas línguas:* Caminho, Santo Rosário, É Cristo que passa, Amigos de Deus, Via Sacra, Amar a Igreja, Sulco *e* Forja, *os últimos cinco publicados postumamente. Sob o título de* Entrevistas com Mons. Josemaria Escrivá, *publicaram-se também algumas das entrevistas que concedeu à imprensa.*

APRESENTAÇÃO

Deus sabe mais. Nós, os homens, compreendemos pouco do seu modo paternal e delicado de nos conduzir até Ele. Eu não podia prever, ao escrever em 1973 a apresentação de *É Cristo que passa*, que se retiraria tão depressa para a casa do Céu esse sacerdote santo, a quem milhares de homens e mulheres de todo o mundo – filhos da sua oração, do seu sacrifício e do seu generoso abandono à Vontade de Deus – aplicam com imenso agradecimento o mesmo comovente louvor que Santo Agostinho cantou do nosso Pai e Senhor São José: *Cumpriu melhor a paternidade do coração que outro qualquer a da carne*[1]. Foi-se na quinta-feira 26 de junho de 1975, ao meio-dia, nesta Roma que ele amava porque é a sede de Pedro, centro da cristandade, cabeça universal da Igreja santa. E, enquanto nós ouvíamos ainda o eco dos sinos do *Angelus*, o Fundador do Opus Dei escutava com uma força já para sempre viva: *Amice, ascende superius*[2], amigo, vem gozar do Céu.

Num dia corrente do seu trabalho sacerdotal, deixou esta terra, mergulhado num trato pleno com Aquele que é a Vida; e, por isso, não morreu: está a seu lado. Enquanto atendia à sua tarefa de almas, chegou-lhe esse *doce sobressalto* – assim se expressa na homilia *Rumo à santidade*[3] – de encontrar-se cara

---

(1) Santo Agostinho, *Sermo* LI, 26 (PL 38, 348); (2) Lc XIV, 10; (3) *Rumo à santidade*, n. 296.

a cara com Cristo, de contemplar finalmente o Rosto formoso pelo qual tanto suspirava: *Vultum tuum, Domine, requiram!*[4]

Desde o preciso instante do seu nascimento para a pátria do Céu, começaram a chegar-me testemunhos de um incalculável número de pessoas que conheciam a sua vida de santidade. Foram e são palavras que já podem transbordar; antes, calavam-nas por respeito à humildade de quem se considerava *um pecador que ama loucamente a Jesus Cristo*. Tive o consolo de escutar do Santo Padre um dos seus muitos elogios vibrantes ao Fundador do Opus Dei. Em jornais e revistas de todo o mundo, podem ler-se inúmeros artigos de reconhecimento, surgidos do povo cristão e de pessoas que ainda não confessam Cristo, mas que começaram a descobri-lo através da palavra e das obras de Mons. Escrivá de Balaguer.

"Enquanto me restar alento, não cessarei de pregar a necessidade primordial de sermos almas de oração sempre!, em qualquer ocasião e nas circunstâncias mais díspares, porque Deus nunca nos abandona"[5]. Esse foi o seu único ofício: rezar e animar a rezar. Por isso suscitou no meio do mundo uma prodigiosa *mobilização de pessoas* – como gostava de dizer – *dispostas a tomar a sério a vida cristã,* mediante um trato filial com o Senhor. Somos muitos os que aprendemos desse sacerdote cem por cento "o grande segredo da misericórdia divina: que somos filhos de Deus"[6].

Neste segundo volume de homilias, reunimos alguns textos que se editaram quando Mons. Escrivá de Balaguer se encontrava ainda ao nosso lado, aqui na terra, e outros dos muitos que deixou para publicar mais tarde, porque trabalhava sem pressa e sem pausa. Não pretendeu nunca ser um *autor,* apesar de se contar entre os mestres da espiritualidade cristã. A sua doutrina, amável e orientada para metas altas, é para ser vivida no meio do trabalho, no lar, nas relações humanas, em toda a parte. Tinha a arte, igualmente humana, de dar *lebre*

---

(4) Ps XXVI, 8; (5) *Vida de oração*, n. 247; (6) *A relação com Deus*, n. 145.

por gato. Que bem se leem os seus escritos! As expressões diretas, a vivacidade das imagens, chegam a todos, por cima das diferenças de mentalidade e cultura. Aprendeu na escola do Evangelho: daí a sua clareza, esse ferir no fundo da alma, o condão de não passar de moda, por não estar na moda.

Estas dezoito homilias traçam um panorama das virtudes humanas e cristãs básicas para quem queira seguir de perto os passos do Mestre. Não são um tratado teórico nem um prontuário de boas maneiras do espírito. Contêm doutrina vivida, na qual a profundidade do teólogo se alia à transparência evangélica do bom pastor de almas. Com Mons. Escrivá, a palavra torna-se colóquio com Deus – oração –, sem deixar de ser uma íntima conversação em sintonia com as inquietações e esperanças dos que o escutam. São, pois, estas homilias uma catequese de doutrina e de vida cristã em que, ao mesmo tempo que se fala de Deus, se fala com Deus: talvez seja este o segredo da sua grande força comunicativa, porque sempre se referem ao Amor, *num olhar para Deus sem descanso e sem cansaço*[7].

Já no primeiro texto se recorda o que foi pauta constante da pregação de Mons. Escrivá: que Deus chama todos os homens à santidade. Fazendo-se eco das palavras do Apóstolo – *Esta é a vontade de Deus: a vossa santificação*[8] –, observa: "Temos que ser santos – vou dizê-lo com uma frase castiça da minha terra – *sem que nos falte um pelo*: cristãos de verdade, autênticos, canonizáveis. E, senão, teremos fracassado como discípulos do único Mestre"[9]. E mais adiante precisa: "A santidade que Nosso Senhor te exige alcança-se cumprindo com amor de Deus o trabalho, as obrigações de cada dia, que quase sempre se compõem de realidades corriqueiras"[10].

Onde se apoia, com que títulos conta o cristão para fomentar na sua vida tão assombrosas aspirações? A resposta é como um estribilho, que volta e torna a voltar ao longo destas homi-

---

(7) *Rumo à santidade*, n. 296; (8) I Thes IV, 3; (9) *A grandeza da vida corrente*, n. 5; (10) *Ibid.*, n. 7.

lias: a humilde audácia "de quem, sabendo-se pobre e fraco, se sabe também filho de Deus"[11].

Para Mons. Escrivá, é patente a grande alternativa que caracteriza a existência humana: "Escravidão ou filiação divina: eis o dilema da nossa vida. Ou filhos de Deus ou escravos da soberba"[12]. Ajudado pelo exemplo santo da entrega fiel e generosa do Fundador do Opus Dei, tenho-o considerado ainda mais intensamente na minha oração, desde que o Senhor levou para junto de si aquele que eu mais amava: sem a humildade e a simplicidade da criança, não podemos dar um passo no caminho do serviço a Deus. "Humildade é vermo-nos como somos, sem paliativos, com a verdade. E ao compreender que não valemos quase nada, abrimo-nos à grandeza de Deus: esta é a nossa grandeza"[13].

É preciso que Ele cresça e que eu diminua[14], foi o ensinamento de João Batista, do Precursor. E Cristo diz: *Aprendei de mim, que sou manso e humilde de coração*[15]. Humildade não é *apoucamento humano;* a humildade que pulsa na pregação do Fundador do Opus Dei é algo vivo e profundamente sentido, porque "significa reconhecer-se pouca coisa diante de Deus: criança, filho"[16]. Mons. Escrivá acerta com uma expressão que talvez não tenha precedentes: *vibração de humildade*[17]; porque a pequenez da criança, assistida pela proteção onipotente de seu Pai-Deus, vibra em obras de fé, de esperança e de amor, e de todas as demais virtudes que o Espírito Santo lhe infunde na alma.

Em nenhum momento Mons. Escrivá se afasta do âmbito da primeira homilia: a vida corrente, as coisas habituais de cada dia. Trata de todas as virtudes com referências contínuas à vida do cristão que se encontra no meio do mundo porque *esse é o seu lugar, o lugar em que Deus quis colocá-lo.* Aí desabrocham as virtudes humanas: a prudência, a veracidade,

---

(11) *Humildade,* n. 108; (12) *A liberdade, dom de Deus,* n. 38; (13) *Humildade,* n. 96; (14) Ioh III, 30; (15) Mt XI, 29; (16) *Humildade,* n. 108; (17) *Vida de fé,* n. 202.

a serenidade, a justiça, a magnanimidade, a laboriosidade, a temperança, a sinceridade, a fortaleza, etc. Virtudes humanas e cristãs, porque a temperança se aperfeiçoa mediante o espírito de penitência e de mortificação; o austero cumprimento do dever se engrandece mediante o toque divino da caridade, "que é como um generoso exorbitar-se da justiça"[18]. Vive-se no meio das coisas que se usam, mas desprendido, de coração limpo. Como *para os que andam em negócios de almas, o tempo é mais do que ouro, é glória!*[19], o cristão tem que aprender a empregá-lo com diligência, para manifestar o seu amor a Deus e o seu amor aos demais homens, *santificando o trabalho, santificando-se no trabalho, santificando os outros com o trabalho*: com um solícito cuidado pelas coisas pequenas, isto é, sem sonhos estéreis, com o heroísmo calado, natural e sobrenatural, de quem vive com Cristo a realidade cotidiana. "Em lugar algum está escrito que o cristão deva ser personagem estranho ao mundo. Nosso Senhor Jesus Cristo elogiou com obras e com palavras uma outra virtude humana que me é particularmente querida: a naturalidade, a simplicidade [...]. Acontece, no entanto, que os homens costumam habituar-se ao que é chão e comum, e procuram inconscientemente o que é aparatoso e artificial. Tê-lo-eis comprovado, como eu: elogia-se, por exemplo, o primor de umas rosas frescas, recém-cortadas, de pétalas finas e perfumadas. E o comentário é: Parecem de pano!"[20]

Estas palavras do Fundador do Opus Dei chegam-nos assim: com o frescor-de-rosas novas, fruto de uma vida inteira de trato com Deus e de um apostolado imenso, como *um mar sem margens*. A par da simplicidade, ressalta nestes escritos um constante contraponto de amor apaixonado, transbordante. É um "forte estremecimento no coração"[21], um "tende pressa em amar"[22], porque "todo o espaço de uma existência é pouco para dilatares as fronteiras da tua caridade"[23].

---

(18) *Viver diante de Deus e diante dos homens*, n. 173; (19) cfr. *Caminho*, n. 355; (20) *Virtudes humanas*, n. 89; (21) *Rumo à santidade*, n. 294; (22) *Seguindo os passos do Senhor*, n. 140; (23) *O tesouro do tempo*, n. 43.

Assim passamos para outro dos grandes temas que abordava nas suas meditações: "o travejamento divino das três virtudes teologais, que compõem a armação em que se tece a autêntica existência do homem cristão, da mulher cristã"[24]. As referências são contínuas: "Vamos viver de fé; vamos perseverar com esperança, vamos permanecer grudados a Jesus Cristo; vamos amá-lo de verdade, de verdade, de verdade"[25]; "a certeza de me sentir – de me saber – filho de Deus cumula-me de verdadeira esperança"[26]; "chegou a hora, no meio das tuas ocupações habituais, de praticar a fé, de despertar a esperança, de avivar o amor"[27].

Depois das três homilias sobre a fé, a esperança e a caridade, segue-se uma sobre a oração; mas a necessidade da vida de relação com Deus encontra-se presente já desde a primeira página. "A oração deve vingar pouco a pouco na alma"[28], com naturalidade, simples e confiadamente, porque "os filhos de Deus não necessitam de um método, quadriculado e artificial, para se dirigirem a seu Pai"[29]. A oração é o fio dessa urdidura das três virtudes teologais. Tudo se faz uma só coisa: a vida adquire sons divinos e "essa união com Nosso Senhor não nos afasta do mundo, não nos transforma em seres estranhos, alheios ao transcorrer dos tempos"[30].

No meio dos comentários ajustados e precisos à Escritura Santa e do recurso assíduo ao tesouro da Tradição cristã, irrompem esses arranques de amor como um rio impetuoso: "Como é grande o amor, a misericórdia do nosso Pai! Em face da evidência das suas *loucuras divinas* pelos seus filhos, quereria ter mil bocas, mil corações mais, que me permitissem viver num contínuo louvor a Deus Pai, a Deus Filho, a Deus Espírito Santo"[31].

Por que um amor tão forte? Porque Deus o infundiu em

---

(24) *A esperança do cristão*, n. 205; (25) *A grandeza da vida corrente*, n. 22; (26) *A esperança do cristão*, n. 208; (27) *Trabalho de Deus*, n. 71; (28) *Rumo à santidade*, n. 295; (29) *Vida de oração*, n. 255; (30) *Ibid.*, n. 251; (31) *A liberdade, dom de Deus*, n. 33.

seu coração e, ao mesmo tempo, porque soube secundá-lo com a sua livre vontade e contagiá-lo a milhares e milhares de almas. *Queria* nos dois sentidos da palavra: amava e queria querer, queria corresponder a essa graça que o Senhor depositara na sua alma. A liberdade no amor converteu-se em paixão: "Livremente, sem coação alguma, porque me vem na gana, eu me decido por Deus. E comprometo-me a servir, a converter a minha existência numa doação aos outros, por amor ao meu Senhor Jesus. Esta liberdade anima-me a clamar que nada na terra me separará da caridade de Cristo"[32].

O caminho para a santidade que Mons. Escrivá nos propõe está traçado com um perfeito respeito pela liberdade. O Fundador do Opus Dei deleita-se nas palavras com que Santo Agostinho, o Bispo de Hipona, afirma que Deus *considerou que seriam melhores os seus servidores se livremente o servissem*[33]. Essa ascensão rumo ao Céu é, além disso, caminho apropriado para quem se encontra no meio da sociedade, no trabalho profissional, em circunstâncias às vezes indiferentes ou decididamente contrárias à lei de Cristo. O Fundador do Opus Dei não fala a gente de estufa; dirige-se a pessoas que lutam ao ar livre, nas mais diversas situações da vida. É aí que, com a liberdade, se dá essa decisão de servir a Deus, de amá-lo acima de tudo. A liberdade torna-se imprescindível e, na liberdade, o amor se robustece, lança raízes: "O santo não nasce: forja-se no contínuo jogo da graça divina e da correspondência humana"[34].

Fomentam-se, assim, duas paixões para o nosso relacionamento com Deus: a do amor e a da liberdade. Suas forças se unem quando a liberdade se decide pelo Amor de Deus. E essas torrentes de graças e de correspondência são já capazes de fazer frente a todas as dificuldades: ao *terrorismo psicológico*[35], que se ergue contra os que desejam ser fiéis ao Senhor; às misérias pessoais, que não desaparecem nunca, mas que,

---

(32) *Ibid.*, n. 35; (33) Santo Agostinho, *De vera religione*, XIV, 27 (PL 34, 134); (34) *A grandeza da vida corrente*, n. 7; (35) *Rumo à santidade*, n. 298.

com a liberdade do arrependimento, se convertem em ocasiões de reafirmar o amor; aos obstáculos do ambiente, que temos de vencer *com uma semeadura de paz e de alegria*[36].

Há momentos em que, nas anotações sobre esse jogo divino e humano da liberdade e do amor, se vislumbra um pouco do sofrimento – da dor de amor, pela falta de correspondência da humanidade à misericórdia divina – que acompanhou sempre a vida de Mons. Escrivá. A quem o via, era difícil percebê-lo. Poucas pessoas passarão por este mundo com tanta alegria, com tanto bom humor, com tal sentido da juventude de uma vida vivida dia a dia. Não era nostálgico de nada, a não ser do amor de Deus. Mas sofreu. Muitos dos seus filhos que o conheceram de perto comentaram comigo mais tarde: *Como era possível que o nosso Padre sofresse tanto? Vimo-lo sempre alegre, atento aos menores detalhes, entregue a todos nós.*

A resposta, indireta, está em algumas destas homilias: "Não esqueçamos que estar com Jesus é, certamente, topar com a sua Cruz. Quando nos abandonamos nas mãos de Deus, é frequente que Ele nos permita saborear a dor, a solidão, as contradições, as calúnias, as difamações, os escárnios, por dentro e por fora: porque quer moldar-nos à sua imagem e semelhança, e tolera também que nos chamem loucos e que nos tomem por néscios"[37].

Por esse saber abraçar apaixonadamente a Cruz do Senhor, Mons. Escrivá podia dizer que "a minha vida me levou a saber-me especialmente filho de Deus, e saboreei a alegria de meter-me no coração de meu Pai, para retificar, para me purificar, para o servir, para compreender e desculpar a todos, à base do seu amor e da minha humilhação"[38]. Sempre secundou docilmente as moções do Espírito Santo, de modo que a sua conduta fosse um reflexo da imagem formosa de Cristo. Cria ao pé da letra nas palavras do Mestre, e com frequência foi atacado pelos que não parecem suportar que se possa viver de fé, com es-

---

(36) *Humildade*, n. 105; (37) *Rumo à santidade*, n. 301; (38) *A relação com Deus*, n. 143.

perança e com amor. "Talvez se possa pensar que sou um ingênuo. Não me importo. Mesmo que me qualifiquem desse modo, por ainda acreditar na caridade, assevero-vos que acreditarei sempre! E enquanto o Senhor me conceder vida, continuarei a ocupar-me – como sacerdote de Cristo – de que haja unidade e paz entre aqueles que, por serem filhos do mesmo Pai-Deus, são irmãos; de que os homens se compreendam; de que todos partilhem do mesmo ideal: o da Fé!"[39]

A paixão pelo amor e pela liberdade, a consciência de que temos que desenvolver-nos no âmbito divino da fé e da esperança, tornam-se apostolado. Uma das homilias – *Para que todos se salvem* – está integralmente dedicada a esse tema: "Jesus está junto do lago de Genesaré e as multidões comprimem-se à sua volta, ansiosas por ouvir a palavra de Deus (Lc V, 1). Tal como hoje! Não estais vendo? Andam desejosas de ouvir a palavra de Deus, embora o dissimulem exteriormente. Talvez este ou aquele se tenha esquecido da doutrina de Cristo; outros – sem culpa própria – nunca a aprenderam, e veem a religião como algo estranho. Mas convencei-vos de uma realidade sempre atual: chega sempre um momento em que a alma não pode mais, em que não lhe bastam as explicações habituais, em que não a satisfazem as mentiras dos falsos profetas. E, mesmo que nem então o admitam, essas pessoas sentem fome de saciar a sua inquietação com os ensinamentos do Senhor"[40].

O nervo do apostolado, essa apaixonada comunicação do amor impaciente de Deus pelos homens, atravessa as fibras de todas as páginas deste volume. Trata-se de "pacificar as almas com paz autêntica" e de "transformar a terra"[41]. Mons. Escrivá volve continuamente o seu olhar para o Mestre, que ensinou os homens a falar da felicidade eterna com o passo terreno das suas pisadas divinas. Não resisto a transcrever uma página da homilia *Rumo à santidade,* em que o Fundador do Opus Dei

---

(39) *Viver em face de Deus e em face dos homens*, n. 174; (40) *Para que todos se salvem*, n. 260; (41) *Rumo à santidade*, n. 294.

comenta uma cena evangélica que o enamorava: o apostolado de Jesus com os dois discípulos de Emaús, que talvez tivessem perdido toda a esperança:

"Andavam a passo normal, como tantos outros que transitavam por aquelas paragens. E ali, com naturalidade, aparece-lhes Jesus, e caminha com eles, numa conversa que diminui a fadiga. Imagino a cena, bem ao cair da tarde. Sopra uma brisa suave. Em redor, campos semeados de trigo já crescido, e as oliveiras velhas, com os ramos prateados à luz tíbia"[42].

É Cristo que passa. Aqueles dois homens, quando veem que Jesus faz menção de continuar o caminho, dizem-lhe: *Fica conosco, porque é tarde e o dia já declina*[43]. "Somos assim: sempre pouco atrevidos, talvez por insinceridade, talvez por pudor. No fundo, pensamos: Fica conosco, porque as trevas nos rodeiam a alma, e só Tu és luz, só Tu podes acalmar esta ânsia que nos consome"[44].

Este desejo de Deus, que todos trazemos dentro de nós, oferece ao cristão o terreno cotidiano para o seu apostolado. Nós, os homens, estamos clamando por Ele e o procuramos mesmo quando temos a consciência atormentada pela dúvida ou os olhos colados ao chão. "E Jesus fica. Abrem-se os nossos olhos como os de Cléofas e seu companheiro, quando Cristo parte o pão; e embora Ele volte a desaparecer da nossa vista, seremos também capazes de retomar a caminhada – anoitece –, para falar dEle aos outros, pois não cabe num peito só tanta alegria"[45].

Retorno com a memória – que é presente; não o esqueço nunca – àquele 26 de junho de 1975. Mons. Josemaria Escrivá nasceu definitivamente para o Amor, porque o seu coração necessitava já de um Emaús interminável, precisava de ficar para sempre junto de Cristo. Em *Rumo à santidade* tinha escrito: "Nasce uma sede de Deus, uma ânsia de compreender as suas lágrimas; de ver o seu sorriso, o seu rosto [...]. E a alma avan-

---

(42) *Ibid.*, n. 313; (43) Lc XXIV, 29; (44) *Rumo à santidade,* n. 314; (45) *ibid.*, n. 314.

ça metida em Deus, endeusada: fez-se o cristão viajante sequioso, que abre a boca às águas da fonte"[46]. E mais adiante: "Gosto de falar de caminho, porque somos viandantes, dirigimo-nos para a casa do Céu, para a nossa Pátria"[47].

Ali habita, com a Trindade Beatíssima; com Maria, a Santa Mãe de Deus e Mãe nossa; com São José, a quem tanto amava. São muitos em toda a parte os que lhe confiam as suas orações, na certeza de que Deus Nosso Senhor se compraz naquele que quis ser – e assim foi durante a sua vida nesta terra – um *servo bom e fiel*[48].

Os escritos do Fundador do Opus Dei publicados até agora – e especialmente *Caminho, Santo Rosário, É Cristo que passa, Entrevistas com Mons. Josemaria Escrivá* – ultrapassaram já os cinco milhões de exemplares e estão traduzidos em mais de trinta línguas. Este segundo volume de homilias sai à luz com o mesmo fim: servir de instrumento para aproximar as almas de Deus. A Igreja passa por momentos difíceis e o Santo Padre não se cansa de exortar os seus filhos à oração, ao espírito sobrenatural, à fidelidade ao sagrado depósito da Fé, à compreensão fraterna, à paz. Nestas circunstâncias, não podemos sentir-nos desanimados: está na hora de pôr em prática, até o heroísmo, as virtudes que definem e traçam a imagem do cristão, do filho de Deus que procura "que a cabeça toque o céu, mas os pés assentem com toda a firmeza na terra"[49], enquanto caminha pela cidade temporal.

A vida do cristão que se decide a comportar-se de acordo com a grandeza da sua vocação vem a ser como que um eco prolongado daquelas palavras do Senhor: *Não mais vos chamarei servos, pois o servo não sabe o que faz o seu senhor. Mas chamei-vos amigos, porque vos dei a conhecer todas as coisas que ouvi de meu Pai*[50]. Prestar-se docilmente a secundar a Vontade divina é algo que abre horizontes insuspeitados. Mons. Escrivá deleita-se em sublinhar este belo paradoxo: "Nada

---

(46) *Ibid.*, n. 310; (47) *ibid.*, n. 313; (48) Mt XXV, 21; (49) *Virtudes humanas*, n. 75; (50) Ioh XV, 15.

melhor do que sabermo-nos, por Amor, escravos de Deus. Porque nesse momento perdemos a situação de escravos para nos convertermos em amigos, em filhos"[51].

Filhos de Deus, *Amigos de Deus*: esta é a verdade que Mons. Escrivá quis gravar a fogo nas pessoas que se relacionavam com ele. A sua pregação é um constante incitar as almas a não pensarem "na amizade divina exclusivamente como um recurso extremo"[52]. Jesus Cristo é verdadeiro Deus e verdadeiro Homem: Nosso Irmão, nosso Amigo; se procurarmos tratá-lo com intimidade, "participaremos da ventura da divina amizade"[53]; se fizermos o possível por acompanhá-lo de Belém ao Calvário, compartilhando seus gozos e sofrimentos, far-nos-emos dignos da sua conversação amistosa: *Calicem Domini biberunt* – canta a liturgia das horas – *et amici Dei facti sunt,* beberam o cálice do Senhor e chegaram a tornar-se amigos de Deus[54].

Filiação e amizade são duas realidades inseparáveis para os que amam a Deus. A Ele acudimos como filhos, num confiado diálogo que há de dominar toda a nossa vida; e como amigos, porque "nós, os cristãos, estamos enamorados do Amor"[55]. Do mesmo modo, a filiação divina impele a traduzir a abundância de vida interior em obras de apostolado, como a amizade com Deus nos leva a colocar-nos "a serviço de todos; temos que utilizar esses dons de Deus como instrumento para ajudar os homens a descobrir Cristo"[56].

Enganam-se os que veem um fosso entre a vida diária, entre as coisas do tempo, entre o transcorrer da história, e o Amor de Deus. O Senhor é eterno; o mundo é obra sua e Ele nos colocou aqui para que o percorramos fazendo o bem, até arribarmos à Pátria definitiva. Tudo tem importância na vida do cristão, porque *tudo pode ser ocasião de encontro com o*

---

(51) *A liberdade, dom de Deus,* n. 35; (52) *Vida de oração,* n. 247; (53) *Rumo à santidade,* n. 300; (54) Responsório da segunda leitura do ofício na Dedicação das Basílicas dos Santos Apóstolos Pedro e Paulo; (55) *Porque verão a Deus,* n. 183; (56) *Para que todos se salvem,* n. 258.

Senhor e, por isso mesmo, alcançar um valor imperecível. "Mentem os homens, quando dizem «para sempre» em coisas temporais. Só é verdade, com uma verdade total, o «para sempre» referido a Deus. E assim deves tu viver, com uma fé que te ajude a sentir sabores de mel, doçuras de céu, ao pensares na eternidade, que é, de verdade, para sempre"[57].

Mons. Josemaria Escrivá conhece agora diretamente esses sabores e essas doçuras de Deus. Entrou já na eternidade. Por isso as suas palavras, também as destas homilias que apresento, adquiriram – se é possível – mais força, penetram mais profundamente nos corações, arrastam. Termino com um texto que pode servir para nos comunicar outra das suas paixões dominantes:

"Amai a Igreja, servi-a com a alegria consciente de quem soube decidir-se a esse serviço por Amor. E se virmos que alguns andam sem esperança, como os dois de Emaús, aproximemo-nos deles com fé – não em nome próprio, mas em nome de Cristo –, para lhes garantir que a promessa de Jesus não pode falhar, que Ele vela pela sua Esposa sempre: que não a abandona; que passarão as trevas, porque somos filhos da luz (cfr. Eph V, 8) e fomos chamados a uma vida perdurável"[58].

Álvaro del Portillo

---

(57) *Vida de fé*, n. 200; (58) *Rumo à santidade*, n. 316.

A GRANDEZA DA VIDA CORRENTE

Homilia pronunciada em 11-3-1960.

Íamos um dia, já faz tantos anos, por uma estrada de Castela e, lá longe, no campo, presenciamos uma cena que me tocou e que em muitas ocasiões me serviu para a minha oração: vários homens, depois de cravarem com força na terra umas estacas, utilizaram-nas para segurar verticalmente uma rede e formar o redil. Mais tarde, aproximaram-se do local os pastores com as suas ovelhas e cordeiros; chamavam-nos pelo nome; e, um a um, entravam no aprisco, para estarem todos juntos, seguros.

E eu, meu Senhor, lembro-me hoje de modo particular desses pastores e desse redil, porque todos nós, que aqui estamos reunidos para conversar contigo – e outros muitos no mundo inteiro –, nos sentimos metidos na tua malhada. Tu mesmo o disseste: *Eu sou o Bom Pastor e conheço as minhas ovelhas e as minhas ovelhas me conhecem*[1]. Tu nos conheces bem; sabes que queremos ouvir, escutar e secundar sempre atentamente os teus assobios de Pastor Bom, porque *a vida eterna consiste em conhecer-te a ti, único Deus verdadeiro, e a Jesus Cristo, que Tu enviaste*[2].

Enamora-me tanto a imagem de Cristo, rodeado à direita e à esquerda pelas suas ovelhas, que a mandei colocar no oratório onde celebro habitualmente a Santa Missa; e em outros lu-

---
(1) Ioh X, 14; (2) Ioh XVII, 3.

gares, como despertador da presença de Deus, fiz gravar as palavras de Jesus: *Cognosco oves meas et cognoscunt me meae*[*3], para considerarmos a todo o momento que Ele nos repreende, ou nos instrui e nos ensina como o pastor à sua grei[4]. Vem, pois, muito a propósito esta evocação das terras de Castela.

Deus nos quer santos

2   Vós e eu fazemos parte da família de Cristo, porque *Ele mesmo nos escolheu antes da criação do mundo para que sejamos santos e imaculados na sua presença, pelo amor, tendo--nos predestinado para sermos filhos adotivos por Jesus Cristo, para sua glória, por puro efeito da sua bondade*[5]. Esta eleição gratuita que recebemos do Senhor marca-nos um fim bem determinado: a santidade pessoal, como São Paulo nos repete insistentemente: *Haec est voluntas Dei: sanctificatio vestra*[6], esta é a Vontade de Deus: a vossa santificação. Não o esqueçamos, portanto: estamos no redil do Mestre para conquistar esse cume.

3   Não me sai da memória certa ocasião – ocorreu há muito tempo – em que fui rezar à Catedral de Valência e passei pela sepultura do Venerável Ridaura. Contaram-me então que, quando perguntavam a esse sacerdote, já muito idoso, quantos anos tinha, respondia em valenciano, com muita convicção: *Poquets*, pouquinhos!, *os que venho servindo a Deus*. Para bastantes de vós, ainda se contam pelos dedos de uma mão os anos que passaram desde que vos decidistes a ganhar intimidade com Nosso Senhor, a servi-lo no meio do mundo, no vosso próprio ambiente e através da vossa profissão ou ofício. O detalhe não tem excessiva importância. O que interessa é que gravemos a fogo na alma a certeza de que o convite para a

---

(*) "Conheço as minhas ovelhas e as minhas ovelhas me conhecem" (N. do T.);
(3) Ioh X, 14; (4) cfr. Ecclo XVIII, 13; (5) Eph I, 4-5; (6) I Thes IV, 3.

santidade, dirigido por Jesus Cristo a todos os homens sem exceção, requer de cada um que cultive a vida interior, que se exercite diariamente nas virtudes cristãs. E não de qualquer maneira, nem para além da medida comum, ou mesmo de um modo excelente: temos que esforçar-nos até o heroísmo, no sentido mais forte e terminante da expressão.

A meta que vos proponho – ou melhor, a que Deus indica a todos – não é uma miragem ou um ideal inatingível. Poderia relatar-vos muitos exemplos concretos de mulheres e homens da rua, como vós e como eu, que encontraram Jesus que passa *quasi in occulto* – como que em segredo[7] – pelas encruzilhadas aparentemente mais vulgares, e se decidiram a segui-lo, abraçados com amor à cruz de cada dia[8]. Nesta época de desmoronamento geral, de transigências e desânimos, ou de libertinagem e anarquia, parece-me ainda mais atual aquela simples e profunda convicção que, nos começos do meu trabalho sacerdotal e sempre, me consumiu em desejos de comunicar à humanidade inteira: *Estas crises mundiais são crises de santos.*

Vida interior: é uma exigência da chamada que o Mestre colocou na alma de todos. Temos que ser santos – vou dizê-lo com uma frase castiça da minha terra – *sem que nos falte um pelo*[*]: cristãos de verdade, autênticos, canonizáveis. E, senão, teremos fracassado como discípulos do único Mestre.

Vede, além disso, que Deus, ao fixar a atenção em nós, ao conceder-nos a sua graça para que lutemos por alcançar a santidade no meio do mundo, nos impõe também a obrigação do apostolado. Apercebei-vos de que, até humanamente, como diz um Padre da Igreja, a preocupação pelas almas brota como uma consequência lógica dessa eleição: *Quando descobris que alguma coisa vos foi de proveito, procurais atrair os outros. Tendes, pois, que desejar que haja outros que vos acompanhem pelos caminhos do Senhor. Se ides ao foro ou às termas, e deparais com alguém que está desocupado, vós o convidais*

---

(7) Ioh VII, 10; (8) cfr. Mt XVI, 24; (*) Expressão equivalente a "da cabeça aos pés" (N. do T.).

a acompanhar-vos. Aplicai ao campo espiritual este costume terreno e, quando fordes a Deus, não o façais sozinhos[9].

Se não queremos malbaratar o tempo inutilmente – mesmo com as falsas desculpas das dificuldades exteriores do ambiente, que nunca faltaram desde os inícios do cristianismo –, devemos ter muito presente que Jesus Cristo vinculou ordinariamente à vida interior a eficácia da ação com que procuramos arrastar os que nos rodeiam. Para influirmos mediante a atividade apostólica, Cristo estabeleceu como condição a santidade; corrijo-me, o esforço da nossa fidelidade, porque santos na terra não o seremos nunca. Parece incrível, mas Deus e os homens precisam da nossa fidelidade sem paliativos, sem eufemismos, que chegue até às últimas consequências, sem medianias nem barganhas, em plenitude de vocação cristã assumida e praticada com esmero.

6   Talvez algum de vós pense que me estou referindo exclusivamente a um setor de pessoas seletas. Não vos enganeis tão facilmente, arrastados pela covardia ou pelo comodismo. Senti, pelo contrário, a urgência divina de ser cada um outro Cristo, *ipse Christus,* o próprio Cristo; em poucas palavras, a urgência de que a nossa conduta transcorra em coerência com as normas da fé, pois a santidade que devemos pretender não é uma santidade de segunda categoria, que não existe. E o principal requisito que nos é pedido – bem de acordo com a nossa natureza – consiste em amar: *A caridade é o vínculo da perfeição*[10]; caridade que devemos praticar segundo os preceitos explícitos que o próprio Senhor estabeleceu: *Amarás o Senhor teu Deus com todo o teu coração, com toda a tua alma e com toda a tua mente*[11], sem reservarmos nada para nós. Nisto consiste a santidade.

7   Trata-se certamente de um objetivo elevado e árduo. Mas não percais de vista que o santo não nasce; forja-se no contínuo jogo da graça divina e da correspondência humana. *Tudo*

---

(9) São Gregório Magno, *Homiliae in Evangelia,* VI, 6 (PL 76, 1098); (10) Col III, 14; (11) Mt XXII, 37.

aquilo que se desenvolve – observa um dos escritores cristãos dos primeiros séculos, referindo-se à união com Deus – *começa por ser pequeno. É alimentando-se gradualmente que, mediante progressos constantes, chega a tornar-se grande*[12]. Por isso te digo que, se desejas portar-te como um cristão consequente – sei que estás disposto, ainda que muitas vezes te custe vencer ou puxar para cima este pobre corpo –, tens de cuidar em extremo dos pormenores mais ínfimos, porque a santidade que Nosso Senhor te exige alcança-se cumprindo com amor de Deus o trabalho, as obrigações de cada dia, que quase sempre se compõem de realidades corriqueiras.

Coisas pequenas e vida de infância

Pensando naqueles que, com o passar dos anos, ainda andam sonhando – com sonhos vãos e pueris, como Tartarin de Tarascon – em caçar leões pelos corredores da casa, onde porventura não há senão ratos e pouco mais; pensando neles, insisto, recordo-vos a grandeza do caminhar à maneira divina no cumprimento fiel das obrigações habituais da jornada, com essas lutas que cumulam de alegria o Senhor e que só Ele e cada um de nós conhecemos.

Convencei-vos de que, geralmente, não encontrareis espaço para façanhas deslumbrantes porque, entre outras razões, não costumam apresentar-se. Em contrapartida, não vos faltam ocasiões de demonstrar através do que é pequeno, do que é normal, o amor que tendes por Jesus Cristo. *Também nas coisas diminutas se mostra a grandeza da alma*, comenta São Jerónimo. *Não admiramos o Criador só no céu e na terra, no sol e no oceano, nos elefantes, camelos, bois, cavalos, leopardos, ursos e leões; mas também nos animais minúsculos, como a formiga, os mosquitos, as moscas, os vermes e outros animais*

---

(12) São Marcos Eremita, *De lege spirituali*, CLXXII (PG 65, 926).

deste jaez, que distinguimos melhor pelos seus corpos do que pelos seus nomes; tanto nos grandes como nos pequenos admiramos a mesma maestria. De igual modo, a alma que se dá a Deus põe nas coisas menores o mesmo fervor que nas maiores[13].

9   Quando meditamos naquelas palavras de Nosso Senhor: *Eu me santifico a mim mesmo por amor deles, para que eles também sejam santificados na verdade*[14], compreendemos claramente o nosso único fim: a santificação, ou melhor, que devemos ser santos para santificar. Ao mesmo tempo, talvez nos assalte, como uma sutil tentação, o pensamento de que somos muito poucos os que estamos decididos a corresponder a esse convite divino, além de que nos vemos como instrumentos de muito pouca categoria. É verdade, somos muito poucos, em comparação com o resto da humanidade, e pessoalmente não valemos nada. Mas a afirmação do Mestre ressoa com autoridade: o cristão é luz, sal, fermento do mundo, e *um pouco de levedura faz fermentar toda a massa*[15]. Precisamente por isso, sempre preguei que nos interessam todas as almas – de cem, cem –, sem discriminações de gênero algum, na certeza de que Jesus Cristo a todos nos redimiu, e quer empregar uns poucos, apesar da sua nulidade pessoal, para que deem a conhecer esta salvação.

Um discípulo de Cristo jamais tratará mal pessoa alguma; ao erro chama erro, mas, a quem está errado, deve corrigi-lo com afeto; senão, não poderá ajudá-lo, não poderá santificá-lo. Temos que conviver, temos que compreender, temos que desculpar, temos que ser fraternos; e, como aconselhava São João da Cruz, em todo o momento *é preciso pôr amor onde não há amor, para tirar amor*[16], mesmo nessas circunstâncias aparentemente intranscendentes que o trabalho profissional e as relações familiares e sociais nos oferecem. Portanto, tu e eu aproveitaremos até as oportunidades mais banais que se nos apre-

---

(13) São Jerônimo, *Epistolae*, LX, 12 (PL 22, 956); (14) Ioh XVII, 19; (15) Gal V, 9; (16) cfr. São João da Cruz, *Carta a Maria da Encarnação*, 6-7-1591.

sentem para nos santificarmos e para santificar os que conosco partilham dos mesmos anseios cotidianos, sentindo na nossa vida o peso doce e sugestivo da corredenção.

Vou prosseguir estes momentos de conversa diante do Senhor servindo-me de uma nota que utilizei anos atrás e que conserva toda a sua atualidade. Apontei então umas considerações de Santa Teresa de Ávila: *Tudo o que acaba e não contenta a Deus é nada e menos que nada*[17]. Compreendemos agora por que uma alma deixa de saborear a paz e a serenidade quando se afasta do seu fim, quando se esquece de que Deus a criou para a santidade? Esforçai-vos por não perder nunca este "ponto de mira" sobrenatural, mesmo à hora do lazer ou do descanso, tão necessários quanto o trabalho na vida de cada um.

Bem podeis chegar ao cume da vossa tarefa profissional, bem podeis alcançar os triunfos mais retumbantes, como fruto dessa libérrima iniciativa com que exerceis as atividades temporais; que, se abandonais esse sentido sobrenatural que deve presidir a todos os nossos afazeres humanos, tereis errado lamentavelmente de caminho.

Permiti-me uma breve digressão, que vem perfeitamente ao caso. Jamais perguntei a nenhum dos que se aproximaram de mim o que pensava em matéria de política: não me interessa! Com essa norma da minha conduta, manifesto-vos uma realidade que está metida no âmago do Opus Dei, a que com a graça e a misericórdia divinas me dediquei completamente, para servir a Igreja Santa. Esse tema não me interessa, porque vós, cristãos, gozais da mais plena liberdade, com a consequente responsabilidade pessoal, para intervir como mais vos aprouver em questões de índole política, social, cultural..., sem outros limites que os estabelecidos pelo Magistério da Igreja. Só ficaria preocupado – pelo bem das vossas almas – se saltásseis essas fronteiras, já que teríeis criado uma nítida opo-

---

(17) Santa Teresa de Jesus, *Livro da vida*, 20, 26.

sição entre a fé que afirmais professar e as vossas obras, e então eu vo-lo faria notar claramente. Este sacrossanto respeito pelas vossas opções, enquanto não vos afastarem da lei de Deus, não o entendem os que ignoram o verdadeiro conceito da liberdade que Cristo nos ganhou na Cruz – *qua libertate Christus nos liberavit*[18], da liberdade com que Cristo nos libertou –, os sectários de um e outro extremo: esses que pretendem impor como dogmas as suas opiniões temporais; ou os que degradam o homem, ao negarem o valor da fé colocando-a à mercê dos erros mais brutais.

12   Mas voltemos ao nosso tema. Dizia-vos antes que bem podeis conseguir os êxitos mais espetaculares no terreno social, na atuação pública, nos afazeres profissionais; que, se vos desleixardes interiormente e vos afastardes do Senhor, no fim tereis fracassado rotundamente. Perante Deus – e é o que conta em última análise –, consegue a vitória aquele que luta por comportar-se como cristão autêntico; não é possível uma solução intermédia. Por isso conheceis tantos que – se apreciarmos a sua situação com olhos humanos – deveriam sentir-se muito felizes e, no entanto, arrastam uma existência inquieta, acre; parece que vendem alegria a granel, mas basta arranhar-lhes um pouco a alma para ficar a descoberto um sabor acerbo, mais amargo que o fel. Não nos acontecerá o mesmo a nenhum de nós, se de verdade procurarmos cumprir constantemente a Vontade de Deus, dar-lhe glória, louvá-lo e estender o seu reinado entre todas as criaturas.

Uma vida cristã coerente

13   Causa-me uma pena muito grande saber de um católico – de um filho de Deus, chamado pelo Batismo a ser outro Cristo – que tranquiliza a sua consciência com uma simples pieda-

---

(18) Gal IV, 31.

de formalista, com uma *religiosidade* que só o leva a rezar vez por outra, quando pensa que lhe convém!; a assistir à Santa Missa nos dias de preceito – e nem sequer em todos –, enquanto cuida pontualmente de ter o estômago apaziguado, comendo a horas fixas; a ceder na sua fé, a trocá-la por um prato de lentilhas, contanto que não tenha de renunciar à sua posição... E depois, com desfaçatez ou com escândalo, serve-se da etiqueta de cristão para subir na vida! Não! Não nos conformemos com as etiquetas: eu vos quero cristãos de corpo inteiro, de uma só peça. E, para consegui-lo, tereis de procurar sem regateios o oportuno alimento espiritual.

Sabeis por experiência pessoal – e assim me tendes ouvido repetir com frequência, para prevenir desânimos – que a vida interior consiste em começar e recomeçar cada dia; e percebeis no vosso coração, como eu no meu, que precisamos de lutar com continuidade. Tereis observado no vosso exame – e comigo passa-se outro tanto; perdoai que faça estas referências à minha pessoa, mas, enquanto vos falo, vou dando voltas com o Senhor às necessidades da minha alma – que sofreis repetidamente pequenos reveses, que às vezes vos parecem descomunais, porque revelam uma evidente falta de amor, de entrega, de espírito de sacrifício, de delicadeza. Fomentai as ânsias de reparação, com uma contrição sincera, mas não percais a paz.

Lá pelos primeiros anos da década de quarenta, ia eu muitas vezes a Valência. Não dispunha então de nenhum recurso humano e, com os que – como vós agora – se reuniam com este pobre sacerdote, fazia a oração onde boamente podíamos, algumas tardes numa praia solitária. Tal como os primeiros amigos do Mestre, lembras-te? Escreve São Lucas que, ao sair de Tiro com Paulo, a caminho de Jerusalém, *nos acompanharam todos com suas mulheres e filhos até fora da cidade, e, postos de joelhos, fizemos a oração na praia*[19].

14

---

(19) Act XXI, 5.

Pois bem, um dia, ao entardecer, durante um daqueles pores-de-sol maravilhosos, vimos aproximar-se uma barca da praia. Saltaram em terra uns homens morenos, fortes como rochas, molhados, de torso nu, tão queimados pela brisa que pareciam de bronze. Começaram a tirar da água a rede que traziam arrastada pela barca, repleta de peixes brilhantes como a prata. Puxavam-na com muito brio, os pés afundados na areia, com uma energia prodigiosa. De repente, apareceu-lhes um menino, muito crestado também, que se aproximou da corda e, agarrando-a com as suas mãozinhas, começou a puxá-la com evidente falta de jeito. Aqueles pescadores rudes, nada refinados, devem ter sentido o coração estremecer-lhes e permitiram que o pequeno colaborasse. Não o afastaram, embora propriamente fosse um estorvo.

Pensei em vós e em mim; em vós, a quem ainda não conhecia, e em mim; nesse puxar pela corda todos os dias, em tantas coisas. Se nos apresentarmos diante de Deus Nosso Senhor como esse pequeno, convencidos da nossa debilidade, mas dispostos a secundar os seus desígnios, alcançaremos mais facilmente a meta: arrastaremos a rede até a praia, cheia de abundantes frutos, porque onde falham as nossas forças, chega o poder de Deus.

Sinceridade na direção espiritual

15   Conheceis de sobra as obrigações do vosso caminho de cristãos, que vos conduzirão sem pausa à santidade; estais também precavidos contra as dificuldades, praticamente contra todas, porque se vislumbram já desde os começos do caminho. Agora insisto em que vos deixeis ajudar, guiar, por um diretor de almas a quem confieis todas as vossas aspirações santas e os problemas cotidianos que possam afetar a vossa vida interior, os descalabros que possais sofrer e as vitórias.

Nessa direção espiritual, mostrai-vos sempre muito sinceros; não vos permitais nada sem dizê-lo; abri por completo a vossa alma, sem medos nem vergonhas. Olhai que, de outro modo, esse caminho tão plano e fácil de andar se complica, e o que a princípio não era nada acaba por converter-se em nó que asfixia. *Não pensemos que os que se perdem caem vítimas de um fracasso repentino. Cada um deles errou nos começos da sua senda ou então descurou por longo tempo a sua alma, de modo que, enfraquecendo-se progressivamente a força das suas virtudes e crescendo pouco a pouco a dos vícios, veio a sucumbir miseravelmente... Uma casa não se desmorona subitamente, por um acidente imprevisível: ou já havia nos alicerces alguma falha, ou a incúria dos que a habitavam se prolongou por muito tempo, de forma que os defeitos inicialmente muito pequenos foram corroendo a firmeza da estrutura; e assim, quando chegou a tempestade ou se embraveceram as chuvas torrenciais, desabou sem remédio, pondo de manifesto como era antigo o descuido*[20].

Estais lembrados do conto do cigano que foi confessar-se? Não passa de um conto, de uma historieta jocosa, porque da confissão não se fala nunca, além de que eu estimo muito os ciganos. Pobrezinho! Estava verdadeiramente arrependido: *Padre, acuso-me de ter roubado uma corda...* – pouca coisa, não é verdade? – *e detrás havia uma mula, e detrás outra corda... e outra mula...* E assim até vinte. Meus filhos, o mesmo se passa no nosso comportamento: mal nos concedemos a corda, vem o resto, vem uma arreata de más inclinações, de misérias que aviltam e envergonham. E outro tanto se passa na convivência: começa-se com um pequeno desaire e acaba-se vivendo de costas para o próximo, no meio da indiferença mais enregelante.

Caçai-nos as raposas, as raposas pequenas que destroem a vinha, as nossas vinhas em flor[21]. Fiéis nas pequenas coisas, muito fiéis nas pequenas coisas! Se procurarmos esforçar-nos assim, aprenderemos também a lançar-nos com confiança nos

---

(20) Cassiano, *Collationes*, VI, 17 (PL 49, 667-668); (21) Cant II, 15.

braços de Santa Maria, como filhos seus. Não vos recordava no começo que todos nós temos muito poucos anos, tantos como os que levamos decididos a ter intimidade com Deus? Pois bem, é lógico que a nossa miséria e a nossa insignificância se aproximem da grandeza e da pureza santa da Mãe de Deus, que é também Mãe nossa.

Posso contar-vos outro episódio real, porque se passaram já muitos anos, muitíssimos anos desde que aconteceu; e porque vos ajudará a refletir, pelo contraste e pela crueza das expressões. Encontrava-me dirigindo um retiro para sacerdotes de diversas dioceses. Eu os procurava com afeto e com interesse, para que viessem falar, desafogar a sua consciência, porque também nós, sacerdotes, precisamos do conselho e da ajuda de um irmão. Comecei a falar com um deles, homem um tanto rude, mas muito nobre e sincero; puxei-lhe da língua um pouco, com delicadeza e claramente, para estancar qualquer ferida que houvesse lá dentro, no seu coração. A certa altura, interrompeu-me mais ou menos com estas palavras: *Eu tenho uma inveja muito grande da minha burra; andou prestando serviços paroquiais em sete paróquias, e não há nada a censurar-lhe. Ai se eu tivesse feito o mesmo!*

17   Examina-te a fundo! Talvez também nós não mereçamos o louvor que esse bom cura de aldeia entoava à sua burra. Fomos trabalhando muito pela vida fora, ocupamos estes e aqueles postos de responsabilidade, triunfaste nesta ou naquela tarefa humana... Mas, na presença de Deus, não encontras nada que não devas lamentar? Tentaste de verdade servir a Deus e aos teus irmãos, os homens, ou fomentaste o teu egoísmo, a tua glória pessoal, as tuas ambições, o teu êxito exclusivamente terreno e penosamente caduco?

Se vos falo um pouco cruamente, é porque quero fazer uma vez mais um ato de contrição muito sincero e porque quereria que cada um de vós também pedisse perdão. À vista das nossas infidelidades, à vista de tantos erros, de fraquezas, de covardias – cada um das suas –, repitamos de coração ao Senhor aquelas contritas exclamações de Pedro: *Domine, tu om-*

nia nosti, tu scis quia amo te![22]; Senhor, Tu sabes tudo, Tu sabes que te amo, apesar das minhas misérias! E atrevo-me a acrescentar: Tu sabes que te amo, precisamente por essas minhas misérias, pois me levam a apoiar-me em ti, que és a minha fortaleza: *quia tu es, Deus, fortitudo mea*[23]. E, a partir daí, recomeçamos.

Procurar a presença de Deus

Vida interior. Santidade nas tarefas habituais, santidade nas pequenas coisas, santidade no trabalho profissional, nas ocupações de cada dia...; santidade, para santificar os outros.

Sonhava certa vez um conhecido meu – nunca acabo de conhecê-lo bem! – que voava num avião a muita altura, mas não lá dentro, na cabine; ia montado sobre as asas. Pobre infeliz! Como sofria e se angustiava! Parecia que Nosso Senhor lhe dava a entender que assim andam pelas alturas de Deus – inseguras, angustiadas – as almas apostólicas que não têm vida interior ou a descuram: com o perigo constante de cair, sofrendo, incertas.

E penso, efetivamente, que correm um sério perigo de desencaminhar-se aqueles que se lançam à ação – ao ativismo! – e prescindem da oração, do sacrifício e dos meios indispensáveis para conseguir uma sólida piedade: a frequência de Sacramentos, a meditação, o exame de consciência, a leitura espiritual, o trato assíduo com a Virgem Santíssima e com os Anjos da Guarda... Todos esses meios contribuem, além disso, com uma eficácia insubstituível, para que seja tão amável a jornada do cristão, porque da sua riqueza interior fluem a doçura e a felicidade de Deus, como do favo escorre o mel.

Na intimidade pessoal, na conduta externa, na vida de relação, no trabalho, cada um há de procurar manter-se em contí-

---

(22) Ioh XXI, 17; (23) Ps XLII, 2.

nua presença de Deus, com uma conversação – um diálogo – que não se manifesta por fora; ou melhor, não se expressa geralmente com ruído de palavras, mas terá que notar-se pelo empenho e pela amorosa diligência com que procuraremos acabar bem as tarefas, tanto as importantes como as mais comuns. Se não nos comportarmos com essa firmeza, seremos pouco consequentes com a nossa condição de filhos de Deus, porque teremos desperdiçado os recursos que o Senhor colocou providencialmente ao nosso alcance, para que arribemos *ao estado do varão perfeito, à medida da idade perfeita segundo Cristo*[24].

Durante a última guerra espanhola, viajava eu com frequência, para atender sacerdotalmente muitos rapazes que se encontravam nas frentes de batalha. E certa vez escutei numa trincheira um diálogo que me ficou muito gravado. Perto de Teruel, um soldado moço dizia de outro, pelos vistos um pouco indeciso, pusilânime: *Esse não é homem de uma só peça!* Causar-me-ia uma enorme tristeza que de qualquer um de nós se pudesse afirmar, com fundamento, que é inconsequente, homem que assegura querer ser autenticamente cristão, santo, mas que despreza os meios adequados, já que no cumprimento das suas obrigações não manifesta continuamente a Deus o seu carinho e o seu amor filial. Se a nossa atuação se desenhasse nesses termos, também nem tu nem eu seríamos cristãos de uma só peça.

20   Procuremos fomentar no fundo do coração um desejo ardente, uma ânsia grande de alcançar a santidade, ainda que nos contemplemos cheios de misérias. Não nos assustemos. À medida que se avança na vida interior, percebem-se com mais clareza os defeitos pessoais. Acontece que a ajuda da graça se transforma numa espécie de lente de aumento, e até a partícula mais minúscula de pó, o grãozinho de areia quase imperceptível, aparecem com dimensões gigantescas, porque a alma ad-

---

(24) Eph IV, 13.

quire a finura divina, e mesmo a menor das sombras incomoda a consciência, que só se satisfaz com a pureza de Deus. Dize agora ao Senhor, do fundo do teu coração: Senhor, quero de verdade ser santo, quero de verdade ser um digno discípulo teu e seguir-te sem condições. E logo a seguir deves fazer o propósito de renovar diariamente os grandes ideais que te animam neste momento.

Jesus, se nós, os que estamos reunidos no teu Amor, fôssemos perseverantes! Se conseguíssemos traduzir em obras esses anelos que Tu mesmo despertas na nossa alma! Perguntai--vos com muita frequência: Eu, para que estou na terra? E assim procurareis atingir o perfeito acabamento – cheio de caridade – nas tarefas que empreenderdes em cada jornada e no cuidado com as coisas pequenas. Prestaremos atenção ao exemplo dos santos: pessoas como nós, de carne e osso, com fraquezas e debilidades, que souberam vencer e vencer-se por amor de Deus. Consideraremos a sua conduta e – como as abelhas, que destilam de cada flor o néctar mais precioso – aproveitaremos com as suas lutas. Vós e eu aprenderemos também a descobrir muitas virtudes naqueles que nos rodeiam – dão-nos lições de trabalho, de abnegação, de alegria... –, e não nos deteremos demasiado nos seus defeitos, a não ser quando for imprescindível para os ajudarmos com a correção fraterna.

Na barca de Cristo

21   Como Nosso Senhor, eu também gosto muito de falar de barcas e redes, para que todos tiremos dessas cenas evangélicas alguns propósitos firmes e bem determinados. Conta-nos São Lucas que uns pescadores lavavam e remendavam as suas redes nas margens do lago de Genesaré. Jesus aproxima-se daquelas naves atracadas na ribeira e sobe a uma delas, à de Simão. Com que naturalidade o Senhor se mete na barca de cada um de nós! *Para nos complicar a vida*, como se repete em tom

de queixa por aí. Convosco e comigo cruzou-se o Senhor no nosso caminho, para nos *complicar* a existência delicadamente, amorosamente.

Depois de pregar da barca de Pedro, dirige-se aos pescadores: *Duc in altum, et laxate retia vestra in capturam!*[25], navegai mar adentro e lançai as vossas redes! Fiados na palavra de Cristo, obedecem, e obtêm aquela pesca prodigiosa. E olhando para Pedro, que, como Tiago e João, não saía do seu assombro, o Senhor explica-lhe: *Não tenhas medo, de hoje em diante serás pescador de homens. E eles, trazidas as barcas para terra, deixando todas as coisas, seguiram-no*[26].

A tua barca – os teus talentos, as tuas aspirações, as tuas realizações – não serve para nada se não a colocas à disposição de Cristo, se não lhe permites entrar nela com liberdade, se a converteis num ídolo. Tu sozinho, com a tua barca, se prescindes do Mestre, falando sobrenaturalmente, caminhas direto para o naufrágio. Só se admites, se procuras a presença e o governo do Senhor, estarás a salvo das tempestades e dos reveses da vida. Coloca tudo nas mãos de Deus: que os teus pensamentos, as boas aventuras da tua imaginação, as tuas ambições humanas nobres, os teus amores limpos passem pelo coração de Cristo. De outro modo, cedo ou tarde irão a pique com o teu egoísmo.

22 Se consentes que Deus comande a tua nave, que seja Ele o amo, que segurança!..., mesmo quando parece que se ausenta, que fica adormecido, que se alheia, e se levanta a tempestade no meio das trevas mais densas. Relata São Marcos que os Apóstolos se encontravam nessas circunstâncias, e Jesus, *vendo-os remar com muita dificuldade – porque o vento lhes era contrário –, por volta da quarta hora noturna foi ter com eles, andando sobre as águas* [...]. *Tende confiança, sou eu, não temais. E subiu para a barca com eles, e cessou o vento*[27].

Meus filhos, acontecem tantas coisas na terra!... Poderia

---

(25) Lc V, 4; (26) Lc V, 10-11; (27) Mc VI, 48.50-51.

falar-vos de penas, de sofrimentos, de maus tratos, de martírios – não tiro à palavra uma só letra –, do heroísmo de muitas almas. Diante dos nossos olhos, na nossa inteligência, brota às vezes a impressão de que Jesus dorme, de que não nos escuta. Mas São Lucas conta como o Senhor se comporta com os seus: *Enquanto eles – os discípulos – iam navegando, Jesus adormeceu, e levantou-se uma tempestade de vento sobre o lago, e a barca enchia-se de água, e estavam em perigo. E aproximando-se dEle, despertaram-no, gritando: Mestre, nós perecemos! E levantando-se Jesus, increpou o vento e as ondas, e logo tudo cessou; e veio a bonança. Então disse-lhes: Onde está a vossa fé?*[28]

Se nos entregarmos, Ele entrega-se a nós. É preciso confiar plenamente no Mestre, é preciso abandonar-se nas suas mãos sem regateios, manifestar-lhe com as nossas obras que a barca é dEle, que queremos que disponha como lhe apetecer de tudo o que nos pertence.

Termino – recorrendo à intercessão de Santa Maria – com estes propósitos: vamos viver de fé; vamos perseverar com esperança, vamos permanecer grudados a Jesus Cristo; vamos amá-lo de verdade, de verdade, de verdade; vamos percorrer e saborear a nossa aventura de Amor, porque estamos enamorados de Deus; vamos deixar que Cristo entre na nossa pobre barca e tome posse da nossa alma, como Dono e Senhor; vamos manifestar-lhe com sinceridade que nos esforçaremos por manter-nos sempre na sua presença, dia e noite, porque Ele nos chamou à fé: *Ecce ego quia vocasti me!*[29], aqui estou porque me chamaste, e viemos ao seu redil, atraídos pelos seus brados e assobios de Bom Pastor, na certeza de que somente à sua sombra encontraremos a verdadeira felicidade temporal e eterna.

---

(28) Lc VIII, 23-25; (29) I Reg III, 9.

A LIBERDADE, DOM DE DEUS

Homilia pronunciada em 10-4-1956.

23 Tenho-vos recordado muitas vezes aquela cena comovente, relatada pelo Evangelho, em que Jesus se acha na barca de Pedro, de onde falou à multidão. Essa multidão que o seguia abrasou a ânsia de almas que consome o seu coração, e o Divino Mestre quer que os seus discípulos participem já desse zelo. Depois de lhes dizer que se lancem mar adentro – *duc in altum!*[1] –, sugere a Pedro que lance as redes para pescar. Não me vou deter agora nos pormenores, tão instrutivos, desses momentos. Desejo que consideremos a reação do Príncipe dos Apóstolos, à vista do milagre: *Afasta-te de mim, Senhor, que sou um homem pecador*[2]. Uma verdade – não tenho a menor dúvida – que se ajusta perfeitamente à situação pessoal de todos. No entanto, asseguro-vos que, ao tropeçar durante a minha vida com tantos prodígios da graça, operados através de mãos humanas, me senti inclinado, de dia para dia mais inclinado, a gritar: Senhor, não te afastes de mim, pois sem ti não posso fazer nada de bom.

Precisamente por isso, compreendo muito bem aquelas palavras do Bispo de Hipona, que soam como um maravilhoso cântico à liberdade: *Deus, que te criou sem ti, não te salvará sem ti*[3], porque todos nós, tu e eu, temos sempre a possibilida-

---

(1) Lc V, 4; (2) Lc V, 8; (3) Santo Agostinho, *Sermo* CLXIX, 13 (PL 38, 923).

de – a triste desventura – de levantar-nos contra Deus, de rejeitá-lo – talvez com a nossa conduta – ou de exclamar: *Não queremos que ele reine sobre nós*⁴.

Escolher a vida

Com o agradecimento de quem percebe a felicidade a que foi chamado, aprendemos que todas as criaturas foram tiradas do nada por Deus e para Deus: tanto as racionais, os homens, ainda que com tanta frequência percam a razão; como as irracionais, as que calcorreiam sobre a superfície da terra, ou habitam as entranhas do mundo, ou cruzam o azul do céu, algumas delas até fitarem o sol. Mas, no meio desta maravilhosa variedade, apenas nós, os homens – não falo aqui dos anjos – nos unimos ao Criador mediante o exercício da nossa liberdade: podemos prestar ou negar ao Senhor a glória que lhe é devida como Autor de tudo o que existe.

Essa possibilidade compõe o claro-escuro da liberdade humana. O Senhor convida-nos, incita-nos – porque nos ama entranhadamente! – a escolher o bem: *Considera que pus hoje diante de ti a vida e o bem, e de outra parte a morte e o mal, para que ames o Senhor teu Deus, e andes pelos seus caminhos, e guardes os seus mandamentos, decretos e preceitos, e assim vivas* [...]. *Escolhe a vida para que vivas*⁵.

Queres fazer o favor de pensar – eu também faço o meu exame – se manténs imutável e firme a tua opção pela Vida? Se, ao ouvires essa voz de Deus, amabilíssima, que te estimula à santidade, respondes livremente que sim? Volvamos o olhar para o nosso Jesus, quando falava às multidões pelas cidades e campos da Palestina. Não pretende impor-se. *Se queres ser perfeito...*⁶, diz Ele ao jovem rico. Aquele rapaz rejeitou a insinuação, e conta-nos o Evangelho que *abiit tristis*⁷, que se reti-

---

(4) Lc XIX, 14; (5) Dt XXX, 15-16.19; (6) Mt XIX, 21; (7) Mt XIX, 22.

rou entristecido. Por isso cheguei certa vez a chamar-lhe *ave triste:* perdeu a alegria porque se negou a entregar a sua liberdade a Deus.

25 Consideremos agora o momento sublime em que o Arcanjo São Gabriel anuncia a Santa Maria o desígnio do Altíssimo. A nossa Mãe escuta, e a seguir pergunta, para compreender melhor o que o Senhor lhe pede; depois vem a resposta firme: *Fiat!*[8] – faça-se em mim segundo a tua palavra! –, o fruto da melhor liberdade: a de decidir-se por Deus. Em todos os mistérios da nossa fé católica adeja este cântico à liberdade. A Trindade Beatíssima tira do nada o mundo e o homem, num livre esbanjamento de amor. O Verbo desce do Céu e toma a nossa carne com o timbre admirável da liberdade na submissão: *Eis que venho, segundo está escrito de mim no princípio do livro, para cumprir, ó Deus, a tua vontade*[9]. Quando chega a hora marcada por Deus para salvar a humanidade da escravidão do pecado, contemplamos em Getsêmani Jesus Cristo que sofre dolorosamente, até derramar um suor de sangue[10], e que aceita espontânea e rendidamente o sacrifício que o Pai lhe reclama: *Como cordeiro levado ao matadouro, como ovelha muda diante dos tosquiadores*[11]. Já o havia anunciado aos seus, numa dessas conversas em que derramava o seu Coração, para que os que o amam soubessem que Ele é o Caminho – não há outro – para chegar ao Pai: *Por isso meu Pai me ama, porque dou a minha vida para outra vez a assumir. Ninguém a tira de mim, mas eu por mim mesmo a dou, e tenho o poder de a dar e o poder de a reassumir*[12].

O sentido da liberdade

26 Jamais poderemos entender até o fim essa liberdade de Jesus Cristo, imensa – infinita – como o seu amor. Mas o tesou-

---

(8) Lc I, 38; (9) Hebr X, 7; (10) cfr. Lc XXII, 44; (11) Is LIII, 7; (12) Ioh X, 17-18.

ro preciosíssimo do seu generoso holocausto deve levar-nos a pensar: Por que me deixaste, Senhor, este privilégio, que me torna capaz de seguir os teus passos, mas também de te ofender?

Chegamos assim a calibrar o reto uso da liberdade, se a encaminhamos para o bem; e a sua errônea orientação quando, com essa faculdade, o homem se esquece e se afasta do Amor dos amores. A liberdade pessoal – que defendo e defenderei sempre com todas as minhas forças – leva-me a perguntar com convicta segurança e também com a consciência da minha própria fraqueza: Que esperas de mim, Senhor, para que eu voluntariamente o cumpra?

Responde-nos o próprio Cristo: *Veritas liberabit vos*[13], a verdade vos fará livres. Que verdade é essa, que inicia e consuma em toda a nossa vida o caminho da liberdade? Eu vo-la resumirei, com a alegria e com a certeza que procedem da relação entre Deus e as suas criaturas: saber que saímos das mãos de Deus, que somos objeto da predileção da Trindade Beatíssima, que somos filhos de tão grande Pai.

Eu peço ao meu Senhor que nos decidamos a tomar consciência disso, a saboreá-lo dia a dia. Assim nos conduziremos como pessoas livres. Não o esqueçamos: aquele que não se sabe filho de Deus desconhece a sua verdade mais íntima e, na sua atuação, não possui o domínio e o senhorio próprios dos que amam o Senhor acima de todas as coisas.

Convencei-vos de que, para ganhar o céu, temos que empenhar-nos em consegui-lo livremente, com uma decisão plena, constante e voluntária. Mas a liberdade não se basta a si mesma: precisa de um norte, de um roteiro. *Não é possível que a alma caminhe sem ninguém que a governe. E para isso foi redimida, de modo que tenha por Rei Cristo, cujo jugo é suave e cuja carga é leve (Mt XI, 30), e não o diabo, cujo reino é pesado*[14].

---

(13) Ioh VIII, 32; (14) Orígenes, *Commentarii in Epistolam ad Romanos*, V, 6 (PG 14, 1034-1035).

Temos de repelir o equívoco dos que se conformam com uma triste gritaria: Liberdade! liberdade! Muitas vezes, nesse mesmo clamor se esconde uma trágica servidão, porque a opção que prefere o erro não liberta; só Cristo é que liberta[15], porque só Ele é o Caminho, a Verdade e a Vida[16].

27 Perguntemo-nos de novo, na presença de Deus: Senhor, para que nos proporcionaste este poder? Por que depositaste em nós essa faculdade de escolher-te ou rejeitar-te? Tu desejas que empreguemos acertadamente esta nossa capacidade. Senhor, que queres que eu faça?[17] E a resposta é diáfana, precisa: *Amarás o Senhor teu Deus com todo o teu coração, e com toda a tua alma, e com toda a tua mente*[18].
Estamos vendo? A liberdade adquire o seu sentido autêntico quando é exercida em serviço da verdade que resgata, quando a gastamos em proclamar o Amor infinito de Deus, que nos desata de todas as escravidões. Cada dia aumentam as minhas ânsias de anunciar em altos brados esta insondável riqueza do cristão: *a liberdade da glória dos filhos de Deus!*[19] Nisso se resume *a vontade boa* que nos ensina a perseguir *o bem, depois de distingui-lo do mal*[20].
Gostaria de que meditássemos num ponto fundamental que nos coloca diante da responsabilidade da nossa consciência. Ninguém pode escolher por nós. *Este é o grau supremo da dignidade nos homens: que se encaminhem para o bem por si próprios, não por outros*[21]. Muitos de nós herdamos dos pais a fé católica e, por graça de Deus, desde que recebemos o Batismo, recém-nascidos ainda, começou-nos na alma a vida sobrenatural. Mas temos de renovar ao longo da nossa existência – e mesmo ao longo de cada jornada – a determinação de amar a Deus sobre todas as coisas. *É cristão, digo verdadeiro cristão, aquele que se submete ao império do único Verbo de Deus*[22],

---

(15) Cfr. Gal IV, 31; (16) cfr. Ioh XIV, 6; (17) cfr. Act IX, 6; (18) Mt XXII, 37; (19) Rom VIII, 21; (20) São Máximo Confessor, *Capita de charitate*, II, 32 (PG 90, 995); (21) São Tomás de Aquino, *Super Epistolas Sancti Pauli lectura. Ad Romanos*, cap. II, lect. III, 217 (ed. Marietti, Torino, 1953); (22) Orígenes, *Contra Celsum*, VIII, 36 (PG 11, 1571).

sem estabelecer condições a essa submissão, disposto a resistir à tentação diabólica com a mesma atitude de Cristo: *Adorarás o Senhor teu Deus e só a Ele servirás*[23].

Liberdade e entrega

O amor de Deus é ciumento; não se satisfaz se comparecemos com condições ao encontro marcado: espera com impaciência que nos entreguemos por inteiro, que não guardemos no coração recantos obscuros, a que não conseguem chegar a felicidade e a alegria da graça e dos dons sobrenaturais. Talvez possais pensar: responder que sim a esse Amor exclusivo não é porventura perder a liberdade?

28

Com a ajuda do Senhor, que preside a este tempo de oração, com a sua luz, espero que para vós e para mim este tema fique ainda mais definido. Cada um de nós já chegou a experimentar que servir a Cristo Nosso Senhor supõe dor e fadiga. Negar esta realidade significaria não nos termos encontrado com Deus. A alma enamorada sabe que, quando chega essa dor, se trata de uma impressão passageira, e em breve descobre que o peso é leve e a carga suave, porque é Ele que os carrega aos ombros, assim como abraçou o madeiro da cruz quando estava em jogo a nossa felicidade eterna[24].

Mas há homens que não compreendem, que se rebelam contra o Criador – uma rebelião impotente, mesquinha, triste –, que repetem cegamente a queixa inútil de que nos fala o Salmo: *Quebremos as suas cadeias e sacudamos de nós o seu jugo*[25]. Relutam em cumprir, com heroico silêncio, com naturalidade, sem brilho e sem lamentos, a tarefa dura de cada dia. Não compreendem que a Vontade divina, mesmo quando se apresenta com matizes de dor, de exigências que ferem, coincide exatamente com a liberdade, que reside só em Deus e nos seus desígnios.

---

(23) Mt IV, 10; (24) Cfr. Mt XI, 30; (25) Ps II, 3.

29   São almas que levantam barricadas com a liberdade. A minha liberdade, a minha liberdade! Têm-na, e não a seguem; olham para ela, colocam-na como um ídolo de barro dentro do seu entendimento mesquinho. Isso é liberdade? Que aproveitam dessa riqueza sem um compromisso sério, que oriente toda a existência? Uma conduta assim opõe-se à categoria e à nobreza próprias da pessoa humana. Falta a rota, o caminho claro que informe os passos sobre a terra. Essas almas – vós as tereis encontrado, como eu – deixar-se-ão arrastar depois pela vaidade pueril, pela arrogância egoísta, pela sensualidade.

    É uma liberdade que se demonstra estéril ou que produz frutos ridículos, mesmo humanamente. Quem não escolhe – com plena liberdade! – uma norma reta de conduta, cedo ou tarde se verá manipulado pelos outros, viverá na indolência – como um parasita –, sujeito ao que os outros determinem. Prestar-se-á a ser agitado por qualquer vento, e outros resolverão sempre por ele. *São nuvens sem água, que os ventos levam de uma parte para outra, árvores outonais, sem fruto, duas vezes mortas, sem raízes*[26], ainda que se escondam por trás de um contínuo palavrório, de paliativos com que tentam esfumar a ausência de caráter, de valentia e de honradez.

    Mas ninguém me coage!, repetem obstinadamente. Ninguém? Todos coagem essa liberdade ilusória que não se arrisca a aceitar responsavelmente as consequências das atuações livres e pessoais. Onde não há amor de Deus, produz-se um vazio de exercício individual e responsável da liberdade: apesar das aparências, tudo aí é coação. O indeciso, o irresoluto, é como uma matéria plástica à mercê das circunstâncias; qualquer um o molda a seu bel-prazer e, antes de mais nada, as paixões e as piores tendências da natureza ferida pelo pecado.

30   Lembremo-nos da parábola dos talentos. O servo que recebeu um talento podia – como os seus companheiros – empregá-lo bem, tratar de fazê-lo render, pondo em jogo as qualidades que possuía. E o que é que decide? Preocupa-o o medo de

---

(26) Iudae 12.

perdê-lo. Muito bem. Mas depois? Enterra-o![27] E aquilo não dá fruto.

Não esqueçamos esse caso de temor doentio de aproveitar honradamente a capacidade de trabalho, a inteligência, a vontade, *o homem todo*. Eu o enterro – parece afirmar esse infeliz –, mas a minha liberdade fica a salvo! Não. A liberdade inclinou-se para algo de muito concreto, para a secura mais pobre e árida. Tomou partido, porque não tinha outro remédio senão escolher. Mas escolheu mal.

Nada mais falso do que opor a liberdade à entrega de si, porque essa entrega surge como consequência da liberdade. Reparemos: quando uma mãe se sacrifica por amor aos seus filhos, fez uma opção; e, conforme for a medida desse amor, assim se manifestará a sua liberdade. Se esse amor for grande, a liberdade se mostrará fecunda, e o bem dos filhos procederá dessa bendita liberdade, que implica entrega, e procederá dessa bendita entrega, que é precisamente liberdade.

Mas, dir-me-eis, quando conseguimos o que amamos com toda a alma, não mais continuamos a procurar. Desapareceu a liberdade? Asseguro-vos que então é mais operativa do que nunca, pois o amor não se contenta com um cumprimento rotineiro nem se compagina com o fastio ou a apatia. Amar significa recomeçar a servir todos os dias, com obras de carinho.

Insisto e quereria gravá-lo a fogo em cada um: a liberdade e a entrega de si não se contradizem; apoiam-se mutuamente. A liberdade só pode ser entregue por amor; outro gênero de desprendimento, eu não o concebo. Não é um jogo de palavras, mais ou menos acertado. Na entrega voluntária, em cada instante dessa dedicação, a liberdade renova o amor, e renovar-se é ser continuamente jovem, generoso, capaz de grandes ideais e de grandes sacrifícios.

Lembro-me de que tive uma grande alegria quando soube que os portugueses chamam aos jovens *os novos*. E é o que são. Conto-vos este pormenor porque tenho já bastantes anos,

---

(27) Cfr. Mt XXV, 18.

mas, ao rezar ao pé do altar *ao Deus que alegra a minha juventude*[28], sinto-me muito jovem e sei que nunca chegarei a considerar-me velho, porque, se permanecer fiel ao meu Deus, o Amor me vivificará continuamente; renovar-se-á, como a da águia, a minha juventude[29]. Por amor à liberdade, atamo-nos. Unicamente a soberba atribui a esses laços o peso de uma cadeia. A verdadeira humildade, que Aquele que é manso e humilde de coração nos ensina, mostra-nos que o seu jugo é suave e a sua carga ligeira[30]. O jugo é a liberdade, o jugo é o amor, o jugo é a unidade, o jugo é a vida, que Jesus Cristo nos ganhou na Cruz.

A liberdade das consciências

32   Quando, ao longo dos meus anos de sacerdócio, não direi que prego, mas grito o meu amor à liberdade pessoal, noto em alguns um gesto de desconfiança, como se suspeitassem que a defesa da liberdade traz no seu bojo um perigo para a fé. Tranquilizem-se esses pusilânimes. Só atenta contra a fé uma interpretação errônea da liberdade, uma liberdade sem qualquer fim, sem norma objetiva, sem lei, sem responsabilidade. Numa palavra: a libertinagem. Infelizmente, é isso o que alguns propugnam. Essa reivindicação, sim, constitui um atentado contra a fé.

Por isso, não é correto falar de *liberdade de consciência*, que equivale a considerar como de boa categoria moral a atitude do homem que rejeita a Deus. Recordamos atrás que podemos opor-nos aos desígnios salvíficos do Senhor; podemos, mas não devemos fazê-lo. E se alguém assumisse essa posição deliberadamente, pecaria, porque estaria transgredindo o primeiro e o mais fundamental dos mandamentos: *Amarás o Senhor teu Deus com todo o teu coração*[31].

---

(28) Ps XLII, 4; (29) cfr. Ps CII, 5; (30) cfr. Mt XI, 29-30; (31) Dt VI, 5.

Eu defendo com todas as minhas forças a *liberdade das consciências*[32], que denota não ser lícito a ninguém impedir que a criatura preste culto a Deus. É preciso respeitar as legítimas ânsias de verdade; o homem tem obrigação grave de procurar o Senhor, de conhecê-lo e adorá-lo, mas ninguém na terra deve permitir-se impor ao próximo a prática de uma fé que este não possui; assim como ninguém pode arrogar-se o direito de maltratar quem a recebeu de Deus.

A nossa Santa Mãe a Igreja pronunciou-se sempre pela liberdade e rejeitou todos os fatalismos, antigos e menos antigos. Esclareceu que cada alma é dona do seu destino, para bem ou para mal: *E os que não se afastaram do bem irão para a vida eterna; os que praticaram o mal, para o fogo eterno*[33]. Sempre nos impressiona esta terrível capacidade que possuímos tu e eu – que todos possuímos –, e que revela ao mesmo tempo o sinal da nossa nobreza. *A tal ponto o pecado é um mal voluntário, que de modo algum seria pecado se não tivesse o seu princípio na vontade. Esta afirmação goza de tal evidência que nela estão de acordo os poucos sábios e os muitos ignorantes que habitam o mundo*[34].

Volto a levantar o coração em ação de graças ao meu Deus, ao meu Senhor, porque nada o impedia de nos ter criado impecáveis, com um impulso irresistível para o bem, mas *considerou que seriam melhores os seus servidores se livremente o servissem*[35]. Como é grande o amor, a misericórdia do nosso Pai! Em face da evidência das suas *loucuras divinas* pelos seus filhos, quereria ter mil bocas, mil corações mais, que me permitissem viver num contínuo louvor a Deus Pai, a Deus Filho, a Deus Espírito Santo.

Pensemos que o Todo-Poderoso, Aquele que governa o Universo através da sua Providência, não deseja servos forçados, prefere filhos livres. Introduziu na alma de cada um de

---

(32) Leão XIII, Enc. *Libertas praestantissimum*, 20-6-1888, ASS 20 (1888), 606; (33) Símbolo *Quicumque*; (34) Santo Agostinho, *De vera religione*, XIV, 27 (PL 34, 133); (35) Santo Agostinho, *ibid.* (PL 34, 134).

nós – embora tenhamos nascido *proni ad peccatum,* inclinados ao pecado, devido à queda dos nossos primeiros pais – uma centelha da sua inteligência infinita, a atração pelo que é bom, uma ânsia de paz perdurável. E faz-nos compreender que a verdade, a felicidade e a liberdade se alcançam quando procuramos que germine em nós essa semente de vida eterna.

34 Responder "não" a Deus, rejeitar esse princípio de felicidade nova e definitiva, é coisa que ficou nas mãos da criatura. Mas se esta se comporta assim, deixa de ser filho para se tornar escravo. *Cada coisa é o que lhe convém segundo a sua natureza. Por isso, quando se move em busca de algo estranho, não atua segundo a sua própria maneira de ser, mas por impulso alheio; e isso é servil. O homem é racional por natureza. Quando se conduz pela razão, procede por movimento próprio, como quem é; e isso é próprio da liberdade. Quando peca, age fora da razão e deixa-se conduzir pelo impulso alheio, está preso em confins alheios, e por isso quem aceita o pecado é servo do pecado (Ioh VIII, 34)* [36].

Seja-me permitido insistir nisto. É algo de muito claro e que podemos verificar com frequência ao nosso redor ou no nosso próprio eu: nenhum homem escapa a um ou outro gênero de escravidão. Uns prostram-se diante do dinheiro; outros adoram o poder; outros, a relativa tranquilidade do ceticismo; outros descobrem na sensualidade o seu bezerro de ouro. E o mesmo se passa com as coisas nobres. Afadigamo-nos num trabalho, num empreendimento de maiores ou menores proporções, na realização de uma atividade científica, artística, literária, espiritual. Se essas tarefas se levam a cabo com empenho, se existe verdadeira paixão, quem a elas se entrega vive escravo, dedica-se gozosamente ao serviço dessa finalidade.

35 Escravidão por escravidão – se de qualquer modo temos de servir, já que, quer o admitamos ou não, essa é a condição humana –, nada melhor do que sabermo-nos, por Amor, escravos de Deus. Porque nesse momento perdemos a situação de

---

(36) São Tomás de Aquino, *Quaestiones disputatae. De malo,* q. VI, a. 1.

escravos para nos convertermos em amigos, em filhos. E aqui se manifesta a diferença: enfrentamos as honestas ocupações do mundo com a mesma paixão, com o mesmo empenho que os outros, mas com paz no fundo da alma; com alegria e serenidade, mesmo nas contrariedades. Porque não depositamos a nossa confiança no que passa, mas no que permanece para sempre. *Não somos filhos da escrava, mas da livre*[37]. De onde nos vem essa liberdade? De Cristo, Senhor Nosso. Essa é a liberdade com que Ele nos redimiu[38]. Por isso nos ensina: *Se o Filho vos obtiver a liberdade, sereis verdadeiramente livres*[39]. Nós, cristãos, não temos de pedir emprestado a ninguém o verdadeiro sentido deste dom, porque a única liberdade que salva o homem é cristã.

Gosto de falar da aventura da liberdade, porque é assim que se desenvolve a vossa vida e a minha: livremente – como filhos, insisto, não como escravos –, seguimos a senda que o Senhor marcou a cada um de nós. Saboreamos esta liberdade de movimentos como uma dádiva de Deus.

Livremente, sem coação alguma, porque me vem na gana, eu me decido por Deus. E comprometo-me a servir, a converter a minha existência numa doação aos outros, por amor ao meu Senhor Jesus. Esta liberdade anima-me a clamar que nada na terra me separará da caridade de Cristo[40].

Responsáveis perante Deus

Deus fez o homem desde o princípio e o deixou nas mãos do seu livre arbítrio (Ecclo XV, 14). Isto não aconteceria se não tivesse o poder de optar livremente[41]. Somos responsáveis perante Deus por todas as ações que praticamos livremente. Não são possíveis aqui os anonimatos; o homem encontra-se diante do seu Senhor, e depende da sua vontade resolver-se a

36

---

(37) Gal IV, 31; (38) Cfr. Gal IV, 31; (39) Ioh VIII, 36; (40) cfr. Rom VIII, 39; (41) São Tomás de Aquino, *ibid*.

viver como amigo ou como inimigo. Assim começa o caminho da luta interior, que é tarefa para toda a vida, porque, enquanto durar a nossa passagem pela terra, ninguém terá alcançado a plenitude da sua liberdade.

A nossa fé cristã, além disso, leva-nos a assegurar a todos um clima de liberdade, começando por afastar qualquer tipo de enganosas coações na apresentação da fé. *Se somos levados à força para Cristo, cremos sem querer; usa-se então de violência, não de liberdade. Sem o querer, pode uma pessoa entrar na Igreja; sem o querer, pode aproximar-se do altar; pode, sem o querer, receber o Sacramento. Mas só pode crer quem quer*[42]. É evidente que, tendo-se chegado ao uso da razão, é necessária a liberdade pessoal para entrar na Igreja e para corresponder aos contínuos chamados que o Senhor nos dirige.

37   Na parábola dos convidados ao banquete, o pai de família, depois de saber que alguns dos que deviam comparecer à festa se desculparam com razões sem razão, ordena ao criado: *Vai pelos caminhos e cercados e força a vir* – compelle intrare – *os que encontrares*[43]. Isto não é coação? Não é usar de violência contra a legítima liberdade de cada consciência?

Se meditarmos o Evangelho e ponderarmos os ensinamentos de Jesus, não confundiremos essas ordens com a coação. Vejamos de que modo Cristo insinua sempre: *Se queres ser perfeito..., se alguém quiser vir após mim...* Esse *compelle intrare* – obriga-os a entrar – não significa violência física ou moral; reflete o ímpeto do exemplo cristão, que por sua vez manifesta na sua atuação a força de Deus: *Vede como o Pai atrai: deleita ensinando, não impondo a necessidade. É assim que atrai para si*[44].

Quando se respira esse ambiente de liberdade, compreende-se claramente que entregar-se ao mal não é uma libertação,

---

(42) Santo Agostinho, *In Ioannis Evangelium tractatus*, XXVI, 2 (PL 35, 1607);
(43) Lc XIV, 23; (44) Santo Agostinho, *In Ioannis Evangelium tractatus*, XXVI, 7 (PL 35, 1610).

mas uma escravidão. *Aquele que peca contra Deus conserva o livre arbítrio quanto à liberdade de coação, mas perdeu-o quanto à liberdade de culpa*[45]. Revela talvez que se comportou de acordo com as suas preferências, mas não conseguirá pronunciar a voz da verdadeira liberdade, porque se fez escravo daquilo por que se decidiu, e decidiu-se pelo pior, pela ausência de Deus, e nisso não há liberdade.

Repito-vos: não aceito outra escravidão que não a do Amor de Deus. E isto porque, como já vos disse em outras ocasiões, a religião é a maior rebelião do homem que não tolera viver como um animal, que não se conforma – não sossega – se não conhece o Criador, se não procura a sua intimidade. Eu vos quero rebeldes, livres de todos os laços, porque vos quero – Cristo nos quer – filhos de Deus. Escravidão ou filiação divina: eis o dilema da nossa vida. Ou filhos de Deus ou escravos da soberba, da sensualidade, desse egoísmo angustiante em que tantas almas parecem debater-se.

O Amor de Deus marca o caminho da verdade, da justiça e do bem. Quando nos decidimos a responder ao Senhor: *a minha liberdade para ti,* ficamos livres de todas as cadeias que nos haviam atado a coisas sem importância, a preocupações ridículas, a ambições mesquinhas. E a liberdade – tesouro incalculável, pérola maravilhosa que seria triste lançar aos animais[46] – emprega-se inteira em aprender a fazer o bem[47].

Esta é a liberdade gloriosa dos filhos de Deus. Os cristãos que na sua conduta se revelassem encolhidos de medo – coibidos ou invejosos – perante a libertinagem dos que não acolheram a Palavra de Deus, demonstrariam ter um conceito miserável da nossa fé. Se cumprirmos de verdade a Lei de Cristo – se nos esforçarmos por cumpri-la, porque nem sempre o conseguiremos –, descobrir-nos-emos dotados dessa maravilhosa galhardia de espírito que não precisa de ir buscar em outro lugar o sentido da mais plena dignidade humana.

---

(45) São Tomás de Aquino, *ibid.*; (46) Cfr. Mt VII, 6; (47) cfr. Is I, 17.

A nossa fé não é um peso nem uma limitação. Que pobre ideia da verdade cristã manifestaria quem raciocinasse assim! Ao decidirmo-nos por Deus, não perdemos nada, ganhamos tudo: quem à custa da sua alma *conservar a sua vida, perdê--la-á; e quem perder a sua vida por amor de mim, voltará a encontrá-la*[48].
Tiramos a carta que ganha o primeiro prêmio. Quando alguma coisa nos impedir de compreendê-lo com clareza, examinemos o interior da nossa alma. Talvez exista pouca fé, pouca relação pessoal com Deus, pouca vida de oração. Temos de pedir ao Senhor – através da sua Mãe e Mãe nossa – que nos aumente o seu Amor, que nos permita experimentar a doçura da sua presença. Porque só quando se ama é que se chega à liberdade mais plena: a de não querer abandonar nunca, por toda a eternidade, o objeto dos nossos amores.

---

(48) Mt X, 39.

O TESOURO DO TEMPO

Homilia pronunciada em 9-1-1956.

Gosto de lembrar com muita frequência que, quando me dirijo a vós, quando conversamos todos juntos com Deus Nosso Senhor, estou fazendo a minha oração pessoal em voz alta. Pela vossa parte, deveis esforçar-vos também por alimentar a vossa oração dentro das vossas almas, mesmo quando por qualquer circunstância, como, por exemplo, a de hoje, tenhamos necessidade de tratar de um tema que, à primeira vista, não parece muito adequado para um diálogo de amor – que isso é o nosso colóquio com o Senhor. Digo *à primeira vista*, porque tudo o que nos acontece, tudo o que se passa ao nosso lado, pode e deve ser tema da nossa meditação.

Tenho que falar-vos do tempo, deste tempo que se vai. Não vou repetir a afirmação de que um ano a mais é um ano a menos... Também não vos sugiro que pergunteis por aí fora o que pensam da passagem dos dias, pois provavelmente – se o fizésseis – ouviríeis alguma resposta deste estilo: *Juventude, divino tesouro, que vais para não voltar...* Embora admita que talvez ouvísseis também alguma outra consideração com mais sentido sobrenatural.

Também não quero deter-me a pensar, com laivos de nostalgia, na brevidade do tempo. Para nós, cristãos, a fugacidade do caminhar terreno deveria incitar-nos a aproveitar melhor o tempo; nunca a temer Nosso Senhor, e muito menos a olhar a morte como um final desastroso. Um ano que termina – já foi dito de mil modos, mais ou menos poéticos – é, com a graça e a misericórdia de Deus, mais um passo que nos aproxima do Céu, da nossa Pátria definitiva.

Ao pensar nesta realidade, compreendo perfeitamente a exclamação que São Paulo dirige aos de Corinto: *Tempus breve est!*[1], como é breve a duração da nossa passagem pela terra! Para um cristão coerente, estas palavras soam-lhe no mais íntimo do coração como uma censura pela sua falta de generosidade e como um convite constante para que seja leal. Verdadeiramente, é curto o nosso tempo para amar, para dar, para desagravar. Não é justo, portanto, que o malbaratemos nem que atiremos irresponsavelmente esse tesouro pela janela fora. Não podemos desperdiçar esta etapa do mundo que Deus confia a cada um de nós.

40 Abramos o Evangelho de São Mateus, no capítulo vigésimo quinto: *O reino dos céus é semelhante a dez virgens que, tomando as suas lâmpadas, saíram ao encontro do esposo e da esposa. Mas cinco delas eram néscias e cinco prudentes*[2]. O evangelista conta que as prudentes aproveitaram o tempo. Aprovisionam-se discretamente do azeite necessário e estão preparadas quando as avisam: Está na hora! *Eis que vem o esposo; saí ao seu encontro*[3]: reavivam as suas lâmpadas e apressam-se a recebê-lo com alegria.

Há de chegar também para nós esse dia, que será o último e que não nos causa medo. Confiando firmemente na graça de Deus, estamos dispostos desde este momento, com generosidade, com fortaleza, com amor nos pormenores, a acudir a esse encontro com o Senhor levando as lâmpadas acesas. Porque nos espera a grande festa do Céu. *Somos nós, irmãos queridíssimos, quem intervém nas bodas do Verbo. Nós, que já temos fé na Igreja, que nos alimentamos da Sagrada Escritura, que nos sentimos contentes porque a Igreja está unida a*

---

(1) I Cor VII, 29; (2) Mt XXV, 1-2; (3) Mt XXV, 6.

Deus. Pensai agora, peço-vos, se viestes a estas bodas com o traje nupcial: examinai atentamente os vossos pensamentos[4].

Eu vos asseguro – e também o asseguro a mim mesmo – que esse traje de cerimónia estará tecido com o amor de Deus que tivermos sabido colher até nas menores tarefas. Porque é próprio dos enamorados cuidar dos detalhes, mesmo nas ações aparentemente sem importância.

Mas retomemos o fio da parábola. E as néscias, que fazem? A partir desse momento, já se empenham em preparar-se para esperar o Esposo: vão comprar o azeite. Mas decidiram--se tarde e, enquanto iam, *chegou o esposo; e as que estavam preparadas entraram com ele a celebrar as bodas, e fechou-se a porta. Mais tarde, vieram também as outras virgens, clamando: Senhor, Senhor, abre-nos!*[5] Não é que tivessem permanecido inativas, porque tentaram fazer alguma coisa... Mas ouvem a voz que lhes responde com dureza: *Não vos conheço*[6]. Não souberam ou não quiseram preparar-se com a devida solicitude e esqueceram-se de tomar a razoável precaução de adquirir o azeite a tempo. Faltou-lhes generosidade para cumprir acabadamente o pouco que lhes fora pedido. Tinham tido muitas horas à sua disposição, mas desaproveitaram-nas.

Pensemos na nossa vida com valentia. Por que não conseguimos, às vezes, os minutos de que precisamos para terminar amorosamente o nosso trabalho, que é o meio da nossa santificação? Por que descuramos as obrigações familiares? Por que nos entra a precipitação à hora de rezar ou de assistir ao Santo Sacrifício da Missa? Por que nos faltam a serenidade e a calma para cumprirmos os deveres do nosso estado, e nos entretemos sem pressa nenhuma em ir atrás dos caprichos pessoais? Poderemos responder: são ninharias. Sim, é verdade; mas essas ninharias são o azeite, o nosso azeite, que mantém viva a chama e acesa a luz.

---

(4) São Gregório Magno, *Homiliae in Evangelia*, XXXVIII, 11 (PL 76, 1289); (5) Mt XXV, 10-11; (6) Mt XXV, 12.

Desde a primeira hora

42 *O reino dos céus é semelhante a um pai de família que, ao romper da manhã, saiu a contratar operários para a sua vinha*[7]. Conhecemos já a narrativa; aquele homem volta à praça em diferentes ocasiões para contratar trabalhadores; uns são chamados ao romper da aurora, outros muito perto da noite. Todos recebem um denário: *o salário que te havia prometido, isto é, a minha imagem e semelhança. No denário está gravada a imagem do Rei*[8]. Esta é a misericórdia de Deus, que chama cada um de acordo com as suas circunstâncias pessoais, porque quer *que todos os homens se salvem*[9]. Mas nós nascemos cristãos, fomos educados na fé, fomos escolhidos claramente pelo Senhor. Esta é a realidade. Então, quando nos sentimos chamados a corresponder, mesmo que seja à última hora, será que podemos continuar na praça pública tomando sol, como muitos daqueles operários, porque lhes sobrava tempo?

Não nos deve sobrar tempo; nem um segundo. E não exagero. Trabalho há. O mundo é grande e são milhões as almas que ainda não escutaram claramente a doutrina de Cristo. Dirijo-me a cada um de vós. Se te sobra tempo, reconsidera um pouco: é muito possível que vivas mergulhado na tibieza, ou que, sobrenaturalmente, sejas um paralítico. Não te mexes, estás parado, estéril, sem realizar todo o bem que deverias comunicar aos que se encontram ao teu lado, no teu ambiente, no teu trabalho, na tua família.

43 Talvez me digas: E por que havia eu de me esforçar? Não sou eu quem te responde, mas São Paulo: *O amor de Cristo nos compele*[10]. Todo o espaço de uma existência é pouco para dilatares as fronteiras da tua caridade. Desde os primeiríssimos começos do Opus Dei, manifestei o meu grande empenho em repetir sem descanso, para as almas generosas que se

---

(7) Mt XX, 1; (8) São Jerônimo, *Commentariorum in Matthaeum libri*, III, 20 (PL 26, 147); (9) I Tim II, 4; (10) II Cor V, 14.

decidissem a traduzi-lo em obras, aquele grito de Cristo: *Nisto conhecerão todos que sois meus discípulos: se vos amardes uns aos outros*[11]. Conhecer-nos-ão precisamente por isso, porque a caridade é o ponto de arranque de qualquer atividade de um seguidor de Cristo.

Ele, que é a própria pureza, não garante que conheçam os seus discípulos pela limpeza da sua vida. Ele, que é a sobriedade, que nem sequer dispõe de uma pedra onde reclinar a cabeça[12], que passou tantos dias em jejum e em retiro[13], não diz aos Apóstolos: conhecer-vos-ão como meus escolhidos por não serdes comilões nem bebedores.

A vida sem mancha de Cristo era – como foi e será em todos os tempos – um bofetão na sociedade da época, como a de agora, com frequência tão podre. A sua sobriedade, outro látego para os que se banqueteavam continuamente e provocavam o vômito depois de se fartarem, para poderem continuar a comer, cumprindo à letra as palavras de Saulo: convertiam o seu ventre num Deus[14].

A humildade do Senhor era outro golpe para aquele modo de consumir a vida, ocupado cada um apenas consigo próprio. Estando em Roma, comentei repetidas vezes – e talvez já mo tenhais ouvido dizer – que, por debaixo desses arcos, hoje em ruínas, desfilavam triunfantes, fátuos, empertigados, cheios de soberba, os imperadores e seus generais vitoriosos. E, ao atravessarem aqueles monumentos, talvez baixassem a cabeça com receio de baterem no arco grandioso com a majestade de suas frontes. Mas Cristo, humilde, também não declara: conhecerão que sois meus discípulos se fordes humildes e modestos.

Quereria fazer-vos notar que, depois de vinte séculos, continua a ressoar com toda a pujança da novidade o Mandamento do Mestre, que é uma espécie de carta de apresentação do verdadeiro filho de Deus. Ao longo de toda a minha vida sacerdo-

---

(11) Ioh XXIII, 35; (12) cfr. Mt VIII, 20; (13) cfr. Mt IV, 2; (14) cfr. Phil III, 19.

tal, tenho pregado com muitíssima frequência que, infelizmente para muitos, esse mandamento continua a ser novo porque nunca ou quase nunca se esforçaram por praticá-lo. É triste, mas é assim. E não há dúvida nenhuma de que a afirmação do Messias ressalta de modo terminante: Nisto vos conhecerão, em que vos amais uns aos outros! Por isso, sinto a necessidade de recordar constantemente essas palavras do Senhor. E São Paulo acrescenta: *Levai uns as cargas dos outros e assim cumprireis a lei de Cristo*[15].

Momentos perdidos, talvez com a falsa desculpa de que te sobra tempo... Se há tantos irmãos, amigos teus, sobrecarregados de trabalho! Com delicadeza, com cortesia, com um sorriso nos lábios, ajuda-os de tal maneira que seja quase impossível que o notem; e que nem se possam mostrar agradecidos, porque a discreta finura da tua caridade fez com que ela passasse despercebida.

Não tinham tido um instante livre, argumentariam aquelas infelizes que iam com as lâmpadas vazias. Aos operários da praça, sobrava-lhes a maior parte do dia, porque não se sentiam obrigados a prestar serviço, embora o Senhor os buscasse contínua e urgentemente desde a primeira hora. Aceitemos nós o chamado, respondendo que sim, e suportemos por amor – que já não é suportar – *o peso do dia e do calor*[16].

Render para Deus

45   Consideremos agora a parábola daquele homem que, *estando para empreender uma viagem a terras longínquas, chamou os seus servos e entregou-lhes os seus bens*[17]. Confia a cada um uma quantia diferente, para ser administrada na sua ausência. Parece-me muito conveniente repararmos na conduta daquele que recebeu um talento: comporta-se de uma forma

---

(15) Gal VI, 2; (16) Mt XX, 12; (17) Mt XXV, 14.

que se poderia qualificar como "esperteza de matuto". Pensa, raciocina com aquele cérebro pequenino, e decide: *cavou na terra e escondeu o dinheiro do seu senhor*[18].

Que ocupação escolherá depois esse homem, se abandonou o seu instrumento de trabalho? Decide optar irresponsavelmente pelo comodismo de devolver apenas o que lhe entregaram. Dedicar-se-á a matar os minutos, as horas, os dias, os meses, os anos, a vida! Os outros afadigam-se, negociam, empenham-se nobremente em restituir mais do que receberam; aliás, o legítimo fruto, porque a recomendação foi muito concreta: *Negotiamini dum venio*[19], negociai até que eu volte: encarregai-vos deste trabalho para conseguirdes algum lucro, até que o dono regresse. Mas ele não; ele inutiliza a sua existência.

Que pena viver, praticando como ocupação a de matar o tempo, que é um tesouro de Deus! Não há desculpas para justificar essa conduta. *Que ninguém diga: só tenho um talento, não posso ganhar nada. Também com um só talento podes trabalhar de modo meritório*[20]. Que tristeza não tirar proveito, autêntico rendimento, de todas as faculdades, poucas ou muitas, que Deus concede ao homem para que se dedique a servir as almas e a sociedade!

Quando o cristão mata o seu tempo na terra, coloca-se em perigo de *matar o seu Céu:* quando por egoísmo se retrai, se esconde, se desinteressa. Quem ama a Deus não se limita a entregar o que tem, o que é, ao serviço de Cristo: dá-se ele mesmo. Não vê – em perspectiva rasteira – o seu eu na saúde, no nome, na carreira.

Meu, meu, meu..., pensam, dizem e fazem muitos. Que coisa tão aborrecida! Comenta São Jerônimo que *verdadeiramente o que está escrito:* "para procurar desculpas para os seus pecados" *(Ps CXL, 4) acontece com essa gente que, ao pecado da soberba, acrescenta a preguiça e a negligência*[21].

---

(18) Mt XXV, 18; (19) Lc XIX, 13; (20) São João Crisóstomo, *In Matthaeum homiliae*, LXXVIII, 3 (PG 58, 714); (21) São Jerônimo, *Commentariorum in Matthaeum libri*, IV, 25 (PL 26, 195).

É a soberba que conjuga continuamente esse *meu, meu, meu*... Um vício que converte o homem numa criatura estéril, que lhe anula as ânsias de trabalhar por Deus e que o leva a desaproveitar o tempo. Não percas a tua eficácia, aniquila antes o teu egoísmo. A tua vida para ti? A tua vida para Deus, para o bem de todos os homens, por amor ao Senhor. Desenterra esse talento! Torna-o produtivo, e saborearás a alegria de saber que, neste negócio sobrenatural, não interessa que o resultado não seja, na terra, uma maravilha que os homens possam admirar. O essencial é entregar tudo o que somos e possuímos, procurar que o talento renda e empenhar-nos continuamente em produzir bom fruto.

Deus concede-nos talvez um ano mais para o servirmos. Não penses em cinco nem em dois. Pensa só neste: em um, no que começamos. E entrega-o, não o enterres! Esta há de ser a nossa determinação.

Junto da vinha

48   *Havia um pai de família, que plantou uma vinha, e a cercou com uma sebe, e cavou nela um lagar, e edificou uma torre, e arrendou-a a uns lavradores, e ausentou-se para uma região longínqua*[22].

Gostaria de que meditássemos nos ensinamentos desta parábola, do ponto de vista que nos interessa agora. A tradição viu neste relato uma imagem do destino do povo eleito por Deus; e ensinou-nos sobretudo de que modo, a tanto amor por parte do Senhor, nós, os homens, correspondemos com a infidelidade, com a falta de gratidão.

Pretendo concretamente deter-me nesse *ausentou-se para uma região longínqua*. E chego logo à conclusão de que nós, os cristãos, não devemos abandonar esta vinha em que o Senhor nos colocou. Temos de empregar as nossas forças nesta

---

(22) Mt XXI, 33.

tarefa, dentro da cerca, trabalhando no lagar e descansando na torre, uma vez concluída a faina diária. Se nos deixássemos arrastar pelo comodismo, seria o mesmo que responder a Cristo: Olha que os meus anos são para mim, não para ti. Não quero decidir-me a tratar da tua vinha.

O Senhor ofereceu-nos a vida, os sentidos, as potências, graças sem conta. E não temos o direito de esquecer que somos um operário, entre tantos, nesta fazenda em que Ele nos colocou, para colaborar na tarefa de levar alimento aos outros. Este é o nosso lugar: dentro destes limites. Aqui temos nós de nos gastar diariamente com Ele, ajudando-o no seu trabalho redentor[23].

Deixai-me que insista: O teu tempo para ti? O teu tempo para Deus! Pode ser que, pela misericórdia do Senhor, esse egoísmo não tenha entrado de momento na tua alma. Mas digo-te isto desde já, para que estejas prevenido se alguma vez sentes que o teu coração vacila na fé de Cristo. Para então, peço-te – pede-te Deus – que sejas fiel no teu empenho, que domines a soberba, que submetas a imaginação, que não caias na leviandade de ir para longe, que não desertes.

Sobrava todo o dia, àqueles jornaleiros que estavam no meio da praça; queria matar as horas, o servo que escondeu o seu talento na terra; vai para outro lado, aquele que devia ocupar-se da vinha. Todos demonstram a mesma insensibilidade perante a grande tarefa que a cada um dos cristãos foi encomendada pelo Mestre: a de nos considerarmos e nos comportarmos como instrumentos seus, para corredimir com Ele; e a de consumirmos a vida inteira no alegre sacrifício de nos darmos pelo bem das almas.

A figueira estéril

Também é São Mateus quem nos conta que, certa vez, voltava Jesus de Betânia, e teve fome[24]. A mim, Cristo comove-

---

(23) Cfr. Col I, 24; (24) cfr. Mt XXI, 18.

me sempre, particularmente quando vejo que, sendo perfeito Deus, é também Homem verdadeiro, perfeito, a fim de nos ensinar a aproveitar até a nossa indigência e as nossas debilidades naturais e pessoais para nos oferecermos integralmente – tal como somos – ao Pai, que aceita com gosto esse holocausto.

Tinha fome. O criador do universo, o Senhor de todas as coisas passa fome! Senhor, agradeço-te que – por inspiração divina – o escritor sagrado tenha deixado aqui essa pista, explicitando um pormenor que me obriga a amar-te mais, que me ensina a desejar vivamente a contemplação da tua Humanidade Santíssima! *Perfectus Deus, perfectus homo*[25], perfeito Deus e também perfeito homem, de carne e osso, como tu, como eu.

51 Jesus tinha trabalhado muito na véspera e, enquanto caminhava, sentiu fome. Movido por essa necessidade, dirige-se àquela figueira que, lá longe, mostra uma folhagem esplêndida. Relata-nos São Marcos que *não era tempo de figos*[26]; mas Nosso Senhor aproxima-se para os colher, sabendo muito bem que nessa estação não os encontraria. E ao verificar a esterilidade da árvore com aquela aparência de fecundidade, com aquela abundância de folhas, ordena: *Nunca jamais coma ninguém frutos de ti*[27].

São palavras duras, sim! Nunca jamais nasça fruto de ti! Como ficariam os discípulos, sobretudo ao considerarem que era a Sabedoria de Deus que falava! Jesus amaldiçoa aquela árvore, porque encontrou só aparência de fecundidade, folhagem. Deste modo aprendemos que não há desculpas para a ineficácia. Talvez alguém diga: *Não tenho conhecimentos suficientes...* Não há desculpa! Ou afirme: *É que a doença, é que o meu talento não é grande, é que as condições não são favoráveis, é que o ambiente...* Também não valem essas desculpas! Ai de quem se enfeita com a folharada de um falso apos-

---

(25) Símbolo *Quicumque*; (26) Mc XI, 13; (27) Mc XI, 14.

tolado, ai de quem ostenta a frondosidade de uma aparente vida fecunda, sem tentativas sinceras de conseguir fruto! Parece que aproveita o tempo, que se mexe, que organiza, que inventa um modo novo de resolver tudo... Mas é improdutivo. Ninguém se alimentará com as suas obras desprovidas de seiva sobrenatural.

Peçamos ao Senhor que nos torne almas dispostas a trabalhar com heroísmo feraz, pois não faltam muitos na terra que, quando as pessoas se aproximam deles, só revelam folhas – grandes, reluzentes, lustrosas... Só folhagem, exclusivamente folhagem, e nada mais. E as almas olham para nós com a esperança de saciar a sua fome, que é fome de Deus. Não é possível esquecer que contamos com todos os meios para isso: com a doutrina suficiente e com a graça do Senhor, apesar das nossas misérias.

Recordo-vos de novo que nos resta pouco tempo – *tempus breve est*[28], porque é breve a vida sobre a terra – e que, tendo esses meios, não necessitamos senão de boa vontade para aproveitar as ocasiões que Deus nos concedeu. Desde que Nosso Senhor veio a este mundo, iniciou-se *a era favorável, o dia da salvação*[29], para nós e para todos. Que o nosso Pai-Deus não tenha que dirigir-nos a censura que outrora manifestou pela boca de Jeremias: *No céu, o milhafre conhece a sua estação; a rola, a andorinha e a cegonha observam o tempo das suas migrações; mas o meu povo ignora voluntariamente os juízos do Senhor*[30].

Não existem datas más ou inoportunas. Todos os dias são bons para servir a Deus. Só surgem os dias maus quando o homem os malogra com a sua falta de fé, com a sua preguiça, com a sua incúria, que o inclinam a não trabalhar com Deus e por Deus. *Bendirei o Senhor em qualquer ocasião!*[31] O tempo é um tesouro que passa, que escapa, que nos escorre pelas mãos como a água pelas penhas altas. O dia de ontem já pas-

---

(28) I Cor VII, 29; (29) II Cor VI, 2; (30) Ier VIII, 7; (31) Ps XXIII, 2.

sou, e o de hoje está passando. O amanhã será bem depressa outro ontem. A duração de uma vida é muito curta. Mas quanto não se pode realizar nesse pequeno espaço, por amor de Deus! Não nos servirá desculpa alguma. O Senhor foi pródigo conosco. Instruiu-nos pacientemente, explicou-nos os seus preceitos com parábolas e insistiu conosco sem descanso. Como a Filipe, pode perguntar-nos: *Há tanto tempo que estou convosco e ainda não me conhecestes?*[32] Chegou o momento de trabalhar de verdade, de ter ocupados todos os instantes da jornada, de suportar – com gosto e com alegria – *o peso do dia e do calor*[33].

Nas coisas do Pai

53 Penso que nos ajudará a terminar melhor estas reflexões uma passagem do Evangelho de São Lucas, no capítulo segundo. Cristo é uma criança. Que dor a de sua Mãe e a de São José, porque – no regresso de Jerusalém – não vinha entre os parentes e amigos! E que alegria quando o enxergam, já de longe, doutrinando os mestres de Israel! Mas reparemos nas palavras, aparentemente duras, que saem da boca do Filho ao responder à sua Mãe: *Por que me buscáveis?*[34]
Não era razoável que o procurassem? As almas que sabem o que é perder Cristo e encontrá-lo podem compreender isto... *Por que me buscáveis? Não sabíeis que devo ocupar-me nas coisas de meu Pai?*[35] Porventura não sabíeis que devo dedicar totalmente o meu tempo ao meu Pai celestial?

54 Este é o fruto da oração de hoje: que nos convençamos de que o nosso caminhar na terra – em todas as circunstâncias e em todas as épocas – é para Deus; de que é um tesouro de glória, um traslado do Céu; de que é nas nossas mãos uma mara-

---

(32) Ioh XIV, 9; (33) Mt XX, 12; (34) Lc II, 49; (35) *ibid.*

vilha que temos de administrar, com senso de responsabilidade e de olhos postos nos homens e em Deus; sem que seja necessário mudar de estado, no meio da rua, santificando a nossa profissão ou o nosso ofício, a vida no lar, as relações sociais e todas as atividades que parecem apenas terrenas.

Quando tinha vinte e seis anos e percebi em toda a sua profundidade o compromisso de servir o Senhor no Opus Dei, pedi-lhe com toda a minha alma oitenta anos de gravidade. Pedia mais anos ao meu Deus – com ingenuidade de principiante, infantil – para saber utilizar o tempo, para aprender a aproveitar cada minuto a seu serviço. O Senhor sabe conceder essas riquezas. Talvez tu e eu cheguemos a poder dizer: *Entendi mais que os anciãos, porque cumpri os teus preceitos*[36]. A juventude não há de ser sinônimo de leviandade, assim como pentear cãs não significa necessariamente prudência e sabedoria.

Vamos juntos à presença da Mãe de Cristo. Mãe nossa, tu, que viste crescer Jesus, que o viste aproveitar a sua passagem entre os homens, ensina-me a utilizar os meus dias em serviço da Igreja e das almas. Mãe boa, ensina-me a ouvir no mais íntimo do coração, como uma censura carinhosa, sempre que seja necessário, que o meu tempo não me pertence, porque é do Pai Nosso que está nos Céus.

---

(36) Ps CXVIII, 100.

TRABALHO DE DEUS

Homilia pronunciada em 6-2-1960.

55 Começar é de muitos; acabar, de poucos. E entre esses poucos temos de estar nós, os que procuramos comportar-nos como filhos de Deus. Não o esqueçamos: só as tarefas terminadas com amor, bem acabadas, merecem o aplauso do Senhor que se lê na Sagrada Escritura: *É melhor o fim de uma obra do que o seu começo*[1].

Talvez me tenhais ouvido já referir em outras ocasiões um pequeno episódio, que me interessa recordar-vos agora porque é muito gráfico e instrutivo. Certa vez, procurava eu no Ritual Romano a fórmula para benzer a última pedra de um edifício, aquela que é importante, porque resume, como um símbolo, o trabalho duro, esforçado e perseverante de muitas pessoas durante longos anos. Tive uma grande surpresa ao verificar que não existia; era necessário conformar-se com uma *benedictio ad omnia,* com uma bênção para todas as coisas, genérica. Confesso-vos que me parecia impossível que ocorresse semelhante lacuna, e fui repassando devagar o índice do Ritual. Mas em vão.

Muitos cristãos perderam o convencimento de que a integridade de vida, reclamada pelo Senhor aos seus filhos, exige

---

(1) Ecclo VII, 9.

um autêntico cuidado na realização das tarefas próprias, que devem santificar descendo aos pormenores mais ínfimos.

Não podemos oferecer ao Senhor uma coisa que, dentro das pobres limitações humanas, não seja perfeita, sem mancha, realizada com atenção até nos mínimos detalhes: Deus não aceita trabalhos "marretados". *Não apresentareis nada de defeituoso,* admoesta-nos a Escritura Santa, *pois não seria digno dEle*². Por isso o trabalho de cada qual – essa atividade que ocupa as nossas jornadas e energias – há de ser uma oferenda digna aos olhos do Criador, *operatio Dei*, trabalho de Deus e para Deus; numa palavra, uma tarefa acabada, impecável.

Se repararmos bem, entre as muitas palavras de louvor que disseram de Jesus os que contemplaram a sua vida, há uma que de certo modo compreende todas as outras. Refiro-me à exclamação, prenhe de acentos de assombro e de entusiasmo, que a multidão repetia espontaneamente ao presenciar atônita os seus milagres: *Bene omnia fecit*³, fez tudo admiravelmente bem: os grandes prodígios e as coisas triviais, cotidianas, que a ninguém deslumbraram, mas que Cristo realizou com a plenitude de quem é *perfectus Deus, perfectus homo*⁴, perfeito Deus e homem perfeito.

Toda a vida do Senhor me enamora. Tenho, além disso, um fraco especial pelos seus trinta anos de existência oculta em Belém, no Egito e em Nazaré. Esse tempo – longo –, a que o Evangelho mal se refere, surge desprovido de significado próprio aos olhos de quem o considera superficialmente. E, no entanto, sempre sustentei que esse silêncio sobre a biografia do Mestre é bem eloquente e encerra lições maravilhosas para o cristão. Foram anos intensos de trabalho e de oração, em que Jesus Cristo teve uma vida normal – como a nossa, se o queremos –, divina e humana ao mesmo tempo. Naquela simples e ignorada oficina de artesão, como mais tarde diante das multidões, cumpriu tudo com perfeição.

---

(2) Lev XXII, 20; (3) Mc VII, 37; (4) Símbolo *Quicumque.*

O trabalho, participação no poder divino

57   Desde o começo da sua criação, o homem teve que trabalhar. Não sou eu que o invento: basta abrir a Sagrada Bíblia nas primeiras páginas para ler que – antes de que o pecado e, como consequência dessa ofensa, a morte e as penalidades e misérias entrassem na humanidade[5] – Deus formou Adão com o barro da terra e criou para ele e para a sua descendência este mundo tão belo, *ut operaretur et custodiret illum*[6], para que o trabalhasse e guardasse.

Devemos convencer-nos, portanto, de que o trabalho é uma maravilhosa realidade que se nos impõe como uma lei inexorável, e de que todos, de uma maneira ou de outra, lhe estão submetidos, ainda que alguns pretendam fugir-lhe. Aprendei-o bem: esta obrigação não surgiu como uma sequela do pecado original nem se reduz a um achado dos tempos modernos. Trata-se de um meio necessário que Deus nos confia aqui na terra, dilatando os nossos dias e fazendo-nos participar do seu poder criador, para que ganhemos o nosso sustento e simultaneamente colhamos *frutos para a vida eterna*[7]: *o homem nasce para trabalhar, como as aves para voar*[8].

Talvez me digam que passaram muitos séculos e que muito poucos pensam deste modo; que a maioria, no melhor dos casos, se afadiga por motivos muito diversos: uns, pelo dinheiro; outros, para manter a família; outros, para conseguir uma certa posição social, para desenvolver as suas capacidades, para satisfazer as suas paixões desordenadas, para contribuir para o progresso social. E, em geral, encaram as suas ocupações como uma necessidade de que não podem evadir-se.

Em contraposição a essa visão achatada, egoísta, rasteira, tu e eu temos de recordar-nos e de recordar aos outros que somos filhos de Deus, a quem o Pai, como àqueles personagens da parábola evangélica, dirigiu idêntico convite: *Filho, vai tra-*

---

(5) Cfr. Rom V, 12; (6) Gen II, 15; (7) Ioh IV, 36; (8) Job V, 7.

*balhar na minha vinha*⁹. Asseguro-vos que, se nos empenharmos diariamente em considerar assim as nossas obrigações pessoais, como uma solicitação divina, aprenderemos a terminar as nossas tarefas com a maior perfeição humana e sobrenatural de que formos capazes. Talvez nos insurjamos uma vez ou outra – como o filho mais velho, que respondeu: *Não quero*¹⁰ –, mas saberemos reagir, arrependidos, e nos dedicaremos com maior esforço ao cumprimento do dever.

*Se a simples presença de uma pessoa categorizada, digna de consideração, é suficiente para que se comportem melhor os que estão diante dela, como é que a presença de Deus, constante, difundida por todos os cantos, conhecida pelas nossas potências e gratamente amada, não nos torna sempre melhores em todas as nossas palavras, atividades e sentimentos?*¹¹ Verdadeiramente, se esta realidade de que Deus nos vê estivesse bem gravada em nossas consciências e nos capacitássemos de que todo o nosso trabalho, absolutamente todo – não há nada que escape ao olhar divino –, se desenvolve na sua presença, com que cuidado terminaríamos as coisas ou como seriam diferentes as nossas reações! E este é o segredo da santidade que venho pregando há tantos anos: Deus nos chamou a todos para que o imitássemos; e a vós e a mim para que, vivendo no meio do mundo – sendo pessoas da rua! –, soubéssemos colocar Cristo Nosso Senhor no cume de todas as atividades humanas honestas.

Agora se poderá compreender ainda melhor que, se algum de vós não amasse o trabalho – aquele que lhe toca! –, se não se sentisse autenticamente comprometido numa das nobres ocupações terrenas, para santificá-la, se não tivesse uma vocação profissional, jamais chegaria a calar no cerne sobrenatural da doutrina que este sacerdote lhe expõe, precisamente porque lhe faltaria uma condição indispensável: a de ser um trabalhador.

---

(9) Mt XXI, 28; (10) Mt XXI, 29; (11) Clemente de Alexandria, *Stromata*, VII, 7 (PG 9, 450-451).

59   Devo dizer-vos – e não há nisto presunção alguma da minha parte – que percebo imediatamente se estas minhas palavras caem em saco roto ou resvalam por cima de quem me escuta. Deixai que vos abra o coração, para que me ajudeis a dar graças a Deus. Quando em 1928 vi o que o Senhor queria de mim, comecei o trabalho imediatamente. Naqueles anos – obrigado, meu Deus, porque houve muito que sofrer e muito que amar! –, alguns tomaram-me por louco; outros, num alarde de compreensão, chamavam-me *sonhador,* mas sonhador de sonhos impossíveis. Apesar dos pesares e da minha própria miséria, continuei em frente sem desanimar; como *aquilo* não era meu, foi abrindo caminho no meio das dificuldades, e hoje é uma realidade estendida pela terra inteira, de polo a polo, uma realidade que a maioria acha natural porque o Senhor se encarregou de que fosse reconhecida como coisa sua.

Dizia-vos que, mal troco duas palavras com uma pessoa, percebo se me compreende ou não. Eu não sou como a galinha choca que está cobrindo a ninhada e uma mão alheia lhe endossa um ovo de pata. Transcorrem os dias, e só quando os pintinhos quebram a casca e ela vê corricando aquele pedaço de lã, é que, pelo seu andar desengonçado – gingando daqui para acolá –, percebe que esse não é um dos seus; que nunca aprenderá a piar, por mais que se empenhe. Nunca maltratei ninguém que me tivesse virado as costas, nem mesmo quando, aos meus desejos de ajudar, me pagava com um desaforo. Por isso, lá por volta de 1939, chamou-me a atenção um letreiro que encontrei num edifício em que pregava um retiro a um grupo de universitários. Rezava assim: *Cada caminhante siga o seu caminho.* Era um conselho aproveitável.

60   Perdoai-me esta digressão e, embora não nos tenhamos afastado do tema, retornemos ao fio condutor. Convencei-vos de que a vocação profissional é parte essencial, inseparável, da nossa condição de cristãos. O Senhor vos quer santos no lugar em que vos encontrais, no ofício que escolhestes, seja qual for o motivo: todos me parecem bons e nobres – enquanto não se

opuserem à lei divina – e capazes de ser elevados ao plano sobrenatural, isto é, enxertados nessa corrente de Amor que define a vida de um filho de Deus.

Não posso evitar certo desassossego quando alguém, ao falar das suas ocupações, faz cara de vítima, diz que o seu trabalho o absorve não sei quantas horas por dia e, na realidade, não desenvolve nem a metade do labor de muitos dos seus colegas de profissão que, no fim das contas, talvez só estejam dominados por critérios egoístas ou, pelo menos, meramente humanos. Todos os que estão aqui, mantendo um diálogo pessoal com Jesus, desempenham uma ocupação bem precisa: são médicos, advogados, economistas... Pensai um pouco nos vossos colegas que sobressaem pelo seu prestígio profissional, pela sua honradez, pelo seu serviço abnegado: porventura não dedicam muitas horas do dia – e até da noite – a essa ocupação? Não teremos nada a aprender deles?

Enquanto falo, eu também examino a minha conduta e vos confesso que, ao fazer a mim próprio essa pergunta, sinto um pouco de vergonha e o desejo imediato de pedir perdão a Deus, pensando na minha resposta tão débil, tão distante da missão que Deus nos confiou no mundo. *Cristo –* escreve um Padre da Igreja – *deixou-nos na terra para sermos como as lâmpadas; para nos convertermos em mestres dos outros; para atuarmos como fermento; para vivermos como anjos entre os homens, como adultos entre as crianças, como espirituais entre gente meramente racional; para sermos semente; para darmos fruto. Não seria necessário abrir a boca, se a nossa vida resplandecesse dessa maneira. Estariam sobrando as palavras, se mostrássemos as obras. Não haveria um só pagão, se nós fôssemos verdadeiramente cristãos*[12].

---

(12) São João Crisóstomo, *In Epistolam I ad Timotheum homiliae*, X, 3 (PG 62, 551).

Valor exemplar da vida profissional

61   Temos que evitar o erro de pensar que o apostolado se reduz ao simples testemunho de umas práticas piedosas. Tu e eu somos cristãos, mas ao mesmo tempo, e sem solução de continuidade, cidadãos e trabalhadores, com umas obrigações claras que temos de cumprir de um modo exemplar, se nos queremos santificar de verdade. É Jesus Cristo quem nos incita: *Vós sois a luz do mundo. Não se pode esconder uma cidade situada sobre um monte; nem acendem uma lucerna e a põem debaixo do alqueire, mas sobre o candeeiro, a fim de que dê luz a todos os que estão em casa. Assim brilhe a vossa luz diante dos homens, para que vejam as vossas boas obras e glorifiquem o vosso Pai que está nos céus*[13].

O trabalho profissional – seja qual for – converte-se no candeeiro que ilumina os vossos colegas e amigos. Por isso, costumo repetir aos que se incorporam ao Opus Dei, e a minha afirmação é válida para todos os que me escutam: pouco me importa que me digam que fulano é um bom filho meu – um bom cristão –, mas um mau sapateiro! Se não se esforça por aprender bem o seu ofício ou por executá-lo com esmero, não poderá santificá-lo nem oferecê-lo ao Senhor. E a santificação do trabalho ordinário é como que o eixo da verdadeira espiritualidade para os que – imersos nas realidades temporais – estão decididos a ter uma vida de intimidade com Deus.

62   Lutai contra essa excessiva compreensão que cada um tem para consigo mesmo. Sede exigentes convosco! Às vezes, pensamos demasiado na saúde. Ou no descanso, que não deve faltar, precisamente porque é necessário para voltarmos ao trabalho com forças renovadas; mas esse descanso – assim o escrevi há tantos anos! – *não é não fazer nada; é distrair-se em atividades que exigem menos esforço.*

Noutras ocasiões, com falsas desculpas, somos demasiado comodistas, esquecemo-nos da bendita responsabilidade que

---

(13) Mt V, 14-16.

pesa sobre os nossos ombros, conformamo-nos com o que basta para dar um jeito, deixamo-nos arrastar por razões sem razão para ficar com os braços cruzados, enquanto Satanás e os seus aliados não tiram férias. Escuta com atenção e medita o que São Paulo escrevia aos cristãos que eram servos por ofício: insistia com eles em que obedecessem aos seus amos, *não os servindo só quando sob as suas vistas, como se só pensásseis em agradar aos homens, mas como servos de Jesus Cristo, fazendo de coração a vontade de Deus, servindo-os com amor, tendo consciência de que servis ao Senhor e não aos homens*[14]. Que bom conselho para que tu e eu o sigamos!

Vamos pedir luz a Jesus Cristo Senhor Nosso e suplicar-lhe que nos ajude a descobrir em cada instante esse sentido divino que transforma a nossa vocação profissional no eixo sobre o qual assenta e gira a nossa chamada à santidade. Veremos no Evangelho que Jesus era conhecido como *faber, filius Mariae*[15], o operário, o filho de Maria. Pois bem, também nós, com um orgulho santo, temos que demonstrar com as nossas obras que somos trabalhadores!, homens e mulheres de trabalho!

Já que temos de comportar-nos sempre como enviados de Deus, devemos ter muito presente que não servimos o Senhor com lealdade quando abandonamos a nossa tarefa; quando não partilhamos com os outros do seu empenho e abnegação no cumprimento dos compromissos profissionais; quando nos podem apontar como ociosos, impontuais, frívolos, desordenados, preguiçosos, inúteis... Porque quem descura essas obrigações, aparentemente menos importantes, é difícil que vença nas outras da vida interior, que certamente são mais custosas. *Quem é fiel no pouco, também o é no muito, e quem é injusto no pouco, também o é no muito*[16].

Não estou falando de ideais imaginários. Atenho-me a uma realidade muito concreta, de importância capital, capaz de mudar o ambiente mais pagão e mais hostil às exigências divinas, como aconteceu nos primeiros tempos da era da nossa

---

(14) Eph VI, 6-7; (15) Mc VI, 3; (16) Lc XVI, 10.

salvação. Saboreai estas palavras de um autor anônimo desses tempos, que resume assim a grandeza da nossa vocação: *Os cristãos são para o mundo o que a alma é para o corpo. Vivem no mundo, mas não são mundanos, como a alma está no corpo, mas não é corpórea. Habitam em todos os povos, assim como a alma está em todas as partes do corpo. Atuam pela sua vida interior sem se fazerem notar, como a alma pela sua essência* [...]. *Vivem como peregrinos entre coisas perecíveis, na esperança da incorruptibilidade dos céus, assim como a alma imortal vive agora numa tenda mortal. Multiplicam-se de dia para dia no meio das perseguições, assim como a alma se embeleza mortificando-se... E não é lícito aos cristãos abandonarem a sua missão no mundo, como não é permitido à alma separar-se voluntariamente do corpo*[17].

Portanto, enganar-nos-íamos de caminho se fizéssemos pouco caso das ocupações temporais: também aí nos espera o Senhor. Estai certos de que nós, os homens, temos que aproximar-nos de Deus através das circunstâncias da vida ordinária, ordenadas ou permitidas pela Providência na sua sabedoria infinita. Não atingiremos esse fim se não tendermos a terminar bem as nossas tarefas; se não perseverarmos no ímpeto do trabalho começado com entusiasmo humano e sobrenatural; se não desempenharmos o nosso ofício como o melhor de todos os colegas e, se for possível – penso que, se queres verdadeiramente, assim será –, melhor que o melhor, porque usaremos de todos os meios terrenos honrados e dos espirituais necessários, para oferecer a Nosso Senhor um trabalho primoroso, rematado como uma filigrana, cabal.

Converter o trabalho em oração

64   Costumo dizer com frequência que, nestes momentos de conversa com Jesus, que nos vê e nos escuta do Sacrário, não

---

(17) *Epistola ad Diognetum*, VI (PG 2, 1175).

podemos cair numa oração impessoal. E explico que, para meditarmos de modo que se instaure imediatamente um diálogo com o Senhor – não é preciso nenhum ruído de palavras –, temos que sair do anonimato, colocar-nos na presença divina tal como somos, sem nos emboscarmos na multidão que enche a igreja, nem nos diluirmos numa enfiada de palavreado oco, que não brota do coração, mas, no melhor dos casos, de um hábito despojado de conteúdo.

Pois bem: agora acrescento que também o teu trabalho deve ser oração pessoal, tem de converter-se num grande colóquio com o nosso Pai do Céu. Se buscas a santificação em e através da tua atividade profissional, terás necessariamente de esforçar-te para que se converta numa oração sem anonimato. Também as tuas ocupações não podem cair na obscuridade anódina de uma tarefa rotineira, impessoal, porque nesse mesmo instante teria morrido o aliciante divino que anima os teus afazeres cotidianos.

Vêm-me agora à memória as minhas viagens às frentes de batalha durante a guerra civil espanhola. Sem contar com meio humano algum, acorria aonde se encontrasse qualquer um que precisasse do meu trabalho de sacerdote. Naquelas circunstâncias tão peculiares, que talvez a muitos dessem pretexto para justificar as suas omissões e desleixos, não me limitava a sugerir um conselho simplesmente ascético. Dominava-me então a mesma preocupação que sinto agora e que estou procurando que o Senhor desperte em cada um de vós: interessava-me pelo bem daquelas almas e também pela sua alegria aqui na terra; animava-os a aproveitar o tempo em tarefas úteis, a lutar para que a guerra não constituísse uma espécie de parêntese fechado em suas vidas; pedia-lhes que não se desleixassem, que fizessem o possível para não converter a trincheira e a guarita numa espécie de sala de espera das estações ferroviárias de então, onde a gente matava o tempo, esperando aqueles trens que parecia que não iam chegar nunca...

Sugeria-lhes concretamente que se ocupassem em alguma

atividade de proveito – estudar, aprender línguas, por exemplo – compatível com o seu serviço de soldados; aconselhava-os a nunca deixarem de ser homens de Deus e a procurarem que toda a sua conduta fosse *operatio Dei*, trabalho de Deus. E comovia-me ao verificar que esses rapazes, em situações nada fáceis, correspondiam maravilhosamente: notava-se a solidez da sua têmpera interior.

65 Lembro-me também da temporada da minha permanência em Burgos, durante essa mesma época. Lá apareciam muitos, para passar uns dias comigo nos períodos de licença, além dos que se encontravam em serviço nos quartéis da região. Como moradia, compartilhava com um punhado de filhos meus o mesmo quarto de um hotel bem deteriorado. Faltava-nos até o imprescindível, mas lá nos arranjávamos para que os que vinham – eram centenas! – tivessem o necessário para descansar e repor as forças.

Tinha o costume de sair a passear pelas margens do Arlanzón, enquanto conversava com eles, enquanto ouvia as suas confidências, enquanto procurava orientá-los com o conselho adequado que lhes confirmasse ou lhes abrisse horizontes novos de vida interior. E sempre, com a ajuda de Deus, animava-os, inflamava-os, estimulava-os a prosseguir na sua conduta de cristãos. Às vezes, as nossas caminhadas chegavam até o mosteiro de Las Huelgas e, em outras ocasiões, dávamos uma escapada até a Catedral.

Gostava de subir a uma torre, para que contemplassem os lavores cimeiros, um autêntico rendilhado de pedra, fruto de um trabalho paciente, custoso. Nessas conversas, fazia-os notar que aquela maravilha não se via lá de baixo. E, para materializar o que com repetida frequência lhes havia explicado, comentava-lhes: Assim é o trabalho de Deus, a obra de Deus!: acabar as tarefas pessoais com perfeição, com beleza, com o primor destas delicadas rendas de pedra. Diante dessa realidade que entrava pelos olhos dentro, compreendiam que tudo isso era oração, um diálogo belíssimo com o Senhor. Os que haviam consumido as suas energias nessa tarefa sabiam perfeitamente que das ruas da cidade ninguém apreciaria o seu esforço: era só para Deus. Entendes agora como é que a vocação profissional pode aproximar de Deus? Faze tu o mesmo que aqueles canteiros, e o teu trabalho será também *operatio Dei*, um trabalho humano com raízes e perfis divinos. *Convencidos de que Deus se encontra em toda a parte, cultivamos os campos louvando o Senhor, sulcamos os mares e exercemos todos os demais ofícios cantando as suas misericórdias*[18]. Desta maneira estamos unidos a Deus a todo o momento. Mesmo que vos encontreis isolados, fora do vosso ambiente habitual – como aqueles rapazes nas trincheiras –, vivereis metidos no Senhor, através desse trabalho pessoal e esforçado, contínuo, que tereis sabido converter em oração, porque o tereis começado e concluído na presença de Deus Pai, de Deus Filho e de Deus Espírito Santo.

Mas não esqueçais que estamos também na presença dos homens, e que estes esperam de nós – de ti! – um testemunho cristão. Por isso temos que atuar de tal maneira nas ocupações profissionais, nas coisas humanas, que não possamos sentir vergonha se nos vê trabalhar quem nos conhece e nos ama, nem lhe demos motivos para ruborizar-se. Se vos conduzis de acordo com este espírito que procuro ensinar-vos, não fareis corar os que em vós confiam nem vos afluirá o sangue ao rosto. E também não vos acontecerá o que aconteceu com aquele homem da parábola que se propôs edificar uma torre: *Depois de ter lançado os alicerces e não podendo concluí-la, todos os que o viam começavam a zombar dele dizendo: Este homem começou a edificar e não pôde terminar*[19]. Assevero-vos que, se não perderdes o "ponto de mira" sobrenatural, coroareis a vossa tarefa, acabareis a vossa catedral, até colocardes a última pedra.

Possumus![20], podemos, podemos vencer também esta ba-

---

(18) Clemente de Alexandria, *Stromata*, VII, 7 (PG 9, 451); (19) Lc XIV, 29-30; (20) Mt XX, 22.

talha, com a ajuda do Senhor. Persuadi-vos de que não é difícil converter o trabalho num diálogo de oração. É só oferecê-lo e pôr mãos à obra, que já Deus nos escuta e nos alenta. Alcançamos o estilo das almas contemplativas, no meio do trabalho cotidiano! Porque nos invade a certeza de que Ele nos olha, ao mesmo tempo que nos pede um novo ato de auto-domínio: esse pequeno sacrifício, o sorriso para a pessoa inoportuna, esse começar pela tarefa menos agradável, mas mais urgente, o cuidar dos pormenores de ordem, com perseverança no cumprimento do dever, quando seria tão fácil abandoná-lo, o não deixar para amanhã o que temos que terminar hoje: tudo para dar gosto a Ele, ao nosso Pai-Deus! E talvez sobre a tua mesa, ou num lugar discreto que não chame a atenção, mas que te sirva como despertador do espírito contemplativo, colocas o crucifixo, que já é para a tua alma e para a tua mente o manual em que aprendes as lições de serviço.

Se te decides – sem esquisitices, sem abandonares o mundo, no meio das tuas ocupações habituais – a enveredar por estes caminhos de contemplação, logo te sentirás amigo do Mestre, com a divina incumbência de abrir as sendas divinas da terra à humanidade inteira. Sim. Com esse teu trabalho, contribuirás para a extensão do reinado de Cristo em todos os continentes. E suceder-se-ão, uma após outra, as horas de trabalho oferecidas pelas longínquas nações que nascem para a fé, pelos povos do Oriente impedidos barbaramente de professar com liberdade as suas crenças, pelos países de antiga tradição cristã, onde parece ter-se obscurecido a luz do Evangelho e as almas se debatem entre as sombras da ignorância... Então, que valor não adquire essa hora de trabalho!, esse continuar com o mesmo empenho por mais algum tempo, por mais alguns minutos, até terminar a tarefa! De um modo prático e simples, convertes a contemplação em apostolado, como uma necessidade imperiosa do coração, que pulsa em uníssono com o dulcíssimo e misericordioso Coração de Jesus, Senhor Nosso.

Fazer tudo por amor

E como conseguirei – parece que me perguntas – atuar sempre com esse espírito, de modo a concluir com perfeição o meu trabalho profissional? A resposta não é minha; vem de São Paulo: *Trabalhai varonilmente e animai-vos mais e mais. Todas as vossas obras sejam feitas em caridade*[21]. Fazei tudo por Amor e livremente; não deis nunca lugar ao medo ou à rotina: servi o nosso Pai-Deus.

Gosto muito de repetir – porque tenho boa experiência disso – aqueles versos de pouca arte, mas muito expressivos: *Minha vida é toda de amor / e, se em amor sou sabido, / é só por força da dor, / que não há amante melhor / que o que muito tem sofrido**. Ocupa-te dos teus deveres profissionais por Amor; leva a cabo todas as coisas por Amor, insisto, e verificarás – precisamente porque amas, ainda que saboreies a amargura da incompreensão, da injustiça, do desagradecimento e até do próprio fracasso humano – as maravilhas que o teu trabalho produz. Frutos saborosos, semente de eternidade!

Acontece, porém, que alguns – são bons, *bonzinhos* – garantem de palavra que aspiram a difundir o belo ideal da nossa fé, mas na prática se contentam com uma conduta profissional leviana, descuidada: parecem cabeças de vento. Se tropeçarmos com esses cristãos de *papo furado,* temos que ajudá-los com carinho e com clareza; e recorrer, quando for necessário, ao remédio evangélico da correção fraterna: *Se algum de vós, como homem que é, cair desgraçadamente em alguma falta, admoestai-o com espírito de mansidão; refletindo cada um sobre si mesmo, não caia também na mesma tentação. Levai uns as cargas dos outros e assim cumprireis a lei de Cristo*[22]. E se, além de fazerem do catolicismo uma *profissão,* são pessoas de mais idade, experiência ou responsabilidade, então, com mais

---

(21) I Cor XVI, 13-14; (*) *Mi vida es toda de amor / y, si en amor estoy ducho, / es por fuerza del dolor, / que no hay amante mejor / que aquel que ha sufrido mucho* (N. do T.); (22) Gal VI, 1-2.

razão temos de falar-lhes, temos de procurar que reajam, orientando-os como um bom pai, como um mestre, sem humilhar, para que consigam maior peso na sua vida de trabalho.

Sensibiliza-nos vivamente o comportamento de São Paulo, se meditamos nele devagar: *Vós mesmos sabeis muito bem como deveis imitar-nos; pois não vivemos desregrados entre vós, nem comemos de graça o pão de ninguém, mas com trabalho e fadiga, trabalhando de noite e de dia para não sermos pesados a nenhum de vós* [...]. *Porque, quando ainda estávamos convosco, vos declarávamos que, se alguém não quiser trabalhar, também não coma*[23].

70 Por amor a Deus, por amor às almas, e para correspondermos à nossa vocação de cristãos, temos que dar exemplo. Para não escandalizarmos, para não causarmos nem a sombra da suspeita de que os filhos de Deus são frouxos ou não prestam, para não sermos causa de desedificação..., temos que esforçar-nos por oferecer com a nossa conduta a medida certa, a boa índole de um homem responsável. Tanto o lavrador que ara a terra, enquanto levanta continuamente o coração a Deus, como o carpinteiro, o ferreiro, o empregado de escritório, o intelectual – todos os cristãos – hão de ser modelo para os seus colegas, sem orgulho, já que fica bem patente em nossas almas a convicção de que só contando com Ele é que conseguiremos alcançar a vitória; nós, *sozinhos*, não podemos levantar nem uma palha do chão[24]. Portanto, cada um na sua tarefa, no lugar que ocupa na sociedade, tem que sentir a obrigação de realizar um trabalho de Deus, que semeie por toda a parte a paz e a alegria do Senhor. *O cristão perfeito traz sempre consigo a serenidade e a alegria. Serenidade, porque se sente na presença de Deus; alegria, porque se vê rodeado dos dons divinos. Um cristão assim é verdadeiramente um personagem régio, um sacerdote santo de Deus*[25].

---

(23) II Thes III, 7-10; (24) cfr. Ioh XV, 5; (25) Clemente de Alexandria, *Stromata*, VII, 7 (PG 9, 451).

Para alcançarmos esta meta, temos que deixar-nos condu- 71
zir pelo Amor, nunca como quem suporta o peso de um castigo ou de uma maldição: *Tudo o que fizerdes, em palavras ou em obras, fazei tudo em nome do Senhor Jesus Cristo, dando por Ele graças a Deus Pai*[26]. E assim terminaremos os nossos afazeres com perfeição, ocupando plenamente o tempo, porque seremos instrumentos enamorados de Deus, que se apercebem de toda a responsabilidade e de toda a confiança que o Senhor lhes deposita sobre os ombros, apesar da sua fraqueza. Em cada uma das tuas atividades – porque contas com a fortaleza de Deus –, hás de comportar-te como quem se move exclusivamente por Amor.

Mas não fechemos os olhos à realidade, conformando-nos com uma visão ingênua, superficial, que nos dê a ideia de que nos espera um caminho fácil e de que, para percorrê-lo, bastam uns propósitos sinceros e uns desejos ardentes de servir a Deus. Não duvidemos: ao longo dos anos, apresentar-se-ão – talvez antes do que pensamos – situações particularmente custosas, que exigirão muito espírito de sacrifício e um maior esquecimento de nós mesmos. Fomenta, nessa altura, a virtude da esperança e, com audácia, torna teu o grito do Apóstolo: *Porque eu tenho por certo que os sofrimentos do tempo presente não têm proporção com a glória vindoura, que se há de manifestar em nós*[27]. Medita com segurança e com paz: que será o Amor infinito de Deus derramado sobre esta pobre criatura!

Chegou a hora, no meio das tuas ocupações habituais, de praticar a fé, de despertar a esperança, de avivar o amor; ou seja, de ativar as três virtudes teologais que nos impelem a desterrar imediatamente, sem dissimulações, sem disfarces, sem rodeios, os equívocos que haja na nossa conduta profissional e na nossa vida interior.

Meus amados irmãos – de novo a voz de São Paulo –, *sede* 72

---

(26) Col III, 17; (27) Rom VIII, 18.

firmes e constantes, trabalhando sempre cada vez mais na obra do Senhor, sabendo que o vosso trabalho não ficará sem recompensa diante de Deus[28]. Estamos vendo? É toda uma trama de virtudes que se põe em jogo quando desempenhamos o nosso ofício com o propósito de santificá-lo: a fortaleza, para perseverarmos no trabalho, apesar das naturais dificuldades e sem nos deixarmos vencer nunca pelo acabrunhamento; a temperança, para nos gastarmos sem reservas e para superarmos o comodismo e o egoísmo; a justiça, para cumprirmos os nossos deveres para com Deus, para com a sociedade, para com a família, para com os colegas; a prudência, para sabermos em cada caso o que convém fazer e nos lançarmos à obra sem dilações... E tudo, insisto, por Amor, com o sentido vivo e imediato da responsabilidade do fruto do nosso trabalho e do seu alcance apostólico.

Obras é que são amores, não as boas razões, reza o ditado popular, e penso que não é necessário acrescentar mais nada.

Senhor, concede-nos a tua graça. Abre-nos a porta da oficina de Nazaré, para que aprendamos a contemplar-te, com a tua Mãe Santa Maria e com o Santo Patriarca José – a quem tanto amo e venero –, dedicados os três a uma vida de trabalho santo. Comover-se-ão os nossos pobres corações, iremos à tua procura e te encontraremos no trabalho cotidiano, que Tu desejas que convertamos em obra de Deus, em obra de Amor.

---

(28) I Cor XV, 58.

VIRTUDES HUMANAS

Homilia pronunciada em 6-9-1941.

Conta-o São Lucas, no capítulo sétimo: *Um dos fariseus rogou-lhe que fosse comer com ele. E, tendo entrado em casa do fariseu, sentou-se à mesa*[1]. Chega então uma mulher da cidade, conhecida publicamente como pecadora, e aproxima-se para lavar os pés de Jesus que, segundo os usos da época, comia reclinado. As lágrimas são a água desse comovente lavatório; e os cabelos, o pano que seca. Com bálsamo trazido num rico vaso de alabastro, unge os pés do Mestre. E beija-os.
O fariseu pensa mal. Não lhe cabe na cabeça que Jesus seja capaz de albergar tanta misericórdia em seu coração. *Se este fosse um profeta* – vai cismando ele –, *com certeza saberia quem e qual é essa mulher que o toca*[2]. Jesus lê os seus pensamentos e esclarece-o: *Vês esta mulher? Entrei em tua casa, e não me deste água para os pés; e esta os banhou com as suas lágrimas e os enxugou com os seus cabelos. Não me deste o ósculo; e esta, desde que entrou, não cessou de beijar os meus pés. Não ungiste a minha cabeça com bálsamo, e esta derramou perfumes sobre os meus pés. Pelo que te digo: são--lhe perdoados muitos pecados, porque muito amou*[3].
Não podemos considerar agora as divinas maravilhas do

---

(1) Lc VII, 36; (2) Lc VII, 39; (3) Lc VII, 44-47.

Coração misericordioso de Nosso Senhor. Vamos concentrar a atenção noutro aspecto da cena: no modo como Jesus nota a falta de todos esses pormenores de cortesia e de delicadeza humanas que o fariseu não foi capaz de lhe manifestar. Cristo é *perfectus Deus, perfectus homo*[4], Deus, Segunda Pessoa da Trindade Beatíssima, e homem perfeito. Traz a salvação e não a destruição da natureza. E dEle aprendemos que não é cristão comportar-se mal com o homem, pois é criatura de Deus e está feito à sua imagem e semelhança[5].

Virtudes humanas

74   Certa mentalidade laicista e outras maneiras de pensar que poderíamos chamar *pietistas,* coincidem em não considerar o cristão como homem íntegro e pleno. Para os primeiros, as exigências do Evangelho sufocariam as qualidades humanas; para os outros, a natureza decaída poria em perigo a pureza da fé. O resultado é o mesmo: desconhecem a profundidade da Encarnação de Cristo, ignoram que *o Verbo se fez carne,* homem, *e habitou entre nós*[6].

A minha experiência de homem, de cristão e de sacerdote ensina-me precisamente o contrário: não existe coração, por muito mergulhado que esteja no pecado, que não esconda, como rescaldo no meio das cinzas, um lume de nobreza. E quando bati à porta desses corações, a sós e com a palavra de Cristo, sempre corresponderam.

Neste mundo, muitos não privam com Deus. São criaturas que talvez não tenham tido ocasião de ouvir a palavra divina ou que talvez a tenham esquecido. Mas as suas disposições são humanamente sinceras, leais, compassivas, honradas. E eu me atrevo a afirmar que quem reúne essas condições está prestes a ser generoso com Deus, porque as virtudes humanas compõem o fundamento das sobrenaturais.

---

(4) Símbolo *Quicumque*; (5) cfr. Gen 1, 26; (6) Ioh I, 14.

É verdade que não basta essa capacidade pessoal, pois ninguém se salva sem a graça de Cristo. Mas se o indivíduo conserva e cultiva um princípio de retidão, Deus há de aplainar-lhe o caminho; e poderá ser santo, porque soube viver como homem de bem.

E talvez tenhamos observado outros casos, de certo modo contrapostos: tantos e tantos que se dizem cristãos – por terem sido batizados e por receberem outros Sacramentos –, mas que se mostram desleais, mentirosos, insinceros, soberbos... E caem de repente. Parecem estrelas que brilham por um instante no céu e, de súbito, precipitam-se irremediavelmente.

Se aceitamos a nossa responsabilidade de filhos de Deus, devemos ter em conta que Ele nos quer muito humanos. Que a cabeça toque o céu, mas os pés assentem com toda a firmeza na terra. O preço de vivermos cristãmente não é nem deixarmos de ser homens nem abdicarmos do esforço por adquirir essas virtudes que alguns têm, mesmo sem conhecerem Cristo. O preço de cada cristão é o Sangue redentor de Nosso Senhor, que nos quer – insisto – muito humanos e muito divinos, diariamente empenhados em imitá-lo, pois Ele é *perfectus Deus, perfectus homo,* perfeito Deus, perfeito homem.

Não saberia determinar qual é a principal virtude humana; depende do ponto de vista de que se parta. Além disso, a questão revela-se ociosa, porque não se trata de praticar uma ou várias virtudes. É preciso lutar por adquiri-las e praticá-las todas. Cada uma se entrelaça com as outras e, assim, o esforço por sermos sinceros, por exemplo, nos torna justos, alegres, prudentes, serenos.

Também não me conseguem convencer essas outras formas de pensar que distinguem as virtudes pessoais das virtudes sociais. Não há virtude alguma que possa fomentar o egoísmo; cada uma redunda necessariamente no bem da nossa alma e das almas dos que nos rodeiam. Se todos nós somos homens e todos filhos de Deus, não podemos conceber a nossa vida como a trabalhosa preparação de um brilhante *curriculum,* de uma luzida carreira. Todos temos que sentir-nos solidários, já que, na ordem da graça, estamos unidos pelos laços sobrenaturais da Comunhão dos Santos.

Ao mesmo tempo, precisamos considerar que a decisão e a responsabilidade residem na liberdade pessoal de cada um, e por isso as virtudes são também radicalmente pessoais, *da pessoa*. Todavia, nessa batalha de amor, ninguém luta sozinho – ninguém é um verso solto, costumo repetir. De algum modo, ou nos ajudamos ou nos prejudicamos. Todos somos elos de uma mesma cadeia. Pede agora comigo a Deus Nosso Senhor que essa cadeia nos prenda ao seu Coração, até que chegue o dia de o contemplarmos face a face no Céu, para sempre.

Fortaleza, serenidade, paciência, magnanimidade

77   Vamos considerar algumas dessas virtudes humanas. Enquanto eu estiver falando, cada um por sua conta irá mantendo o diálogo com Nosso Senhor. Peçamos-lhe que nos ajude a todos, que nos anime a aprofundar hoje no mistério da sua Encarnação, para que também nós, na nossa carne, saibamos ser entre os homens testemunhos vivos dAquele que veio para nos salvar.

O caminho do cristão – como o de qualquer homem – não é fácil. É certo que, em determinadas épocas, parece que tudo se cumpre segundo as nossas previsões. Mas isso habitualmente dura pouco. Viver é enfrentar dificuldades, sentir no coração alegrias e dissabores, e é nessa forja que o homem pode adquirir fortaleza, paciência, magnanimidade, serenidade.

É forte quem persevera no cumprimento do que entende dever fazer, segundo a sua consciência; quem não mede o valor de uma tarefa exclusivamente pelos benefícios que recebe, mas pelo serviço que presta aos outros. O homem forte às vezes sofre, mas resiste; talvez chore, mas bebe as lágrimas. Quando a contradição recrudesce, não se dobra. Recordemos o exemplo daquele ancião, Eleazar, que, segundo o relato do livro dos Macabeus, prefere morrer a violar a lei de Deus: *Mor-*

rendo valorosamente, mostrar-me-ei digno da minha velhice e deixarei aos jovens um exemplo de fortaleza, se sofrer com ânimo pronto e constante uma honrosa morte em defesa de leis tão graves e tão santas[7].

Quem sabe ser forte não se deixa dominar pela pressa em colher o fruto da sua virtude; é paciente. A fortaleza leva-o a saborear a virtude humana e divina da paciência. *Mediante a vossa paciência, possuireis as vossas almas (Lc XXI, 19)*. A posse da alma é colocada na paciência porque, na verdade, ela é raiz e guardiã de todas as virtudes. *Nós possuímos a alma pela paciência, porque, aprendendo a dominar-nos a nós mesmos, começamos a possuir aquilo que somos*[8]. E é esta paciência a que nos leva também a ser compreensivos com os outros, persuadidos de que as almas, como o bom vinho, melhoram com o tempo.

Fortes e pacientes: serenos. Mas não com a serenidade daquele que compra a sua tranquilidade à custa de se desinteressar dos seus irmãos ou da grande tarefa – que a todos cumpre – de difundir sem medida o bem por todo o mundo. Serenos, porque sempre há perdão, porque tudo tem remédio, menos a morte, e, para os filhos de Deus, a morte é vida. Serenos, até mesmo para podermos atuar com inteligência: quem conserva a calma está em condições de pensar, de estudar os prós e os contras, de examinar judiciosamente os resultados das ações previstas. E depois, sossegadamente, pode intervir com decisão.

Estamos enumerando rapidamente algumas virtudes humanas. Sei que, na vossa oração ao Senhor, aflorarão muitas outras. Eu gostaria de aludir agora por uns momentos a uma qualidade maravilhosa: a magnanimidade.

Magnanimidade: ânimo grande, alma ampla, onde cabem muitos. É a força que nos move a sair de nós mesmos, a fim de nos prepararmos para empreender obras valiosas, em bene-

---

(7) II Mac VI, 27-28; (8) São Gregório Magno, *Homiliae in Evangelia*, XXXV, 4 (PL 76, 1261).

fício de todos. No homem magnânimo, não se alberga a mesquinhez; não se interpõe a sovinice, nem o cálculo egoísta, nem a trapaça interesseira. O magnânimo dedica sem reservas as suas forças ao que vale a pena. Por isso é capaz de se entregar a si mesmo. Não se conforma com dar: *dá-se*. E assim consegue entender qual é a maior prova de magnanimidade: dar-se a Deus.

Laboriosidade, diligência

81 Há duas virtudes humanas – a laboriosidade e a diligência – que se confundem numa só: no empenho em tirar proveito dos talentos que cada um recebeu de Deus. São virtudes porque induzem a acabar bem todas as coisas. O trabalho – assim o venho pregando desde 1928 – não é uma maldição nem um castigo do pecado. O Gênesis fala dessa realidade antes de Adão se ter revoltado contra Deus[9]. Nos planos do Senhor, o homem teria que trabalhar sempre, cooperando assim na imensa tarefa da Criação.

Quem é laborioso aproveita o tempo, que não é apenas ouro; é glória de Deus! Faz o que deve e está no que faz, não por rotina nem para ocupar as horas, mas como fruto de uma reflexão atenta e ponderada. Por isso é diligente. O uso normal desta palavra – diligente – já nos evoca a sua origem latina. Diligente vem do verbo *diligo*, que significa amar, apreciar, escolher alguma coisa depois de uma atenção esmerada e cuidadosa. Não é diligente quem se precipita, mas quem trabalha com amor, primorosamente.

Nosso Senhor, perfeito homem, escolheu um trabalho manual, que realizou delicada e carinhosamente durante quase todo o tempo que permaneceu na terra. Exerceu a sua ocupação de artesão entre os outros habitantes da sua aldeia, e esse

---

(9) Cfr. Gen II, 15.

trabalho humano e divino demonstrou-nos claramente que a atividade ordinária não é um pormenor de pouca importância, mas o eixo da nossa santificação, oportunidade contínua de nos encontrarmos com Deus, de louvá-lo e glorificá-lo com a obra da nossa inteligência ou das nossas mãos.

Veracidade e justiça

As virtudes humanas exigem de nós um esforço prolongado, porque não é fácil manter por muito tempo uma têmpera de honradez perante as situações que parecem comprometer a nossa segurança. Pensemos na límpida face da veracidade: será que caiu em desuso? Terá triunfado definitivamente a conduta do compromisso, o *dourar a pílula* e o *vender o peixe*? Teme-se a verdade. Por isso se lança mão de um expediente mesquinho: afirmar que ninguém vive e diz a verdade, e que todos recorrem à simulação e à mentira.

Felizmente, não é assim. Existem muitas pessoas – cristãs e não cristãs – decididas a sacrificar a sua honra e a sua fama pela verdade, e que não se agitam num saltitar contínuo à busca do sol que mais aquece. São aquelas que, por amarem a sinceridade, sabem retificar quando descobrem que se enganaram. Não retifica quem começa por mentir, quem reduz a verdade a uma palavra sonora para encobrir as suas claudicações.

Se formos verazes, seremos justos. Nunca me cansarei de me referir à justiça, mas aqui só podemos apontar alguns dos seus aspectos, sem perder de vista qual é a finalidade de todas estas reflexões: edificar uma vida interior real e autêntica sobre os alicerces profundos das virtudes humanas. Justiça é dar a cada um o que é seu. Mas eu acrescentaria que isso não basta. Por muito que cada um mereça, é preciso dar-lhe mais, porque cada alma é uma obra-prima de Deus.

A melhor caridade consiste em exceder-se generosamente na justiça. É uma caridade que costuma passar desapercebida, mas que é fecunda no Céu e na terra. Seria um erro pensar que a expressão *meio-termo,* como elemento característico das virtudes morais, significa mediocridade, como que a metade do que é possível realizar. Esse meio entre o excesso e o defeito é um cume, um ponto álgido, o mais elevado que a prudência indica. Além disso, em relação às virtudes teologais, não se admitem equilíbrios: não se pode crer, esperar ou amar demasiado. E esse amor sem limites a Deus reverte em favor dos que nos rodeiam, em abundância de generosidade, de compreensão, de caridade.

Os frutos da temperança

84 Temperança é espírito senhoril. Nem tudo o que experimentamos no corpo e na alma deve ser deixado à rédea solta. Nem tudo o que se pode fazer se deve fazer. É mais cômodo deixar-se arrastar pelos impulsos que chamam naturais; mas no fim de semelhante caminho encontra-se a tristeza, o isolamento na miséria própria.

Há pessoas que não querem negar nada ao estômago, aos olhos, às mãos. Recusam-se a escutar quem as aconselha a viver uma vida limpa. A faculdade de gerar – que é uma realidade nobre, participação no poder criador de Deus –, utilizam-na desordenadamente, como um instrumento a serviço do egoísmo.

Mas nunca me agradou falar de impureza. Eu quero considerar os frutos da temperança, quero ver o homem verdadeiramente homem, livre das coisas que brilham, mas não têm valor, como as bugigangas que a pêga junta no seu ninho. Esse homem sabe prescindir do que faz mal à sua alma e apercebe-se de que o sacrifício é apenas aparente, porque, ao viver assim – com sacrifício –, livra-se de muitas escravidões e no íntimo do seu coração consegue saborear todo o amor de Deus.

A vida recupera então os matizes que a intemperança esbate. Ficamos em condições de nos preocuparmos com os outros, de compartilhar com todos as coisas pessoais, de nos dedicarmos a tarefas grandes. A temperança cria a alma sóbria, modesta, compreensiva; confere-lhe um recato natural que é sempre atraente, porque se nota na conduta o império da inteligência. A temperança não supõe limitação, mas grandeza. Há muito maior privação na intemperança, porque o coração abdica de si mesmo para ir atrás do primeiro que lhe faça soar aos ouvidos o pobre ruído de uns chocalhos de lata.

A sabedoria de coração

O sábio de coração será chamado prudente[10], lê-se no livro dos Provérbios. Não entenderíamos a prudência se a concebêssemos como pusilanimidade e falta de audácia. A prudência manifesta-se no hábito que predispõe a atuar bem: a clarificar o fim e a procurar os meios mais convenientes para alcançá-lo.

Mas a prudência não é um valor supremo. Temos de perguntar-nos sempre a nós mesmos: prudência, para quê? Porque existe uma falsa prudência – que devemos chamar antes de astúcia –, que está a serviço do egoísmo, que se serve dos recursos mais adequados para atingir fins tortuosos. Usar então de muita perspicácia não leva senão a agravar a má disposição e a merecer a censura que Santo Agostinho formulava ao pregar ao povo: *Pretendes desviar o coração de Deus, que é sempre reto, para que se acomode à perversidade do teu?*[11] Essa é a falsa prudência daquele que pensa que as suas próprias forças são mais que suficientes para ser justo aos seus olhos. *Não vos queirais ter a vós mesmos por prudentes*[12], diz São Paulo, *porque está escrito: Destruirei a sabedoria dos sábios e reprovarei a prudência dos prudentes*[13].

São Tomás aponta três atos deste bom hábito da inteligên-

---

(10) Prv XVI, 21; (11) Santo Agostinho, *Enarrationes in Psalmos*, LXIII, 18 (PL 36, 771); (12) Rom XII, 16; (13) I Cor I, 19.

cia: pedir conselho, julgar retamente e decidir[14]. O primeiro passo da prudência é o reconhecimento das nossas limitações: a virtude da humildade. É admitir, em determinadas questões, que não apreendemos tudo, que em muitos casos não podemos abarcar circunstâncias que importa não perder de vista à hora de julgar. Por isso nos socorremos de um conselheiro. Não de qualquer um, mas de quem for idôneo e estiver animado dos nossos mesmos desejos sinceros de amar a Deus e de o seguir fielmente. Não basta pedir um parecer; temos que dirigir-nos a quem no-lo possa dar desinteressada e retamente.

Depois, é necessário julgar, porque a prudência exige habitualmente uma determinação pronta e oportuna. Se algumas vezes é prudente adiar a decisão até que se completem todos os elementos de juízo, outras seria uma grande imprudência não começar a pôr em prática, quanto antes, aquilo que vemos ser necessário fazer, especialmente quando está em jogo o bem dos outros.

87   Esta sabedoria de coração, esta prudência, nunca se converterá na prudência da carne a que se refere São Paulo[15], ou seja, a daqueles que têm inteligência, mas procuram não utilizá-la para descobrir e amar o Senhor. Verdadeira prudência é a que permanece atenta às insinuações de Deus e, nessa vigilante escuta, recebe na alma promessas e realidades de salvação: *Eu te glorifico, Pai, Senhor do céu e da terra, porque escondeste estas coisas aos sábios e prudentes e as revelaste aos pequeninos*[16].

Sabedoria de coração que orienta e governa muitas outras virtudes. Pela prudência, o homem é audaz, sem insensatez. Não evita, por ocultas razões de comodismo, o esforço necessário para viver plenamente segundo os desígnios de Deus. A temperança do prudente não é insensibilidade nem misantropia: a sua justiça não é dureza; a sua paciência não é servilismo.

---

(14) Cfr. São Tomás de Aquino, *Summa Theologiae*, II-II, q. 47, a. 8; (15) Cfr. Rom VIII, 6; (16) Mt XI, 15.

88 Não é prudente quem nunca se engana, mas quem sabe retificar os seus erros. Esse é prudente porque prefere não acertar vinte vezes a deixar-se levar por um cômodo abstencionismo. Não atua com tresloucada precipitação ou com absurda temeridade, mas assume o risco das suas decisões e não renuncia a conseguir o bem por medo de não acertar. Na nossa vida, encontramos colegas ponderados, que são objetivos, que não se deixam apaixonar, inclinando a balança para o lado que mais lhes convém. Dessas pessoas, quase instintivamente, nós nos fiamos, porque procedem sempre bem, com retidão, sem presunção e sem espalhafato.

Esta virtude cordial é indispensável ao cristão. Mas as últimas metas da prudência não são a concórdia social ou a tranquilidade de não provocar fricções. O motivo fundamental é o cumprimento da Vontade de Deus, que nos quer simples, mas não pueris; amigos da verdade, mas nunca estouvados ou superficiais. *O coração prudente possuirá a ciência*[17]. E essa ciência é a do amor de Deus, o saber definitivo, aquele que nos pode salvar, oferecendo a todas as criaturas frutos de paz e de compreensão e, a cada alma, a vida eterna.

Um caminho normal

89 Tratamos de virtudes humanas. E talvez algum de vós possa perguntar: Mas comportar-se assim não significa isolar-se do ambiente normal, não é coisa alheia ao mundo de todos os dias? Não. Em lugar algum está escrito que o cristão deva ser personagem estranho ao mundo. Nosso Senhor Jesus Cristo elogiou com obras e com palavras uma outra virtude humana que me é particularmente querida: a naturalidade, a simplicidade.

Lembremo-nos de como Nosso Senhor vem ao mundo: co-

---

(17) Prv XVIII, 15.

mo todos os homens. Passa a infância e a juventude numa aldeia da Palestina. É mais um entre os seus concidadãos. Nos anos da sua vida pública, repete-se continuamente o eco da sua existência normal em Nazaré. Fala do trabalho, preocupa-se com o descanso dos seus discípulos[18], vai ao encontro de todos e não se recusa a falar com ninguém. Diz expressamente aos que o seguiam que não impeçam as crianças de se aproximarem dele[19] e, evocando talvez os tempos da sua infância, propõe a comparação dos meninos que brincam na praça pública[20]. Não é tudo isto normal, natural, simples? Não pode ser vivido na vida ordinária? Acontece, no entanto, que os homens costumam habituar-se ao que é chão e comum, e procuram inconscientemente o que é aparatoso e artificial. Tê-lo-eis comprovado, como eu: elogia-se, por exemplo, o primor de umas rosas frescas, recém-cortadas, de pétalas finas e perfumadas. E o comentário é: Parecem de pano!

A naturalidade e a simplicidade são duas maravilhosas virtudes humanas, que tornam o homem capaz de receber a mensagem de Cristo. Em contrapartida, tudo o que é emaranhado, complicado, as voltas e mais voltas em torno de nós mesmos, tudo isso constrói um muro que com frequência impede de ouvir a voz do Senhor. Lembremo-nos das acusações que Cristo lança em rosto aos fariseus: meteram-se num mundo retorcido, que exige que se paguem os dízimos da hortelã, do endro e do cominho, e abandonaram as obrigações mais essenciais da lei, a justiça e a fé. Esmeram-se em coar tudo o que bebem, para não deixar passar um mosquito, mas tragam um camelo[21].

Não. Nem a nobre vida humana daquele que – sem culpa – não conhece Cristo, nem a vida do cristão hão de ser esquisitas e estranhas. Estas virtudes humanas que estamos considerando hoje levam todas à mesma conclusão: é verdadeiramente homem aquele que se empenha em ser veraz, leal, sincero, forte, temperado, generoso, sereno, justo, laborioso, paciente. Ter

---

(18) Cfr. Mc VI, 31; (19) cfr. Lc XVIII, 16; (20) cfr. Lc VII, 32; (21) cfr. Mt XXIII, 23-24.

esse comportamento pode ser difícil, mas nunca causará estranheza. Se alguém se admirasse, seria por olhar as coisas com olhos turvos, enevoados por uma secreta covardia, que é falta de rijeza.

Virtudes humanas e virtudes sobrenaturais

Quando uma alma se esforça por cultivar as virtudes humanas, o seu coração está já muito perto de Cristo. E o cristão percebe que as virtudes teologais – a fé, a esperança, a caridade –, e todas as outras que a graça de Deus traz consigo, o impelem a nunca descurar essas boas qualidades que compartilha com tantos homens. 91

As virtudes humanas – insisto – são o fundamento das sobrenaturais; e estas proporcionam sempre um novo impulso para nos desenvolvermos como homens de bem. Mas, em qualquer caso, não é suficiente o desejo de possuir essas virtudes: é preciso aprender a praticá-las. *Discite benefacere*[22], aprendei a fazer o bem. Temos que exercitar-nos habitualmente nos atos correspondentes – atos de sinceridade, de equanimidade, de serenidade, de paciência –, porque obras é que são amores, e não se pode amar a Deus só de palavra, mas *com obras e de verdade*[23].

Se o cristão luta por adquirir estas virtudes, a sua alma dispõe-se a receber com eficácia a graça do Espírito Santo. E as boas qualidades humanas ficam reforçadas com as moções que o Paráclito introduz na alma. E a Terceira Pessoa da Trindade Beatíssima – *doce hóspede da alma*[24] – oferece os seus dons: dom de sabedoria, de entendimento, de conselho, de fortaleza, de ciência, de piedade, de temor de Deus[25]. 92

Nota-se então o gozo e a paz[26], a paz gozosa, o júbilo interior junto com a virtude humana da alegria. Quando pensamos que tudo se afunda sob os nossos olhos, nada se afunda, por-

---

(22) Is I, 17; (23) I Ioh III, 18; (24) Sequência *Veni, Sancte Spiritus*; (25) cfr. Is XI, 2; (26) cfr. Gal V, 22.

que *Tu és, Senhor, a minha fortaleza*[27]. Se Deus mora na nossa alma, tudo o mais, por muito importante que pareça, é acidental, transitório. Em contrapartida, nós, em Deus, somos o permanente. Mediante o dom da piedade, o Espírito Santo ajuda-nos a considerar-nos com toda a certeza filhos de Deus. E por que é que os filhos de Deus hão de estar tristes? A tristeza é a escória do egoísmo. Se queremos viver para o Senhor, não nos faltará a alegria, mesmo que descubramos os nossos erros e as nossas misérias. A alegria penetra na vida de oração, e de tal maneira que a certa altura não há outro jeito senão romper a cantar: porque amamos, e cantar é coisa de enamorados.

93 Se vivermos assim, realizaremos no mundo uma tarefa de paz. Saberemos tornar amável aos outros o serviço do Senhor, porque *Deus ama quem dá com alegria*[28]. O cristão é uma pessoa igual às outras na sociedade; mas do seu coração transbordará o júbilo de quem se propõe cumprir, com a ajuda constante da graça, a Vontade do Pai. E não se sente vítima, nem inferiorizado, nem coagido. Caminha de cabeça erguida, porque é homem e é filho de Deus.

A nossa fé dá todo o seu relevo a estas virtudes que pessoa alguma deveria deixar de cultivar. Ninguém pode vencer o cristão em humanidade. Por isso, quem segue Cristo é capaz – não por mérito próprio, mas pela graça do Senhor – de comunicar aos que o rodeiam aquilo que às vezes pressentem, mas não conseguem compreender: que a verdadeira felicidade, o autêntico serviço ao próximo passa necessariamente pelo Coração do nosso Redentor, *perfectus Deus, perfectus homo,* perfeito Deus, perfeito homem.

Recorramos a Maria, nossa Mãe, a criatura mais excelsa que saiu das mãos de Deus. Peçamos-lhe que nos faça homens de bem e que essas virtudes humanas, engastadas na vida da graça, se convertam na melhor ajuda para aqueles que conosco trabalham no mundo pela paz e pela felicidade de todos.

---

(27) Ps XLII, 2; (28) II Cor IX, 7.

HUMILDADE

Homilia pronunciada em 6-4-1965.

Vamos considerar por uns instantes os textos desta Missa da terça-feira da Paixão, para que saibamos distinguir o *endeusamento bom* do *endeusamento mau*. Vamos falar de humildade, porque é a virtude que nos ajuda a conhecer simultaneamente a nossa miséria e a nossa grandeza.

A nossa miséria ressalta com demasiada evidência. Não me refiro às limitações naturais: a tantas aspirações grandes com que o homem sonha e que, no entanto, não realizará nunca, até por falta de tempo. Penso no que fazemos mal, nas quedas, nos erros que se poderiam evitar e não se evitam. Experimentamos continuamente a nossa ineficácia pessoal. Mas, às vezes, é como se todas essas coisas se juntassem, como se se manifestassem aos nossos olhos com maior relevo, para que tomemos consciência do pouco que somos. Que fazer?

Expecta Dominum[1], espera no Senhor; vive de esperança – sugere-nos a Igreja – com amor e com fé. *Viriliter age*[2], porta-te varonilmente. Que importa que sejamos criaturas de

---

(1) Ps XXVI, 14 (Introito da Missa); (2) *ibid*.

lodo, se temos a esperança posta em Deus? E se nalgum momento uma alma sofre uma queda, um retrocesso – não é necessário que aconteça –, aplica-se-lhe o remédio, como se faz normalmente na vida corrente com a saúde do corpo. E toca a recomeçar!

95 Não reparastes nas famílias, quando conservam uma peça decorativa de valor e frágil – um jarrão, por exemplo –, como cuidam dele para que não se quebre? Até que um dia a criança, brincando, o joga ao chão, e aquela recordação maravilhosa se quebra em vários pedaços. O desgosto é grande, mas imediatamente vem o conserto: recompõe-se, cola-se cuidadosamente e, uma vez restaurado, acaba por ficar tão belo como antes.

Mas, quando o objeto é de louça, ou simplesmente de barro cozido, geralmente bastam uns grampos, esses arames de ferro ou de outro metal, que mantêm unidos os pedaços. E a peça, assim reparada, adquire um encanto original.

Transponhamos isto para a vida interior. À vista das nossas misérias e dos nossos pecados, dos nossos erros – ainda que, pela graça divina, sejam de pouca monta –, corramos à oração e digamos ao nosso Pai: Senhor, na minha pobreza, na minha fragilidade, neste meu barro de vaso quebrado, Senhor, coloca-me uns grampos e – com a minha dor e com o teu perdão – serei mais forte e agradável à vista do que antes! Uma oração consoladora, para que a repitamos quando este nosso pobre barro se quebrar.

Não nos há de impressionar sermos quebradiços, não nos há de chocar verificarmos que a nossa conduta se quebranta por menos que nada. Confiai no Senhor, que tem sempre preparado o auxílio: *O Senhor é a minha luz e a minha salvação; a quem temerei?*[3] A ninguém: relacionando-nos deste modo com o nosso Pai do Céu, não admitamos medo de nada nem de ninguém.

---

(3) Ps XXVI, 1 (Introito da Missa).

Para ouvir a Deus

Se abrirmos a Sagrada Escritura, veremos que a humildade é o requisito indispensável para nos dispormos a ouvir a Deus. *Onde há humildade, há sabedoria*[4], explica o livro dos Provérbios. Humildade é vermo-nos como somos, sem paliativos, com a verdade. E ao compreender que não valemos quase nada, abrimo-nos à grandeza de Deus: esta é a nossa grandeza.

Que bem o entendia Nossa Senhora, a Santa Mãe de Jesus, a criatura mais excelsa de todas as que existiram e existirão sobre a terra! Maria glorifica o poder do Senhor, que *derrubou do trono os poderosos e exaltou os humildes*[5]. E canta que nEla se realizou uma vez mais essa providência divina: *Porque pôs os olhos na baixeza da sua escrava, eis que por isso me chamarão bem-aventurada todas as gerações*[6].

No seu coração puríssimo, Maria mostra-se santamente transformada em face da humildade de Deus: *O Espírito Santo descerá sobre ti e a virtude do Altíssimo te cobrirá com a sua sombra. Por isso o santo que de ti nascerá será chamado Filho de Deus*[7]. A humildade da Virgem é consequência desse abismo insondável de graça que se opera com a Encarnação da Segunda Pessoa da Trindade Beatíssima nas entranhas de sua Mãe sempre Imaculada.

Quando São Paulo evoca este mistério, prorrompe também num hino gozoso, que hoje podemos saborear detidamente: *Abrigai em vossos corações os mesmos sentimentos que Jesus Cristo teve no seu, o qual, tendo a natureza de Deus, não possuía por usurpação, mas por essência, o seu ser igual a Deus; e não obstante aniquilou-se a si mesmo, tomando a forma de servo, tornando-se semelhante aos homens e reduzindo-se à condição de homem. Humilhou-se a si mesmo, feito obediente até a morte, e morte de cruz*[8].

Jesus Cristo, Senhor Nosso, propõe-nos com muita fre-

---

(4) Prv XI, 2; (5) Lc I, 52; (6) Lc I, 48; (7) Lc I, 35; (8) Phil II, 5-8.

quência na sua pregação o exemplo da sua humildade: *Aprendei de mim, que sou manso e humilde de coração*⁹. Para que tu e eu saibamos que não há outro caminho, que só o conhecimento sincero do nosso nada encerra a força capaz de nos atrair a graça divina. *Por nós, Jesus veio padecer fome e alimentar, veio sentir sede e dar de beber, veio vestir-se da nossa mortalidade e vestir de imortalidade, veio pobre para fazer ricos*¹⁰.

98   *Deus resiste aos soberbos, mas dá a sua graça aos humildes*¹¹, escreve o Apóstolo São Pedro. Em qualquer época, em qualquer situação humana, não existe outro caminho para se viver vida divina que não o da humildade. Mas será que o Senhor se compraz na nossa humilhação? Não. Que conseguiria com o nosso abatimento Aquele que tudo criou, e mantém e governa tudo o que existe?

Deus só deseja a nossa humildade, que nos esvaziemos de nós mesmos, para nos poder cumular de bens; pretende que não lhe levantemos obstáculos, para que – falando à maneira humana – caiba mais da sua graça no nosso pobre coração. Porque o Deus que nos incita a ser humildes é o mesmo que *transformará o corpo da nossa humildade e o fará conforme ao seu corpo glorioso, com a mesma virtude eficaz com que pode também submeter ao seu império todas as coisas*¹². Nosso Senhor faz-nos seus, endeusa-nos com um *endeusamento bom.*

A soberba, o inimigo

99   E o que é que impede esta humildade, este *endeusamento bom?* A soberba. Esse é o pecado capital que conduz ao *endeusamento mau.* A soberba leva-nos a seguir – mesmo nas questões mais triviais – a insinuação apresentada por Satanás aos

---

(9) Mt XI, 29; (10) Santo Agostinho, *Enarrationes in Psalmos*, XLIX, 19 (PL 36, 577); (11) I Pet V, 5; (12) Phil III, 21.

nossos primeiros pais: *Abrir-se-ão os vossos olhos e sereis como Deus, conhecedores do bem e do mal*[13]. Lê-se também na Escritura que *o princípio da soberba é afastar-se de Deus*[14]. Porque este vício, uma vez arraigado, influi em toda a existência do homem, até se converter no que São João chama a *superbia vitae*[15], a soberba da vida.

Soberba? De quê? A Escritura Santa estigmatiza a soberba com acentos trágicos e cómicos ao mesmo tempo: De que te ensoberbeces, pó e cinza? Já em vida vomitas as entranhas. Uma ligeira doença, e o médico sorri: o homem que hoje é rei amanhã estará morto[16].

Quando o orgulho se apossa da alma, não é de estranhar que venham detrás todos os vícios, como que em fila: a avareza, as intemperanças, a inveja, a injustiça. O soberbo tenta inutilmente destronar Deus – que é misericordioso para com todas as criaturas –, a fim de se instalar ele no sólio divino, ele que atua com entranhas de crueldade.

Temos de pedir ao Senhor que não nos deixe cair nesta tentação. A soberba é o pior e o mais ridículo dos pecados. Se consegue atenazar alguém com as suas múltiplas alucinações, a pessoa atacada veste-se de aparência, enche-se de vazio, empertiga-se como o sapo da fábula, que inchava o bucho, presunçosamente, até que explodiu. A soberba é desagradável, mesmo humanamente: quem se considera superior a todos e a tudo está continuamente contemplando-se a si próprio e desprezando os outros, e estes correspondem-lhe escarnecendo da sua vã fatuidade.

Ouvimos falar de soberba, e talvez imaginemos uma conduta despótica, avassaladora: grandes ruídos de vozes que aclamam, e o triunfador que passa, como um imperador romano, debaixo dos altos arcos, fazendo menção de inclinar a cabeça, porque teme que a sua fronte gloriosa toque o branco mármore.

---

(13) Gen III, 5; (14) Ecclo X, 14; (15) I Ioh II, 16; (16) cfr. Ecclo X, 9.11-12.

Sejamos realistas: essa soberba só tem lugar numa imaginação tresloucada. Nós temos de lutar contra outras formas mais sutis, mais frequentes: o orgulho de preferir a excelência própria à dos outros; a vaidade nas conversas, nos pensamentos e nos gestos; uma suscetibilidade quase enfermiça, que se sente ofendida com palavras e ações que de modo algum significam um agravo.

Tudo isto é que pode ser e é uma tentação comum. O homem considera-se a si próprio como o sol e o centro dos que estão ao seu redor. Tudo deve girar em torno dele. E, com a sua preocupação mórbida, não raramente recorre até à simulação da dor, da tristeza e da doença: para que os outros cuidem dele e o mimem.

A maioria dos conflitos em que se debate a vida interior de muita gente é fabricada pela imaginação: É que disseram..., é que podem pensar..., é que não me consideram... E essa pobre alma sofre, pela sua triste fatuidade, com suspeitas que não são reais. Nessa aventura infeliz, a sua amargura é contínua, e procura produzir desassossego nos outros: porque não sabe ser humilde, porque não aprendeu a esquecer-se de si própria para se dar generosamente ao serviço dos outros por amor a Deus.

Um burrico por trono

102   Abramos novamente o Evangelho. Contemplemo-nos no nosso modelo, em Cristo Jesus.

Tiago e João, por intermédio de sua mãe, solicitaram a Cristo que os colocasse à sua esquerda e à sua direita. Os demais discípulos indignam-se com eles. E que lhes responde Nosso Senhor? *Quem quiser ser o maior seja vosso criado; e quem entre vós quiser ser o primeiro faça-se servo de todos, porque o próprio Filho do homem não veio para ser servido, mas para servir e dar a sua vida pela redenção de muitos*[17].

---

(17) Mc X, 43-45.

Em outra ocasião, indo a Cafarnaum, talvez Jesus – como em outras caminhadas – fosse à frente deles. *E, quando já estavam em casa, perguntou-lhes: De que vínheis conversando pelo caminho? Porém, os discípulos calaram-se, porque – uma vez mais – haviam discutido entre si sobre qual deles era o maior. Então Jesus, sentando-se, chamou os doze e disse-lhes: Se alguém quiser ser o primeiro, seja o último de todos e o servo de todos. E, tomando um menino, colocou-o no meio deles e, depois de o abraçar, prosseguiu: Todo o que receber um destes meninos em meu nome, a mim me recebe, e todo o que me receber, não me recebe a mim, mas àquele que me enviou*[18].

Não vos enamora este modo de proceder de Jesus? Ensina-lhes a doutrina e, para que compreendam, dá-lhes um exemplo vivo. Chama um menino, dos que certamente corriam por aquela casa, e estreita-o contra o peito. Esse silêncio eloquente do Senhor! Só por si já disse tudo: Ele ama os que se fazem como crianças. Depois, acrescenta que o resultado desta simplicidade, desta humildade de espírito, é poder abraçá-lo a Ele e ao Pai que está nos céus.

Quando se avizinha o momento da sua Paixão, e quer mostrar de um modo gráfico a sua realeza, Jesus entra triunfalmente em Jerusalém – montado num burrico! Estava escrito que o Messias seria um rei de humildade: *Anunciai à filha de Sião: Eis que o teu rei virá a ti, cheio de mansidão, montado sobre uma jumenta e sobre o potrinho da jumenta, filho daquela que está acostumada ao jugo*[19].

Agora, na Última Ceia, Cristo preparou tudo para se despedir dos seus discípulos, enquanto eles se emaranham numa enésima contenda sobre qual desse grupo eleito será considerado o maior. Jesus *levantou-se da mesa, depôs o manto e, tendo tomado uma toalha, cingiu-se com ela. Depois, lançou água numa bacia e começou a lavar os pés dos discípulos e a limpar-lhos com a toalha com que se tinha cingido*[20].

---

(18) Mc IX, 32-36; (19) Mt XXI, 5; Zach IX, 9; (20) Ioh XIII, 4-5.

Pregou novamente com o exemplo, com as obras. Diante dos discípulos, que discutiam por motivos de soberba e de vanglória, Jesus inclina-se e cumpre com gosto o ofício de servo. Depois, quando retorna à mesa, diz-lhes: *Compreendeis o que vos acabo de fazer? Vós me chamais Mestre e Senhor, e dizeis bem, porque o sou. Se eu, pois, que sou o Mestre e o Senhor, vos lavei os pés, vós também deveis lavar-vos os pés uns aos outros*[21]. Comove-me esta delicadeza do nosso Cristo. Porque não afirma: Se eu me ocupo disto, quanto mais não tereis vós que realizar! Coloca-se no mesmo nível, não coage: fustiga amorosamente a falta de generosidade daqueles homens.

Como aos primeiros Doze, também a nós pode o Senhor insinuar, e nos insinua continuamente: *Exemplum dedi vobis*[22], dei-vos exemplo de humildade. Converti-me em servo, para que vós saibais, com o coração manso e humilde, servir a todos os homens.

Frutos da humildade

104 *Quanto maior fores, mais te deves humilhar, e acharás graça diante do Senhor*[23]. Se formos humildes, Deus nunca nos abandonará. Ele humilha a altivez do soberbo, mas salva os humildes. Ele livra o inocente, que pela pureza de suas mãos será resgatado[24]. A infinita misericórdia do Senhor não tarda a vir em socorro de quem o chama da sua humildade. E então atua como quem é: como Deus Onipotente. Ainda que haja muitos perigos, ainda que a alma pareça acossada, ainda que se encontre cercada por todos os lados pelos inimigos da sua salvação, não perecerá. E isto não é apenas uma tradição de outros tempos: continua a acontecer agora.

---

(21) Ioh XIII, 12-14; (22) Ioh XIII, 15; (23) Ecclo III, 20; (24) cfr. Job XXII, 29-30.

Ao ler a Epístola de hoje, via eu Daniel metido entre aqueles leões famintos, e, sem pessimismo – não posso dizer que *qualquer tempo passado foi melhor*, porque todos os tempos têm sido bons e maus –, considerava que também nos momentos atuais andam muitos leões à solta, e nós temos que viver nesse ambiente. Leões que buscam a quem devorar: *tamquam leo rugiens circuit quaerens quem devoret*[25]. Como evitaremos essas feras? Talvez não ocorra conosco o que ocorreu com Daniel. Eu não sou milagreiro, mas amo essa grandiosidade de Deus e penso que lhe teria sido mais fácil aplacar a fome do profeta ou então pôr-lhe alguma comida na frente; e não o fez. Dispôs que outro profeta, Habacuc, se deslocasse milagrosamente da Judeia para levar-lhe a comida. Não se importou de fazer um milagre grande, porque Daniel não se achava naquele poço porque sim, mas por uma injustiça dos sequazes do demônio, por ser servidor de Deus e destruidor de ídolos.

Nós, sem portentos espetaculares, com a normalidade de uma vida cristã corrente, com uma semeadura de paz e de alegria, temos que destruir também muitos ídolos: o da incompreensão, o da injustiça, o da ignorância, o da pretensa suficiência humana que vira com arrogância as costas a Deus.

Não vos assusteis, não temais nenhum mal, ainda que as circunstâncias em que trabalhais sejam terríveis, piores que as de Daniel no fosso, com aqueles animais vorazes. As mãos de Deus são igualmente poderosas e, se for necessário, farão maravilhas. Fiéis!, com uma fidelidade amorosa, consciente e alegre, à doutrina de Cristo, persuadidos de que os anos de agora não são piores que os de outros séculos e de que o Senhor é o mesmo de sempre.

Conheci um sacerdote ancião que afirmava – sorridente – de si mesmo: *Eu estou sempre tranquilo, tranquilo*. E assim temos nós que estar sempre, metidos no mundo, rodeados de

---

(25) I Pet V, 8.

leões famintos, mas sem perder a paz: tranquilos. Com amor, com fé, com esperança, sem esquecer nunca que, se for conveniente, o Senhor multiplicará os milagres.

106   Recordo-vos que, se fordes sinceros, se vos mostrardes como sois, se vos *endeusardes*, à base de humildade, não de soberba, vós e eu permaneceremos seguros em qualquer ambiente: poderemos falar sempre de vitórias e nos chamaremos vencedores – com essas íntimas vitórias do amor de Deus, que trazem a serenidade, a felicidade da alma, a compreensão.

A humildade há de impelir-nos a realizar grandes tarefas; mas com a condição de não perdermos a consciência da nossa pequenez, com uma convicção da nossa pobre indigência que cresça de dia para dia. *Deves admitir sem vacilações que és um servidor obrigado a realizar um grande número de serviços. Não te pavoneies por seres chamado filho de Deus: reconheçamos a graça, mas não esqueçamos a nossa natureza; não te empertigues se serviste bem, porque fizeste o que tinhas que fazer. O sol cumpre a sua tarefa, a lua obedece; os anjos desempenham a sua missão. O instrumento escolhido pelo Senhor para os gentios diz: Eu não mereço o nome de Apóstolo, porque persegui a Igreja de Deus (I Cor XV, 9)* [...]. *Também nós não havemos de pretender ser louvados por nós mesmos*[26]: pelos nossos méritos, sempre mesquinhos.

Humildade e alegria

107   *Livra-me de tudo o que de mau e perverso existe no homem*[27]. De novo o texto da Missa nos fala do *bom endeusamento*. Põe em relevo diante dos nossos olhos a ruim matéria de que estamos feitos, com todas as inclinações malvadas; e depois suplica: *Emitte lucem tuam*[28], envia a tua luz e a tua verdade, que me guiaram e me trouxeram ao teu monte santo. Não

---

(26) Santo Ambrósio, *Expositio Evangelii secundum Lucam*, VIII, 32 (PL 15, 1774); (27) Cfr. Ps XLII, 1 (Gradual da Missa); (28) Ps XLII, 3 (Gradual da Missa).

me importo de vos contar que me emocionei ao recitar estas palavras do Gradual.

Como havemos de comportar-nos para adquirir esse *endeusamento bom?* Lemos no Evangelho que Jesus *não queria ir à Judeia, porque os judeus o procuravam para matá-lo*[29]. Ele, que com um desejo da sua vontade poderia eliminar os seus inimigos, serve-se também dos meios humanos. Ele, que era Deus e só precisava de uma decisão sua para mudar as circunstâncias, deixou-nos uma lição encantadora: não foi à Judeia. Seus parentes disseram-lhe: *Sai daqui e vai à Judeia, para que também os teus discípulos admirem as obras que fazes*[30]. Pretendiam que desse espetáculo. Vedes? Vedes o que é uma lição de *endeusamento bom* e *endeusamento mau?*

Endeusamento bom: *Esperem em ti* – canta o Ofertório – *todos os que conhecem o teu nome, Senhor, porque nunca abandonas os que te procuram*[31]. E vem o regozijo deste barro cheio de grampos, *porque Ele não se esqueceu das orações dos pobres*[32], dos humildes.

Não concedamos o menor crédito aos que apresentam a virtude da humildade como apoucamento humano ou como uma condenação perpétua à tristeza. Sentir-se barro, recomposto com grampos, é fonte contínua de alegria; significa reconhecer-se pouca coisa diante de Deus: criança, filho. E há maior alegria que a de quem, sabendo-se pobre e fraco, se sabe também filho de Deus? Por que é que nós, os homens, nos entristecemos? Porque a vida na terra não se desenvolve como nós pessoalmente esperávamos, porque surgem obstáculos que impedem ou dificultam que levemos a cabo o que pretendemos.

Nada disto acontece quando a alma vive a realidade sobrenatural da sua filiação divina. *Se Deus está por nós, quem contra nós?*[33] Que estejam tristes os que se empenham em não reconhecer-se filhos de Deus, venho repetindo desde sempre.

---

(29) Ioh VII, 1; (30) Ioh VII, 3; (31) Ps IX, 11; (32) Ps IX, 13; (33) Rom VIII, 31.

Para terminar, descobrimos na liturgia de hoje duas orações que hão de sair como setas da nossa boca e do nosso coração: *Concedei-nos, Senhor Todo-Poderoso, que, realizando sempre os divinos mistérios, mereçamos abeirar-nos dos dons celestiais*[34]. E: *Nós vos rogamos, Senhor, que nos concedais servir-vos constantemente segundo a vossa vontade*[35]. Servir, servir, meus filhos; isto é o que nos toca; ser criados de todos, *para que nos nossos dias o povo fiel aumente em mérito e número*[36].

109 Olhai para Maria. Jamais criatura alguma se entregou com tanta humildade aos desígnios de Deus. A humildade da *ancilla Domini*[37], da escrava do Senhor, é a razão pela qual a invocamos como *causa nostrae laetitiae,* como causa da nossa alegria. Eva, depois de pecar por ter querido na sua loucura igualar-se a Deus, escondia-se do Senhor e envergonhava-se: estava triste. Maria, ao confessar-se escrava do Senhor, é feita Mãe do Verbo divino e enche-se de júbilo. Que este seu júbilo, de Mãe boa, nos contagie a todos nós: que nisto *saiamos* a Ela – a Santa Maria –, e assim nos pareceremos mais com Cristo.

---

(34) Oração após a comunhão da missa; (35) Oração *Super populum;* (36) Oração *Super populum;* (37) Lc I, 38.

DESPRENDIMENTO

Homilia pronunciada em 4-4-1955, Segunda-Feira Santa.

Neste umbral da Semana Santa, já tão próximos do momento em que se consumou sobre o Calvário a Redenção da humanidade inteira, parece-me particularmente apropriado que tu e eu consideremos os caminhos pelos quais Jesus Senhor Nosso nos salvou; que contemplemos o seu amor, verdadeiramente inefável, por umas pobres criaturas formadas com barro da terra.

Memento, homo, quia pulvis es et in pulverem reverteris[1], lembra-te, ó homem, de que és pó e em pó te tornarás, admoestava-nos a nossa Mãe a Igreja, quando se iniciava a Quaresma, para que jamais esquecêssemos que somos muito pouca coisa, que um dia qualquer o nosso corpo – agora tão cheio de vida – se desfará como a ligeira nuvem de poeira que os nossos pés levantam ao andar: *dissipar-se-á como névoa acossada pelos raios do sol*[2].

Exemplo de Cristo

Mas depois de vos recordar tão cruamente a nossa insignificância pessoal, gostaria de enaltecer diante dos vossos olhos outra maravilhosa realidade: a magnificência divina, que nos

---

(1) Ritual de imposição das cinzas (cfr. Gen III, 19); (2) Sap II, 3.

sustenta e nos endeusa. Escutemos as palavras do Apóstolo: *É bem conhecida de vós a liberalidade de Nosso Senhor Jesus Cristo, o qual, sendo rico, se fez pobre por vós, a fim de que vós fôsseis ricos pela sua pobreza*[3]. Reparemos com calma no exemplo do Mestre, e compreenderemos imediatamente que dispomos de tema abundante para meditar durante toda a vida, para concretizar propósitos sinceros de mais generosidade. Porque – e não percais de vista esta meta que temos de alcançar – cada um de nós deve identificar-se com Jesus Cristo, o qual – acabais de ouvi-lo – se fez pobre por ti, por mim, e padeceu, dando-nos exemplo, para que seguíssemos as suas pisadas[4].

111   Nunca te chegaste a perguntar, dominado por uma curiosidade santa, de que modo Jesus levou a cabo esse excesso de amor? É São Paulo quem novamente se encarrega de responder-nos: *Tendo a natureza de Deus* [...], *não obstante aniquilou-se a si mesmo, tomando a forma de servo, tornando-se semelhante aos homens e reduzindo-se à condição de homem*[5]. Filhos, enchei-vos de assombro agradecido diante deste mistério, e aprendei: todo o poder, toda a majestade, toda a formosura, toda a harmonia infinita de Deus, as suas grandes e incomensuráveis riquezas, todo um Deus!, ficou escondido na Humanidade de Cristo para nos servir. O Onipotente apresenta-se decidido a obscurecer por algum tempo a sua glória, para facilitar o encontro redentor com as suas criaturas.

Escreve o Evangelista São João: *Ninguém jamais viu a Deus; o Filho Unigênito, que está no seio do Pai, ele mesmo é que o deu a conhecer*[6], comparecendo perante o olhar atônito dos homens: primeiro, como um recém-nascido, em Belém; depois, como uma criança igual às outras; mais tarde, no Templo, como um adolescente judicioso e vivaz; e, por fim, naquela figura amável e atraente do Mestre, que fazia vibrar os corações das multidões que o acompanhavam entusiasmadas.

---

(3) II Cor VIII, 9; (4) cfr. I Pet II, 21; (5) Phil II, 6-7; (6) Ioh I, 18.

Bastam uns traços do Amor de Deus que se encarna, e logo a sua generosidade nos toca a alma, nos inflama, nos arrasta com suavidade a uma dor contrita pelo nosso comportamento, em tantas ocasiões mesquinho e egoísta. Jesus Cristo não tem inconveniente em rebaixar-se, para nos elevar da miséria à dignidade de filhos de Deus, de irmãos seus. Tu e eu, pelo contrário, com frequência nos orgulhamos nesciamente dos dons e talentos recebidos, até os convertermos em pedestal para nos impormos aos outros, como se o mérito de umas ações, acabadas com uma perfeição relativa, dependesse exclusivamente de nós: *Que tens tu que não hajas recebido de Deus? E, se o recebeste, por que te glorias como se não o tivesses recebido?*[7]

Ao considerarmos a entrega de Deus e o seu aniquilamento – digo-o para que o meditemos, pensando cada um em si mesmo –, a vanglória, a presunção do soberbo revela-se como um pecado horrendo, precisamente porque coloca a pessoa no extremo oposto ao do modelo que Jesus Cristo nos apontou com a sua conduta. Pensemo-lo devagar. Ele se humilhou, sendo Deus. O homem, empertigado no seu próprio eu, pretende enaltecer-se a todo o custo, sem reconhecer que está feito de mau barro de moringa.

Não sei se vos terão contado na infância a fábula do camponês a quem ofereceram um faisão dourado. Passado o primeiro momento de alegria e de surpresa pelo presente, o novo dono procurou um lugar onde encerrá-lo. Ao cabo de bastantes horas, após muitas dúvidas e diferentes planos, optou por metê-lo no galinheiro. Admiradas com a beleza do recém-chegado, as galinhas giravam-lhe em redor com o pasmo de quem descobre um semi-deus. No meio de tanto alvoroço, chegou a hora da pitança e, quando o dono lançou os primeiros punhados de farelo, o faisão – famélico pela espera – lançou-se com avidez a tirar a barriga da miséria. Perante um espetáculo tão

---

(7) I Cor IV, 7.

vulgar – aquele prodígio de beleza comia com as mesmas ânsias do animal mais comum –, as desencantadas companheiras de galinheiro arremeteram a bicadas contra o ídolo caído, até lhe arrancarem as penas todas. Tão triste assim é o desmoronamento do ególatra; tanto mais desastroso quanto mais se tiver empinado sobre as suas próprias forças, presunçosamente confiante na sua capacidade pessoal.

Tirai disto consequências práticas para a vossa vida diária, sentindo-vos depositários de uns talentos – sobrenaturais e humanos – que tendes de aproveitar retamente, e rechaçai o ridículo engano de que alguma coisa vos pertence, como se fosse fruto unicamente do vosso esforço. Lembrai-vos de que, nas somas, há uma parcela de que ninguém pode prescindir: Deus.

Com esta perspectiva, convencei-vos de que, se verdadeiramente desejamos seguir de perto o Senhor e prestar um serviço autêntico a Deus e a toda a humanidade, temos que estar seriamente desprendidos de nós mesmos: dos dons da inteligência, da saúde, da honra, das ambições nobres, dos triunfos, dos êxitos.

Refiro-me também – porque até aí deve chegar a tua decisão – a esses anseios límpidos com que procuramos exclusivamente dar toda a glória a Deus e louvá-lo, ajustando a nossa vontade a esta norma clara e precisa: "Senhor, só quero isto ou aquilo se for do teu agrado, porque, senão, para que me interessa?" Assestamos assim um golpe mortal no egoísmo e na vaidade, que serpenteiam por todas as consciências; e ao mesmo tempo alcançamos a verdadeira paz na nossa alma, com um desprendimento que acaba na posse de Deus, cada vez mais íntima e mais intensa.

Para imitarmos Jesus Cristo, temos que ter o coração inteiramente livre de apegos. *Se alguém quiser vir após mim, negue-se a si mesmo, tome a sua cruz e siga-me. Pois quem quiser salvar a sua vida, perdê-la-á; mas quem perder a sua vida por amor de mim, encontrá-la-á. Porque, de que serve ao homem ganhar o mundo inteiro se vier a perder a sua alma?*[8] E comenta São Gregório: *Não seria suficiente vivermos desprendidos das coisas se, além disso, não renunciássemos a nós mesmos. Mas... para onde iremos fora de nós mesmos? Ou quem é que vai, se já se deixou a si próprio? Sabei que uma é a nossa situação enquanto caídos pelo pecado; e outra, enquanto formados por Deus. De um modo fomos criados, e de outro diferente nos encontramos por causa de nós mesmos. Renunciemo-nos naquilo em que nos convertemos pecando, e mantenhamo-nos tal como fomos constituídos pela graça. Desta maneira, se aquele que, tendo sido soberbo, se torna humilde depois de se converter a Cristo, já renunciou a si mesmo; se um luxurioso muda para uma vida continente, também renunciou a si próprio naquilo que antes era; se um avarento deixa de cobiçar e, em vez de se apoderar das coisas alheias, começa a ser generoso com as próprias, certamente se negou a si mesmo*[9].

O senhorio do cristão

O Senhor pede corações generosos, com um desprendimento verdadeiro. Chegaremos a consegui-lo se soltarmos com inteireza as amarras ou os fios sutis que nos atam ao nosso eu. Não vos oculto que esta determinação exige uma luta constante, um saltar por cima do entendimento e da vontade, uma renúncia – em poucas palavras – mais árdua que o abandono dos bens materiais mais cobiçados.

Esse desprendimento que o Mestre pregou, e que espera de todos os cristãos, comporta necessariamente algumas manifestações externas. Jesus Cristo *coepit facere et docere*[10], começou a fazer e a ensinar: antes de servir-se da palavra, anunciou a sua doutrina com as obras. Vimo-lo nascer num estábulo, na

115

---

(8) Mt XVI, 24-26; (9) São Gregório Magno, *Homiliae in Evangelia*, XXXII, 2 (PL 76, 1233); (10) Act I, 1.

penúria mais absoluta, e dormir os seus primeiros sonos na terra reclinado sobre palhas de uma manjedoura. Depois, durante os anos das suas andanças apostólicas, entre muitos outros exemplos, certamente nos lembramos da sua clara advertência a um dos que se ofereceram para acompanhá-lo como discípulo: *As raposas têm covas e as aves do céu têm ninhos; mas o Filho do homem não tem onde reclinar a cabeça*[11]. E não deixemos de contemplar a cena descrita pelo Evangelho em que os Apóstolos, para mitigar a fome, arrancaram pelo caminho, num sábado, umas espigas de trigo[12].

Pode-se dizer que Nosso Senhor, em face da missão recebida do Pai, vive o dia de hoje, tal e como aconselhava num dos ensinamentos mais sugestivos que saíram da sua boca divina: *Não andeis inquietos com o que comereis para alimentar a vossa vida, nem com o que usareis para vestir o vosso corpo. A vida vale mais que o alimento, e o corpo mais que o vestido. Considerai os corvos, que não semeiam, nem ceifam, nem têm despensa, nem celeiro; e no entanto, Deus os sustenta. Quanto mais valeis vós do que eles!* [...] *Considerai como crescem os lírios: não trabalham nem fiam; e, contudo, digo-vos que nem Salomão, com toda a sua magnificência, se vestia como um deles. Se, pois, a erva, que hoje cresce no campo e amanhã se lança ao fogo, Deus a veste assim, quanto mais não fará convosco, homens de pouquíssima fé?*[13]

Se vivêssemos mais confiantes na Providência divina, seguros – com fé enérgica! – desta proteção diária que nunca nos falta, quantas preocupações ou inquietações não pouparíamos! Desapareceriam tantos desassossegos que, na frase de Jesus, são próprios dos pagãos, dos *homens mundanos*[14], das pessoas desprovidas de sentido sobrenatural! Quereria, em confidência de amigo, de sacerdote, de pai, trazer-vos à memória em cada circunstância que nós, pela misericórdia de Deus, somos filhos desse Pai Nosso, todo-poderoso, que está

---

(11) Lc IX, 58; (12) cfr. Mc II, 23; (13) Lc XII, 22-24.27-28; (14) Lc XII, 30.

nos céus e ao mesmo tempo na intimidade do nosso coração. Quereria gravar a fogo na vossa mente que temos todos os motivos para caminhar com otimismo por esta terra, com a alma bem desprendida dessas coisas que parecem imprescindíveis, já que *o vosso Pai sabe muito bem de que coisas necessitais!*[15], e Ele proverá. Acreditai que só assim nos conduziremos como senhores da Criação[16] e evitaremos a triste escravidão em que caem tantos e tantos, por esquecerem a sua condição de filhos de Deus, inquietos com um amanhã ou com um depois que talvez nem sequer cheguem a ver.

Permiti-me uma vez mais que vos manifeste uma pequena parte da minha experiência pessoal. Abro-vos a minha alma, na presença de Deus, total e absolutamente persuadido de que não sou modelo de nada, de que sou um joão-ninguém, um pobre instrumento – surdo e inepto – que o Senhor utilizou para que se comprove com mais evidência que Ele escreve perfeitamente com a perna de uma mesa. Portanto, quando vos falo de mim, não me passa pela cabeça, nem de longe!, o pensamento de que na minha atuação haja um pouco de mérito pessoal; e muito menos pretendo impor-vos o caminho por onde o Senhor me levou, já que pode muito bem acontecer que o Mestre não vos peça as coisas que tanto me ajudaram a trabalhar sem impedimentos nesta Obra de Deus, a que dediquei toda a minha existência.

Assevero-vos – toquei-o com as minhas mãos, contemplei-o com os meus olhos – que, se confiardes na divina Providência, se vos abandonardes em seus braços onipotentes, nunca vos faltarão os meios necessários para servir a Deus, a Igreja Santa, as almas, sem descuidardes nenhum dos vossos deveres. E, além disso, gozareis de uma alegria e de uma paz que *mundus dare non potest*[17], que a posse de todos os bens terrenos não pode dar.

Desde os começos do Opus Dei, em 1928, além de que

---

(15) *Ibid.*; (16) cfr. Gen I, 26-31; (17) cfr. Ioh XIV, 27.

não contava com nenhum recurso humano, nunca manejei pessoalmente nem um centavo; nem mesmo intervim diretamente nas lógicas questões econômicas que surgem quando se realiza qualquer tarefa em que participam criaturas – homens de carne e osso, não anjos –, que necessitam de instrumentos materiais para desenvolverem com eficácia o seu trabalho.

O Opus Dei precisou e penso que precisará sempre – até o fim dos tempos – da colaboração generosa de muitos, para manter as obras apostólicas: por um lado, porque essas atividades nunca são rendosas; por outro, porque, ainda que aumente o número dos que cooperam e o trabalho dos meus filhos, se há amor de Deus, o apostolado se alarga e as necessidades se multiplicam. Por isso, em mais de uma ocasião, fiz rir os meus filhos porque, enquanto os incitava com fortaleza a corresponder fielmente à graça de Deus, os animava a fitar descaradamente o Senhor e a pedir-lhe mais graça... e o dinheiro contante e sonante à vista de que precisávamos urgentemente.

Nos primeiros anos, faltava-nos até o mais indispensável. Atraídos pelo fogo de Deus, juntavam-se em meu redor operários, artesãos, universitários..., que ignoravam os apertos e a indigência em que nos encontrávamos, porque no Opus Dei, com o auxílio do Céu, sempre procuramos trabalhar de maneira que o sacrifício e a oração fossem abundantes e escondidos. Ao rememorar agora aquela época, brota-me do coração uma ação de graças rendida: que segurança havia em nossas almas! Sabíamos que, procurando o reino de Deus e a sua justiça, o resto nos seria concedido por acréscimo[18]. E posso garantir-vos que nenhuma iniciativa apostólica se deixou de levar a cabo por falta de recursos materiais: no momento preciso, de uma forma ou de outra, nosso Pai-Deus, na sua Providência ordinária, proporcionava-nos o necessário, para que víssemos que Ele é sempre *bom pagador*.

---

(18) Cfr. Lc XII, 31.

Se quereis agir a toda a hora como senhores de vós mesmos, aconselho-vos a pôr um empenho muito grande em estar desprendidos de tudo, sem medo, sem temores nem receios. Depois, ao atenderdes e ao cumprirdes as obrigações pessoais, familiares..., empregai os meios terrenos honestos com retidão, pensando no serviço a Deus, à Igreja, aos vossos, à vossa tarefa profissional, ao vosso país, à humanidade inteira. Vede que o importante não é a materialidade de possuir isto ou carecer daquilo, mas conduzir-se de acordo com a verdade que a nossa fé cristã nos ensina: os bens criados são apenas meios. Portanto, repeli a miragem de considerá-los como algo definitivo: *Não queirais amontoar tesouros na terra, onde a ferrugem e a traça os consomem e onde os ladrões os desenterram e roubam; mas entesourai para vós tesouros no céu, onde nem a ferrugem nem a traça os consomem, e onde os ladrões não os desenterram nem roubam. Porque onde está o teu tesouro, aí está também o teu coração*[19].

118

Quando alguém centra a sua felicidade exclusivamente nas coisas daqui de baixo – tenho testemunhado verdadeiras tragédias –, perverte o seu uso racional e destrói a ordem sabiamente estabelecida pelo Criador. O coração fica triste e insatisfeito; penetra por caminhos de um eterno descontentamento e acaba escravizado já aqui na terra, convertendo-se em vítima desses mesmos bens que talvez tenha conseguido à custa de esforços e renúncias sem número. Mas, sobretudo, recomendo-vos que não esqueçais nunca que Deus não tem cabida, não habita num coração enlodado num amor sem ordem, tosco, vão. *Ninguém pode servir a dois senhores, porque ou há de odiar um e amar o outro, ou há de afeiçoar-se ao primeiro e desprezar o segundo. Não podeis servir a Deus e às riquezas*[20]. Ancoremos, pois, o coração no amor capaz de nos tornar felizes... Ambicionemos os tesouros do céu[21].

---

(19) Mt VI, 19-21; (20) Mt VI, 24; (21) São João Crisóstomo, *In Matthaeum homiliae*, LXIII, 3 (PG 58, 607).

119 Não te estou levando ao desleixo no cumprimento dos teus deveres ou na exigência dos teus direitos. Pelo contrário, para cada um de nós, normalmente, uma retirada nessa frente equivaleria a desertar covardemente da luta pela santidade a que Deus nos chamou. Por isso, com segura consciência, deves empenhar-te – especialmente no teu trabalho – para que nem a ti nem aos teus falte o conveniente para viverdes com dignidade cristã. Se nalgum momento experimentas na tua carne o peso da indigência, não te entristeças nem te revoltes; mas, insisto, procura mobilizar todos os recursos nobres para vencer essa situação, porque agir de outra maneira seria tentar a Deus.

E, enquanto lutas, lembra-te, além disso, de que *omnia in bonum!*, tudo – a própria escassez, a pobreza – coopera para o bem dos que amam o Senhor[22]. Acostuma-te, desde já, a enfrentar com alegria as pequenas limitações, o desconforto, o frio, o calor, a privação de alguma coisa que consideras imprescindível, o não poderes descansar como e quando quererias, a fome, a solidão, a ingratidão, a incompreensão, a desonra...

Pai..., não os tires do mundo

120 Nós somos homens da rua, cristãos comuns, metidos na corrente circulatória da sociedade, e o Senhor nos quer santos, apostólicos, precisamente no meio do nosso trabalho profissional, quer dizer, santificando-nos nessa tarefa, santificando essa tarefa e ajudando os outros a santificar-se por meio dessa tarefa. Convencei-vos de que é Deus quem vos espera nesse ambiente, com solicitude de Pai, de Amigo; e pensai que através dos vossos afazeres profissionais, realizados com responsabilidade, além de vos sustentardes economicamente, prestais

---

(22) Cfr. Rom VIII, 28.

um serviço diretíssimo ao desenvolvimento da sociedade, aliviais também as cargas dos outros e mantendes muitas obras assistenciais – em nível local e universal – em prol dos indivíduos e dos povos menos favorecidos.

Comportando-nos com normalidade – como os nossos iguais – e com sentido sobrenatural, não fazemos mais do que seguir o exemplo de Jesus Cristo, verdadeiro Deus e verdadeiro Homem. Reparai que toda a sua vida está cheia de naturalidade. Passa seis lustros oculto, sem chamar a atenção, como outro trabalhador qualquer, e na aldeia é conhecido como o filho do carpinteiro. Ao longo da sua vida pública, também não se percebe nEle nada de estranho ou excêntrico, que destoe. Rodeava-se de amigos, como qualquer dos seus concidadãos, e no seu modo de apresentar-se não se distinguia deles. Tanto assim, que Judas precisa de combinar um sinal para identificá-lo: *Aquele a quem eu beijar, é esse*[23]. Não havia em Jesus nenhum indício extravagante. Emociona-me esta conduta do nosso Mestre, que passa como outro qualquer por entre os homens.

Seguindo um chamado especial, João Batista vestia-se de pele de camelo e alimentava-se de gafanhotos e mel silvestre. O Salvador usava uma túnica de uma só peça, comia e bebia da mesma forma que os outros, alegrava-se com a felicidade alheia, comovia-se com a dor do próximo, não recusava o descanso que as suas amizades lhe ofereciam, e ninguém desconhecia que tinha ganho o seu sustento, durante muitos anos, trabalhando com as suas próprias mãos junto de José, o artesão. É assim que temos que desenvolver-nos no meio deste mundo: como Nosso Senhor. Eu te diria, em poucas palavras, que temos de apresentar-nos de roupa limpa, de corpo limpo e principalmente de alma limpa.

Aliás – por que não notá-lo? –, o Senhor, que prega um desprendimento tão maravilhoso dos bens terrenos, mostra ao

121

---

(23) Mt XXVI, 48.

mesmo tempo um cuidado admirável em não desperdiçá-los. Depois do milagre da multiplicação dos pães, que tão generosamente saciaram mais de cinco mil homens, *ordenou aos seus discípulos: Recolhei os pedaços que sobraram, para que não se percam. Assim o fizeram, e encheram doze cestos*[24]. Se meditardes atentamente em toda esta cena, aprendereis a não ser tacanhos nunca, mas bons administradores dos talentos e dos meios materiais que Deus vos concede.

122 O desprendimento que prego, depois de olhar para o nosso Modelo, é espírito senhoril; não clamorosa e chamativa pobretice, máscara da preguiça e do desleixo. Deves vestir-te de acordo com o tom da tua condição, do teu ambiente, da tua família, do teu trabalho..., como os teus colegas, mas por Deus, com a preocupação de oferecer uma imagem autêntica e atrativa da verdadeira vida cristã. Com naturalidade, sem extravagâncias. Assevero-vos que é melhor que pequeis por excesso que por defeito. Como é que tu imaginas o porte de Nosso Senhor? Não pensaste na dignidade com que vestia aquela túnica inconsútil, tecida provavelmente pelas mãos de Santa Maria? Não te lembras de como se lamenta, na casa de Simão, por não lhe terem oferecido água para se lavar, antes de sentar-se à mesa?[25] Certamente Ele trouxe a lume essa falta de urbanidade para realçar, com esse episódio, o ensinamento de que o amor se manifesta nos detalhes pequenos, mas procura também deixar claro que se atém aos costumes sociais do ambiente. Portanto, tu e eu devemos esforçar-nos por estar desapegados dos bens e dos confortos da terra, mas sem destoar nem fazer coisas estranhas.

Para mim, uma das manifestações de que nos sentimos senhores do mundo, administradores fiéis de Deus, é cuidar das coisas que usamos, com interesse em que se conservem, em que durem, em que brilhem, em que sirvam o maior tempo possível para a sua finalidade, de maneira que não se deitem a perder. Nos Centros do Opus Dei, haveis de encontrar uma

---

(24) Ioh VI, 12-13; (25) cfr. Lc VII, 36-50.

decoração simples, acolhedora e sobretudo limpa, porque não se deve confundir uma casa pobre com o mau gosto nem com a sujeira. No entanto, compreendo que tu, de acordo com as tuas possibilidades e com as tuas obrigações sociais, familiares, possuas objetos de valor e cuides deles, com espírito de mortificação, de desprendimento.

Há muitos anos – mais de vinte e cinco –, costumava eu visitar um refeitório de caridade, para mendigos que em cada dia tinham por único alimento a comida que lhes davam. Tratava-se de um local grande, atendido por um grupo de boas senhoras. Certa vez, depois da primeira distribuição, apareceram outros mendigos para ficar com as sobras e, entre os deste segundo grupo, chamou-me a atenção um que era proprietário de uma colher de estanho! Tirava-a do bolso com todo o cuidado, com cobiça, olhava para ela com deleite e, ao acabar de saborear a sua ração, voltava a olhar a colher com uns olhos que gritavam: É minha! Dava-lhe duas lambidelas para limpá-la e guardava-a de novo, todo satisfeito, entre as dobras dos seus andrajos. Efetivamente, era dele! Um pobrezinho miserável que, entre aquela gente, companheira de desventura, se considerava rico.

Conhecia eu por aquela época uma senhora com um título nobiliárquico: era Grande de Espanha. Diante de Deus, isso não conta nada: todos somos iguais, todos filhos de Adão e Eva, criaturas débeis, com virtudes e defeitos, capazes – se o Senhor nos abandona – dos piores crimes. Desde que Cristo nos redimiu, não há diferenças de raça, nem de língua, nem de cor, nem de estirpe, nem de riquezas...: *somos todos filhos de Deus*. A pessoa de que agora vos falo residia num solar, mas não gastava consigo própria nem quatro tostões por dia. Em contrapartida, retribuía muito bem ao seu serviço, e o resto, destinava-o a ajudar os mendigos, passando ela mesma por privações de todo o gênero. Não faltavam a essa mulher muitos desses bens que tantos ambicionam, mas ela era pessoalmente pobre, muito mortificada, desprendida por completo de tudo. Entendestes-me? Aliás, basta-nos escutar as palavras do

Senhor: *Bem-aventurados os pobres em espírito, porque deles é o reino dos céus*[26].

Se tu desejas alcançar este espírito, aconselho-te a ser parco contigo mesmo e muito generoso com os outros. Evita os gastos supérfluos por luxo, por veleidade, por vaidade, por comodismo...; não cries necessidades. Numa palavra, aprende com São Paulo a *viver na pobreza e a viver na abundância, a ter fartura e a passar fome, a possuir de mais e a sofrer por necessidade: tudo posso nAquele que me conforta*[27]. E, como o Apóstolo, também assim sairemos vencedores da peleja espiritual, se mantivermos o coração desprendido, livre de liames.

Todos *os que chegamos à palestra da fé*, diz São Gregório Magno, *tomamos a peito lutar contra os espíritos malignos. Os demônios nada possuem deste mundo e, por consequência, como acorrem nus, nós devemos também lutar nus. Porque se alguém que esteja vestido combate contra outro que está sem roupa, em breve será derrubado, porque o seu inimigo terá por onde agarrá-lo. E que são as coisas da terra senão uma espécie de indumentária?*[28]

Deus ama quem dá com alegria

124   Dentro deste marco do desprendimento total que o Senhor nos pede, quero indicar-vos outro ponto de particular importância: a saúde. Por ora, a maioria de vós é jovem; atravessa essa fase formidável de plenitude de vida que transborda de energias. Mas o tempo passa, e inexoravelmente começa a notar-se o desgaste físico. Vêm depois as limitações da maturidade e, por último, os achaques da ancianidade. Além disso, qualquer um de nós pode ficar doente em qualquer momento ou sofrer algum transtorno corporal.

Só se aproveitarmos com retidão – cristãmente – as épocas

---

(26) Mt V, 3; (27) Phil IV, 12-13; (28) São Gregório Magno, *Homiliae in Evangelia*, XXXII, 2 (PL 76, 1233).

de bem-estar físico, os tempos bons, é que aceitaremos também com alegria sobrenatural os eventos que a gente erradamente considera maus. Sem descer a demasiados pormenores, desejo transmitir-vos a minha experiência pessoal.

Enquanto estamos doentes, podemos ser maçantes: *Não me atendem bem, ninguém se preocupa comigo, não cuidam de mim como mereço, ninguém me compreende...* O demônio, que anda sempre à espreita, ataca por qualquer flanco; e, na doença, a sua tática consiste em fomentar uma espécie de psicose que afaste de Deus, que azede o ambiente ou que destrua esse tesouro de méritos que, para bem de todas as almas, se alcança quando se assume com otimismo sobrenatural – quando se ama! – a dor. Portanto, se é vontade de Deus que sejamos atingidos pelas farpas da aflição, encarai-o como sinal de que Ele nos considera amadurecidos para nos associar mais estreitamente à sua Cruz redentora.

Requer-se, pois, uma preparação remota, feita cada dia de um santo desapego de si próprio, para que nos disponhamos a carregar com garbo – se o Senhor assim o permite – a doença ou a desventura. Sirvamo-nos desde já das ocasiões normais, de alguma privação, da dor nas suas pequenas manifestações habituais, da mortificação, para pôr em prática as virtudes cristãs.

Temos que ser exigentes conosco na vida cotidiana, para não inventar falsos problemas, necessidades artificiais que, em último termo, procedem da arrogância, do capricho, de um espírito comodista e preguiçoso. Devemos caminhar para Deus a passo rápido, sem bagagem e sem pesos mortos que dificultem a marcha. Precisamente porque o espírito de pobreza não consiste em não ter, mas em estar verdadeiramente desapegado, devemos permanecer atentos para não nos enganarmos com imaginários motivos de força maior. *Buscai o suficiente, buscai o que basta. E não queirais mais. O que passa disso é aflição, não alívio; acabrunha, em vez de levantar*[29].

---

(29) Santo Agostinho, *Sermo* LXXXV, 6 (PL 38, 523).

Ao descer a estes conselhos, não me baseio em situações estranhas, anormais ou complicadas. Sei de alguém que, para marcar os livros, usava uns papéis em que escrevia umas jaculatórias que o ajudassem a manter a presença de Deus. E entrou-lhe o desejo de conservar com carinho *aquele tesouro,* até que percebeu que se estava apegando a uns papeluchos de nada. Que belo modelo de virtude! Não me importaria de vos manifestar todas as minhas misérias, se vos servisse para alguma coisa. Levantei um pouco o véu porque talvez contigo se passe outro tanto: os teus livros, a tua roupa, a tua mesa, os teus... ídolos de quinquilharia.

Em casos como esses, recomendo-vos que consulteis o vosso diretor espiritual, sem ânimo pueril nem escrupuloso. Às vezes, bastará como remédio a pequena mortificação de prescindir do uso de alguma coisa durante uma breve temporada. Ou, noutra ordem, não morre ninguém se um dia renuncias ao meio de transporte que utilizas habitualmente e entregas como esmola a quantia poupada, mesmo que seja muito pouco dinheiro. De qualquer modo, se tens espírito de desprendimento, não deixarás de descobrir contínuas ocasiões, discretas e eficazes, de praticá-lo.

Depois de vos abrir a minha alma, preciso confessar-vos também que tenho um apego a que não quereria renunciar nunca: o de amar-vos de verdade a todos vós. Aprendi-o do melhor Mestre, e gostaria de seguir fidelissimamente o seu exemplo, amando sem limites as almas, a começar pelos que me rodeiam. Não vos comove essa caridade ardente – esse carinho – de Jesus Cristo, que o Evangelista nos revela ao designar um dos discípulos? *Quem diligebat Iesus*[30], aquele a quem Jesus amava.

126   Terminamos com uma consideração que nos oferece o Evangelho da Missa de hoje: *Seis dias antes da Páscoa, Jesus foi a Betânia, onde tinha morrido Lázaro, que Jesus ressuscitara. E prepararam-lhe lá uma ceia; e Maria servia, e Lázaro*

---

(30) Ioh XIII, 23.

era um dos que estavam à mesa com Ele. Então Maria tomou uma libra de bálsamo feito de nardo puro de grande preço, e derramou-o sobre os pés de Jesus, e enxugou-lhe os pés com os seus cabelos, e a casa toda ficou cheia do perfume do bálsamo[31]. Que prova tão clara de magnanimidade o *excesso* de Maria! Judas lamenta-se de que se tivesse *deitado a perder um perfume que valia* – na sua cobiça, fez muito bem os cálculos – pelo menos *trezentos denários*[32].

O verdadeiro desprendimento leva-nos a ser muito generosos com Deus e com os nossos irmãos; a mexer-nos, a procurar recursos, a gastar-nos para ajudar os que passam necessidade. Não pode um cristão conformar-se com um trabalho que lhe permita ganhar o suficiente para viver ele e os seus. A sua grandeza de coração arrastá-lo-á a meter ombros para sustentar os outros, por um motivo de caridade, e também por um motivo de justiça, como escrevia São Paulo aos de Roma: *A Macedônia e a Acaia tiveram por bem fazer uma coleta para os pobres que existem entre os santos de Jerusalém. Tiveram-no por bem, porque lhes são devedores. Com efeito, se os gentios se tornaram participantes dos bens espirituais dos judeus, devem por sua vez assisti-los com os temporais*[33].

Não sejais mesquinhos nem tacanhos com quem tão generosamente se excedeu conosco, até se entregar totalmente, sem medida. Pensai: quanto vos custa – também economicamente – ser cristãos? Mas sobretudo não esqueçais que *Deus ama quem dá com alegria. De resto, Deus é poderoso para cumular-vos de todos os bens, de sorte que, contentes sempre de ter em todas as coisas o suficiente, estejais com folga para praticar todo o tipo de obras boas*[34].

Ao aproximarmo-nos, durante esta Semana Santa, das dores de Jesus Cristo, vamos pedir à Santíssima Virgem que, como Ela[35], também nós saibamos ponderar e conservar todos estes ensinamentos no nosso coração.

---

(31) Ioh XII, 1-3; (32) Ioh XII, 5; (33) Rom XV, 26-27; (34) II Cor IX, 7-8; (35) cfr. Lc II, 19.

SEGUINDO OS PASSOS DO SENHOR

Homilia pronunciada em 3-4-1955.

Ego sum via, veritas et vita[1], Eu sou o caminho, a verdade e a vida. Com estas palavras inequívocas, mostrou-nos o Senhor qual é a vereda autêntica que conduz à felicidade eterna. *Ego sum via:* Ele é a única senda que liga o Céu à terra. Declara-o a todos os homens, mas recorda-o especialmente àqueles que, como tu e como eu, lhe disseram que estão decididos a tomar a sério a sua vocação de cristãos, de modo que Deus se ache sempre presente em seus pensamentos, em seus lábios e em todas as suas ações, mesmo nas mais comuns e correntes. Jesus é o caminho. Ele deixou sobre este mundo as pegadas límpidas dos seus passos, sinais indeléveis que nem o desgaste dos anos nem a perfídia do inimigo conseguiram apagar. *Iesus Christus heri et hodie; ipse et in saecula*[2]. Quanto gosto de recordá-lo: Jesus Cristo, o mesmo que foi ontem para os Apóstolos e para as multidões que o procuravam, vive hoje para nós e viverá pelos séculos. Somos nós, os homens, quem às vezes não consegue descobrir o seu rosto, perenemente atual, porque olhamos com olhos cansados ou turvos. Agora, ao começarmos estes minutos de oração junto do Sacrário, pede-lhe como aquele cego do Evangelho: *Domine, ut videam!*[3], Senhor, que

---

(1) Ioh XIV, 6; (2) Hebr XIII, 8; (3) Lc XVIII, 41.

eu veja!, que a minha inteligência se encha de luz e a palavra de Cristo penetre na minha mente; que arraigue em minha alma a sua Vida, para que eu me transforme, de olhos postos na Glória eterna.

O caminho do cristão

Que transparentes são os ensinamentos de Cristo! Como de costume, abramos o Novo Testamento, agora no capítulo XI de São Mateus: *Aprendei de mim, que sou manso e humilde de coração*[4]. Estamos vendo? Temos que aprender dEle, de Jesus, o nosso único modelo. Se queres ir em frente, prevenindo tropeços e extravios, basta-te andar por onde Ele andou, pousar as plantas dos pés na marca das suas pegadas, adentrar-te em seu Coração humilde e paciente, beber do manancial dos seus preceitos e afetos; numa palavra, hás de identificar-te com Jesus Cristo, hás de procurar converter-te de verdade em outro Cristo entre os teus irmãos, os homens.

128

Para que ninguém se iluda, vamos ler outra citação de São Mateus. No capítulo XVI, o Senhor precisa ainda mais a sua doutrina: *Se alguém quiser vir após mim, negue-se a si mesmo, tome a sua cruz e siga-me*[5]. O caminho de Deus é de renúncia, de mortificação, de entrega, mas não de tristeza ou de apoucamento.

Repassa o exemplo de Cristo, desde o berço de Belém até o trono do Calvário. Considera a sua abnegação, as suas privações: fome, sede, fadiga, calor, sono, maus tratos, incompreensões, lágrimas...[6]; e a sua alegria em salvar a humanidade inteira. Gostaria de gravar agora profundamente na tua cabeça e no teu coração – para que o medites muitas vezes e o traduzas em consequências práticas – as palavras com que São

---

(4) Mt XI, 29; (5) Mt XVI, 24; (6) cfr. Mt IV, 1-11; Mt VIII, 20; Mt VIII, 24; Mt XII, 1; Mt XXI, 18-19; Lc II, 6-7; Lc IV, 16-30; Lc XI, 53-54; Ioh IV, 6; Ioh XI, 33-35; etc.

Paulo convidava os de Éfeso a seguir sem hesitações os passos do Senhor: *Sede imitadores de Deus, como filhos muito amados, e andai no amor, como também Cristo nos amou e se entregou a si mesmo por nós a Deus, em oferenda e hóstia de suavíssimo odor*[7].

129   Jesus entregou-se a si mesmo, feito holocausto por amor. E tu, discípulo de Cristo; tu, filho predileto de Deus; tu, que foste comprado a preço de Cruz; tu também deves estar disposto a negar-te a ti mesmo. Portanto, sejam quais forem as circunstâncias concretas por que passemos, nem tu nem eu podemos ter uma conduta egoísta, aburguesada, comodista, dissipada... – perdoa-me a minha sinceridade –, néscia! *Se ambicionas a estima dos homens, e tens ânsias de ser considerado ou apreciado, e não procuras senão uma vida confortável, saíste do caminho... Na cidade dos santos, só se permite a entrada – e que se descanse e se reine com o Rei pelos séculos eternos – àqueles que passam pela via áspera, apertada e estreita das tribulações*[8].

É necessário que te decidas voluntariamente a carregar a cruz. Senão, dirás com a língua que imitas Cristo, mas as tuas obras o desmentirão; assim não conseguirás ter intimidade com o Mestre nem o amarás de verdade. Urge que os cristãos se convençam bem desta realidade: não caminhamos junto do Senhor quando não sabemos privar-nos espontaneamente de tantas coisas que o capricho, a vaidade, a vida regalada, o interesse nos reclamam... Não deve passar um só dia sem que o tenhas condimentado com a graça e o sal da mortificação. E rejeita a ideia de que, nesse caso, estás condenado a ser um infeliz. Pobre felicidade será a tua se não aprendes a vencer-te a ti mesmo, se te deixas esmagar e dominar pelas tuas paixões e veleidades, em vez de tomares a cruz galhardamente.

130   Lembro-me agora – certamente algum de vós me terá ouvido este mesmo comentário em outras meditações – daquele

---

(7) Eph V, 1-2; (8) Pseudo-Macário, *Homiliae*, XII, 5 (PG 34, 559).

sonho de um escritor do século de ouro castelhano. Diante dele, abrem-se dois caminhos. Um apresenta-se bem largo e transitável, fácil, pródigo em vendas e pousadas e em outros lugares amenos e regalados. Por ali avança a gente a cavalo ou em carruagens, entre músicas e risos: gargalhadas loucas; contempla-se uma multidão embriagada num deleite aparente, efêmero, porque essa rota acaba num precipício sem fundo. É a senda dos mundanos, dos eternos aburguesados: ostentam uma alegria que na realidade não têm; procuram insaciavelmente toda a espécie de comodidades e prazeres...; horroriza-os a dor, a renúncia, o sacrifício. Não querem saber nada da Cruz de Cristo; pensam que é coisa de malucos. Mas são eles os dementes. Escravos da inveja, da gula, da sensualidade, acabam sofrendo mais, e tarde caem na conta de que, por uma bagatela insípida, malbaratam a sua felicidade terrena e a eterna. Assim o faz notar o Senhor: *Quem quiser salvar a sua vida, perdê-la-á; mas quem perder a sua vida por amor de mim, encontrá-la-á. Porque, de que serve ao homem ganhar o mundo inteiro, se vier a perder a sua alma?*[9]

Por direção diferente discorre nesse sonho o outro caminho: tão estreito e empinado que não é possível percorrê-lo a lombo de cavalgadura. Todos os que o empreendem avançam pelos seus próprios pés, talvez em zigue-zague, de rosto sereno, pisando sobre abrolhos e ladeando penhascos. Em determinados pontos, deixam em farrapos as suas vestes e até a sua carne. Mas, no fim, espera-os um vergel, a felicidade para sempre, o Céu. É o caminho das almas santas que se humilham, que por amor de Jesus Cristo se sacrificam com gosto pelos outros; a rota dos que não temem subir encostas, carregando amorosamente a sua cruz, por muito que pese, porque sabem que, se o peso os afunda, poderão levantar-se e continuar a ascensão: Cristo é a força desses caminhantes.

Que importância tem tropeçar, se na dor da queda encon-

---

(9) Mt XVI, 25-26.

tramos a energia que nos reergue e nos impele a prosseguir com alento renovado? Não nos esqueçamos de que santo não é o que não cai, mas o que se levanta sempre, com humildade e com santa teimosia. Se no livro dos Provérbios se comenta que o justo cai sete vezes por dia[10], tu e eu – pobres criaturas – não devemos admirar-nos nem desanimar com as nossas misérias pessoais, com os nossos tropeços, porque continuaremos avante se procurarmos a fortaleza nAquele que nos prometeu: *Vinde a mim todos os que andais fatigados com trabalhos e cargas, e eu vos aliviarei*[11]. Obrigado, Senhor, *quia tu es, Deus, fortitudo mea*[12], porque foste sempre Tu, e só Tu, meu Deus, a minha fortaleza, o meu refúgio e o meu apoio.

Se desejas verdadeiramente progredir na vida interior, sê humilde. Recorre com constância, confiadamente, à ajuda do Senhor e de sua Mãe bendita, que é também tua Mãe. Com serenidade, tranquilo, por muito que doa a ferida ainda não cicatrizada do teu último resvalo, abraça de novo a cruz e diz: Senhor, com o teu auxílio, lutarei para não me deter, responderei fielmente aos teus apelos, sem temor às encostas empinadas, nem à aparente monotonia do trabalho habitual, nem aos cardos e aos seixos do caminho. Sei que sou assistido pela tua misericórdia e que, no fim, acharei a felicidade eterna, a alegria e o amor pelos séculos infinitos.

Depois, durante o mesmo sonho, descobria aquele escritor um terceiro itinerário: estreito, atapetado também de asperezas e de vertentes duras como o segundo. Por ali avançavam alguns no meio de mil penas, com ar solene e majestoso. No entanto, acabavam no mesmo precipício horrível a que conduzia o primeiro caminho. Esse é o trajeto dos hipócritas, dos que não têm uma intenção reta, dos que se deixam arrastar por um falso zelo, dos que pervertem as obras divinas misturando-as com egoísmos temporais. *É uma estultícia abordar um empreendimento trabalhoso para ser admirado; guardar os*

---

(10) Cfr. Prv XXIV, 16; (11) Mt XI, 28; (12) Ps XLII, 2.

mandamentos de Deus à custa de um esforço árduo, mas aspirar a uma recompensa terrena. Quem pretende benefícios humanos com a prática das virtudes é como aquele que desbarata um objeto precioso, vendendo-o por poucas moedas: podia conquistar o Céu e, no entanto, contenta-se com um louvor efêmero... Por isso se diz que as esperanças dos hipócritas são como a teia de aranha: tanto esforço para tecê-la e, no fim, leva-a de um sopro o vento da morte[13].

De olhos postos na meta

Se vos recordo estas verdades fortes, é para vos convidar a examinar atentamente os motivos que determinam a vossa conduta, a fim de retificardes o que precise de retificação, orientando tudo para o serviço de Deus e dos vossos irmãos, os homens. Vede que o Senhor passou ao nosso lado, olhou-nos com carinho e *chamou-nos com uma vocação santa, não pelas nossas obras, mas pelo seu beneplácito e pela graça que nos foi outorgada em Jesus Cristo antes de todos os séculos*[14].

Purificai a intenção, ocupai-vos de todas as coisas por amor a Deus, abraçando com júbilo a cruz de cada dia. Tenho-o repetido milhares de vezes, porque penso que estas ideias devem estar esculpidas no coração dos cristãos: quando não nos limitamos a tolerar, mas amamos a contradição, a dor física ou moral, e a oferecemos a Deus em desagravo pelos nossos pecados pessoais e pelos pecados de todos os homens, eu vos asseguro que essa pena não acabrunha.

Não se carrega já uma cruz qualquer, descobre-se a Cruz de Cristo, com o consolo de ver que é o Redentor quem se encarrega de suportar o peso. Nós colaboramos como Simão de Cirene que, quando regressava do trabalho na sua granja, pensando num merecido repouso, se viu forçado a oferecer os

132

---

(13) São Gregório Magno, *Moralia*, II, VIII, 43-44 (PL 75, 844-845); (14) II Tim I, 9.

ombros para ajudar Jesus[15]. Para uma alma enamorada, ser voluntariamente Cireneu de Cristo, acompanhar tão de perto a sua Humanidade dolente, reduzida a um farrapo, não significa uma desventura, mas a certeza da proximidade de Deus, que nos abençoa com essa eleição.

Com muita frequência, não poucas pessoas me têm falado com assombro da alegria que, graças a Deus, os meus filhos no Opus Dei possuem e transmitem. Perante a evidência dessa realidade, respondo sempre com a mesma explicação, porque não conheço outra: o fundamento dessa felicidade consiste em não terem medo à vida nem à morte, em não se encolherem perante a tribulação, no esforço cotidiano por viverem com espírito de sacrifício, constantemente dispostos – apesar da sua miséria e debilidade – a negar-se a si próprios, contanto que consigam tornar o caminho cristão mais acessível e mais amável aos outros.

Como o bater do coração

133   Enquanto falo, sei que vós, na presença de Deus, procurais ir revendo o vosso comportamento. Não é verdade que a maioria dos desassossegos que têm inquietado a tua alma, dessas faltas de paz, resultam de não teres correspondido aos apelos divinos? Ou então, de estares talvez percorrendo a senda dos hipócritas, porque te procuravas a ti mesmo? Com a triste tentativa de manteres diante dos que te rodeiam a mera aparência de uma atitude cristã, no teu interior negavas-te a aceitar a renúncia, a modificar as tuas paixões torcidas, a dar-te sem condições, abnegadamente, como Jesus Cristo.

Reparai: nestes momentos de meditação diante do Sacrário, não podeis limitar-vos a escutar as palavras que o sacerdote pronuncia como que materializando a oração íntima de cada

---

(15) Cfr. Mc XV, 21.

um. Eu te apresento umas considerações, indico-te alguns pontos, para que tu os absorvas ativamente e reflitas por tua conta, convertendo-os em tema de um colóquio personalíssimo e silencioso com Deus, de maneira que os apliques à tua situação e, com as luzes que o Senhor te oferece, distingas na tua conduta o que anda retamente do que discorre por mau caminho, para retificares com a sua graça.

Agradece ao Senhor esse cúmulo de boas obras que realizaste desinteressadamente, porque podes cantar com o salmista: *Ele tirou-me do fosso da perdição, do pântano lodoso, e assentou meus pés sobre rocha; deu firmeza aos meus passos*[16]. Pede-lhe também perdão pelas tuas omissões ou pelos teus passos em falso, quando te introduziste nesse lamentável labirinto da hipocrisia, afirmando que desejavas a glória de Deus e o bem do teu próximo, mas na realidade te honravas a ti mesmo... Sê audaz, sê generoso, e diz que não: que já não queres decepcionar mais o Senhor e a humanidade.

É o momento de acudires à tua Mãe bendita do Céu, para que te acolha em seus braços e te consiga do seu Filho um olhar de misericórdia. E procura depois fazer propósitos concretos: corta de uma vez, ainda que doa, esse pormenor que estorva e que Deus e tu conheceis bem. A soberba, a sensualidade, a falta de sentido sobrenatural aliar-se-ão para sussurrar-te: Isso? Mas se se trata de uma circunstância boba, insignificante! E tu respondes, sem dialogar mais com a tentação: Entregar-me-ei também nessa exigência divina! E não te faltará razão: o amor se demonstra de modo especial em ninharias. Ordinariamente, os sacrifícios que o Senhor nos pede, os mais árduos, são minúsculos, mas tão contínuos e valiosos como o bater do coração.

Quantas mães conheceste tu como protagonistas de um ato heroico, extraordinário? Poucas, muito poucas. E, no entanto, mães heroicas, verdadeiramente heroicas, que não aparecem

---

(16) Ps XXXIX, 3.

como figuras de nada espetacular, que nunca serão notícia – como se diz –, tu e eu conhecemos muitas: vivem negando-se a todas as horas, cerceando com alegria os seus próprios gostos e inclinações, o seu tempo, as suas possibilidades de afirmação ou de êxito, para atapetar de felicidade os dias de seus filhos.

135 Vejamos outros exemplos, também da vida corrente. São Paulo os menciona: *Todos os que combatem na arena de tudo se abstêm, e isso para alcançar uma coroa corruptível; nós, porém, uma incorruptível*[17]. Basta-vos lançar um olhar ao vosso redor. Reparai a quantos sacrifícios se submetem, de boa ou má vontade, eles e elas, para cuidar do corpo, para defender a saúde, para conseguir a estima alheia... Não seremos nós capazes de deixar-nos impressionar por esse imenso amor de Deus, tão mal correspondido pela humanidade, mortificando o que tiver de ser mortificado, para que a nossa inteligência e o nosso coração vivam mais atentos ao Senhor?

Distorceu-se de tal forma o sentido cristão em muitas consciências, que, ao ouvirem falar de mortificação e penitência, só pensam nesses grandes jejuns e cilícios que se mencionam nos admiráveis relatos de algumas biografias de santos. Ao iniciarmos esta meditação, estabelecemos a premissa evidente de que temos que imitar Jesus Cristo, como modelo de conduta. Não há dúvida de que Ele preparou o começo da sua pregação retirando-se ao deserto, a fim de jejuar durante quarenta dias e quarenta noites[18], mas antes e depois praticou a virtude da temperança com tanta naturalidade que os seus inimigos se aproveitaram disso para tachá-lo caluniosamente de *homem glutão e bebedor, amigo de publicanos e de gente de má vida*[19].

136 Interessa-me que descubramos em toda a sua profundidade esta simplicidade do Mestre, que não faz alarde da sua vida penitente, pois é isso mesmo que Ele te pede a ti: *Quando je-*

---

(17) I Cor IX, 25; (18) cfr. Mt IV, 1-11; (19) Lc VII, 34.

juardes, não queirais fazer-vos tristes como os hipócritas, que desfiguram o rosto para mostrar aos homens que jejuam. Na verdade vos digo que já receberam a sua recompensa. Mas tu, quando jejuares, perfuma a tua cabeça e lava o teu rosto, para que os homens não saibam que jejuas, mas unicamente teu Pai, que presencia o que há de mais secreto, e teu Pai, que vê o que se passa em segredo, te dará a recompensa[20].

Assim deves tu praticar o espírito de penitência: de olhos postos em Deus e como um filho, como o garotinho que demonstra a seu pai quanto o ama, renunciando aos seus poucos tesouros de escasso valor: um carretel, um soldado descabeçado, uma tampinha de garrafa... Custa-lhe dar esse passo, mas por fim vence o carinho e, já contente, estende a mão.

Permiti-me que martele em vós, uma vez após outra, o caminho que Deus espera que cada um percorra, quando nos chama a servi-lo no meio do mundo, para santificar e santificar-nos através das ocupações habituais. Com um senso comum fantástico, e ao mesmo tempo cheio de fé, pregava São Paulo: *Na lei de Moisés está escrito: Não ponhas mordaça ao boi que debulha*[21]. E interroga-se: *Porventura Deus tem cuidado dos bois? Não é antes por nós mesmos que Ele o diz? Sim, é por nossa causa que se escrevem estas coisas; porque quem lavra deve lavrar com esperança; e quem debulha deve fazê-lo com a esperança de participar dos frutos*[22].

A vida cristã jamais se reduziu a um entrançado aflitivo de obrigações, que deixa a alma submetida a uma tensão exasperante. Amolda-se às circunstâncias individuais como uma luva à mão, e pede que no exercício das nossas tarefas habituais, nas grandes e nas pequenas, com a oração e a mortificação, não percamos jamais o "ponto de mira" sobrenatural. Pensai que Deus ama apaixonadamente as suas criaturas, e, aliás..., como é que trabalhará o burro se não lhe dão de comer nem dispõe de algum tempo para restaurar as forças, ou se lhe que-

---

(20) Mt VI, 16-18; (21) Dt XXV, 4; (22) I Cor IX, 9-10.

bram o vigor com excessivas pauladas? O teu corpo é como um burrico – um burrico foi o trono de Deus em Jerusalém – que te leva ao lombo pelas veredas divinas da terra: é preciso dominá-lo para que não se afaste das sendas de Deus, e animá-lo para que o seu trote seja tão alegre e brioso quanto é possível esperar de um jumento.

Espírito de penitência

138   Procuras tomar já as tuas resoluções de propósitos sinceros? Pede ao Senhor que te ajude a contrariar-te por seu amor; a pôr em tudo, com naturalidade, o aroma purificador da mortificação; a gastar-te no seu serviço, sem espetáculo, silenciosamente, como se consome a lamparina que tremeluz junto do Tabernáculo. E para o caso de agora não te ocorrer como corresponder concretamente às solicitações divinas que te batem à porta do coração, escuta-me bem.

Penitência é o cumprimento exato do horário que marcaste, ainda que o corpo resista ou a mente pretenda evadir-se em sonhos quiméricos. Penitência é levantar-se na hora. E também não deixar para mais tarde, sem um motivo justificado, essa tarefa que te é mais difícil ou trabalhosa.

A penitência está em saberes compaginar todas as tuas obrigações – com Deus, com os outros e contigo próprio –, sendo exigente contigo de modo que consigas encontrar o tempo de que cada coisa necessita. És penitente quando te submetes amorosamente ao teu plano de oração, apesar de estares esgotado, sem vontade ou frio.

Penitência é tratar sempre com a máxima caridade os outros, começando pelos da tua própria casa. É atender com a maior delicadeza os que sofrem, os doentes, os que padecem. É responder com paciência aos maçantes e inoportunos. É interromper ou modificar os programas pessoais, quando as circunstâncias – sobretudo os interesses bons e justos dos outros – assim o requerem.

A penitência consiste em suportar com bom humor as mil pequenas contrariedades da jornada; em não abandonares a tua ocupação, ainda que de momento te tenha passado o gosto com que a começaste; em comer com agradecimento o que nos servem, sem importunar ninguém com caprichos.

Penitência, para os pais e, em geral, para os que têm uma missão de governo ou educativa, é corrigir quando é preciso fazê-lo, de acordo com a natureza do erro e com as condições de quem necessita dessa ajuda, sem fazer caso de subjetivismos néscios e sentimentais.

O espírito de penitência leva a não nos apegarmos desordenadamente a esse bosquejo monumental de projetos futuros, em que já previmos quais serão os nossos traços e pinceladas mestras. Que alegria damos a Deus quando sabemos renunciar às nossas garatujas e broxadas de mestrinho, e permitimos que seja Ele a acrescentar os traços e as cores que mais lhe agradem!

Poderia continuar a apontar-te uma multidão de detalhes – citei-te apenas os que me vinham à cabeça – que podes aproveitar ao longo do dia para te aproximares mais e mais de Deus, mais e mais do teu próximo. Se te mencionei esses exemplos, insisto, não é porque eu despreze as grandes penitências; pelo contrário, demonstram-se santas e boas, e até necessárias, quando o Senhor nos chama por esse caminho, contando sempre com a aprovação de quem dirige a tua alma. Mas já te aviso que as grandes penitências são compatíveis com as quedas aparatosas, provocadas pela soberba.

Em contrapartida, se alimentamos um desejo contínuo de agradar a Deus nas pequenas batalhas pessoais – como sorrir quando não se tem vontade; eu vos garanto, além disso, que em certas ocasiões custa mais um sorriso do que uma hora de cilício –, é difícil dar pasto ao orgulho, à ridícula ingenuidade de nos considerarmos heróis notáveis; ver-nos-emos como um menino que mal consegue oferecer a seu pai ninharias – ninharias que, no entanto, são recebidas com imenso júbilo.

Portanto, um cristão tem que ser sempre mortificado? Sim,

mas por amor. Porque este tesouro da nossa vocação *nós o trazemos em vasos de barro, para que se reconheça que a grandeza do poder é de Deus e não nossa. Vemo-nos acossados por toda a sorte de tribulações, mas nem por isso perdemos o ânimo; encontramo-nos em grandes apuros, mas nem por isso desesperamos; somos perseguidos, mas não nos sentimos abandonados; abatidos, mas não inteiramente perdidos. Trazemos sempre no nosso corpo por toda a parte a mortificação de Jesus, a fim de que a vida de Jesus se manifeste também em nossos corpos*[23].

140 Talvez até este momento não nos tenhamos sentido premidos a seguir tão de perto os passos de Cristo. Talvez não tenhamos caído na conta de que podemos unir ao seu sacrifício reparador as nossas pequenas renúncias: pelos nossos pecados, pelos pecados dos homens em todas as épocas, por esse trabalho malvado de Lúcifer, que continua opondo a Deus o seu *non serviam!*, não servirei! Como é que nos atrevemos a clamar sem hipocrisia: "Senhor, doem-me as ofensas que ferem o teu Coração amabilíssimo", se não nos decidimos a privar-nos de uma insignificância ou a oferecer um sacrifício minúsculo em louvor do seu Amor? A penitência – verdadeiro desagravo – lança-nos pelo caminho da entrega de nós mesmos, da caridade. Entrega para reparar, e caridade para ajudar os outros, como Cristo nos ajudou.

De agora em diante, tende pressa em amar. O amor nos impedirá a queixa, o protesto. Porque com frequência suportamos a contrariedade, sim; mas nos lamentamos. E então, além de desperdiçarmos a graça de Deus, cortamos-lhe as mãos para futuros pedidos. *Hilarem enim datorem diligit Deus*[24]. Deus ama quem dá com alegria, com a espontaneidade que nasce de um coração enamorado, sem os espaventos de quem se entrega como se prestasse um favor.

141 Volta de novo a contemplar a tua vida e pede perdão por

---

(23) II Cor IV, 7-10; (24) II Cor IX, 7-10.

esse detalhe e por aquele outro que saltam imediatamente aos olhos da tua consciência; pelo mau uso que fazes da língua; por esses pensamentos que giram continuamente em redor de ti mesmo; por esse juízo crítico consentido que te preocupa tolamente, causando-te uma perene inquietação e desassossego... Podemos ser muito felizes! O Senhor nos quer contentes, bêbados de alegria, avançando pelos mesmos caminhos de ventura que Ele percorreu! Só nos sentimos infelizes quando nos empenhamos em desencaminhar-nos e enveredamos pela senda do egoísmo e da sensualidade; e muito pior ainda se nos enfiamos pela dos hipócritas.

O cristão há de manifestar-se autêntico, veraz, sincero em todas as obras. A sua conduta deve deixar transparecer um espírito: o de Cristo. Se alguém neste mundo tem obrigação de se mostrar consequente, é o cristão, porque recebeu em depósito – para fazer frutificar esse dom [25] – a verdade que liberta, que salva [26]. Padre, perguntar-me-eis, e como conseguirei essa sinceridade de vida? Jesus Cristo entregou à sua Igreja todos os meios necessários: ensinou-nos a rezar, a ganhar intimidade com seu Pai celestial; enviou-nos o seu Espírito, o Grande Desconhecido, que atua na nossa alma; e deixou-nos esses sinais visíveis da graça que são os Sacramentos. Usa-os. Intensifica a tua vida de piedade. Faz oração todos os dias. E não afastes nunca os teus ombros da carga prazerosa da Cruz do Senhor.

Foi Jesus quem te convidou a segui-lo como bom discípulo, a fim de que realizes a tua travessia pela terra semeando a paz e o gáudio que o mundo não pode dar. Para isso – insisto –, temos que andar sem medo à vida e sem medo à morte, sem nos esquivarmos a qualquer custo à dor, que para um cristão é sempre meio de purificação e ocasião de amar deveras os seus irmãos, aproveitando as mil circunstâncias da vida corrente.

Esgotou-se o tempo. Tenho que pôr ponto final a estas

---

(25) Cfr. Lc XIX, 13; (26) cfr. Ioh VIII, 32.

considerações com que tentei remexer a tua alma para que correspondesses concretizando alguns propósitos, poucos, mas bem determinados. Pensa que Deus te quer contente e que, se tu fazes da tua parte o que podes, serás feliz, muito feliz, felicíssimo, ainda que em momento nenhum te falte a Cruz. Porém, essa Cruz já não será um patíbulo, mas o trono do qual reina Cristo.

E a seu lado encontrarás Maria, sua Mãe, Mãe nossa também. A Virgem Santa te alcançará a fortaleza de que necessitas para caminhar com decisão, seguindo os passos do seu Filho.

A RELAÇÃO COM DEUS

Homilia pronunciada em 5-4-1964, Domingo *in albis*.

O Domingo *in albis* traz-me à memória uma velha tradição piedosa da minha terra. Nesse dia, em que a liturgia convida a desejar o alimento espiritual – *rationabile, sine dolo lac concupiscite*[1], desejai ardentemente o leite do espírito, sem mistura de fraude –, era costume da época levar a Sagrada Comunhão aos doentes – não precisavam ser casos graves –, para que pudessem cumprir o preceito pascal.

Em algumas cidades grandes, cada paróquia organizava uma procissão eucarística. Lembro-me dos meus anos de estudante universitário, em que não causava estranheza ver cruzarem-se pelo *Coso*, a rua principal de Saragoça, três comitivas formadas unicamente por homens – por milhares de homens! –, com grandes círios ardendo. Gente rija, que acompanhava o Senhor Sacramentado com uma fé maior que aquelas tochas que pesavam quilos.

Quando esta noite acordei várias vezes, repeti como jaculatória: *quasi modo geniti infantes*[2], como crianças recém-nascidas... Pensei que esse convite da Igreja vem mesmo a calhar para todos os que sentem a realidade da filiação divina. Convém-nos, sem dúvida, ser muito rijos, muito sólidos, com uma

---

(1) I Pet II, 2 (Introito da Missa); (2) *ibid.*

têmpera capaz de influir no ambiente em que nos encontramos. E, no entanto, diante de Deus, é tão bom que nos consideremos filhos pequenos!

Somos filhos de Deus

Quasi modo geniti infantes, rationabile, sine dolo lac concupiscite[3]: como crianças que acabam de chegar ao mundo, bramai pelo leite límpido e puro do espírito. É magnífico este versículo de São Pedro, e compreendo muito bem que a liturgia tenha acrescentado a seguir: *Exsultate Deo adiutori nostro: iubilate Deo Iacob*[4]: saltai de júbilo em honra de Deus; aclamai o Deus de Jacó, que é também Nosso Senhor e Pai.

Mas gostaria que hoje vós e eu meditássemos, não sobre o Santo Sacramento do Altar, que nos arranca do coração os mais altos louvores a Jesus, mas sobre essa certeza da filiação divina e sobre algumas das suas consequências para todos os que pretendem viver com nobre empenho a sua fé cristã.

Por motivos que não vêm ao caso – mas que Jesus, que nos preside do Sacrário, conhece muito bem –, a minha vida me levou a saber-me especialmente filho de Deus, e saboreei a alegria de meter-me no coração de meu Pai, para me purificar, para o servir, para compreender e desculpar a todos, à base do seu amor e da minha humilhação.

Por isso desejo agora insistir na necessidade de que vós e eu nos refaçamos e despertemos desse sono de fraqueza que tão facilmente nos amodorra, e voltemos a perceber de uma maneira mais profunda e ao mesmo tempo mais imediata a nossa condição de filhos de Deus.

O exemplo de Jesus, toda a peregrinação de Cristo por aquelas terras do Oriente, nos ajuda a imbuir-nos dessa verdade. *Se nós admitimos o testemunho dos homens* – lemos na Epístola –, *o testemunho de Deus é maior*[5]. E em que consiste

---

(3) *Ibid.*; (4) Ps LXXX, 2 (Introito da Missa); (5) I Ioh V, 9.

o testemunho de Deus? É São João quem nos fala de novo: *Considerai que amor nos mostrou o Pai em querer que fôssemos chamados filhos de Deus e que o sejamos na realidade* [...]. *Caríssimos, nós agora somos filhos de Deus*[6]. Ao longo dos anos, procurei apoiar-me sem desmaios nessa gozosa realidade. A minha oração, em face de quaisquer circunstâncias, tem sido a mesma, em tons diferentes. Tenho-lhe dito: "Senhor, Tu me colocaste aqui, Tu me confiaste isto ou aquilo, e eu confio em ti. Sei que és meu Pai, e sempre vi que as crianças confiam absolutamente em seus pais". A minha experiência sacerdotal confirmou-me que este abandono nas mãos de Deus impele as almas a adquirir uma piedade forte, profunda e serena, que incita a trabalhar constantemente com intenção reta.

O exemplo de Jesus Cristo

Quasi modo geniti infantes... Tem-me dado alegria difundir por toda a parte esta mentalidade de filhos pequenos de Deus, que nos fará saborear essas outras palavras que também se incluem na liturgia da Missa: *Todo aquele que nasceu de Deus vence o mundo*[7], transpõe as dificuldades, consegue a vitória, nesta grande batalha pela paz das almas e da sociedade.

144

A nossa sabedoria e a nossa força residem precisamente em termos a convicção da nossa pequenez, do nosso nada aos olhos de Deus. Mas é Ele quem, ao mesmo tempo, nos estimula a trabalhar com uma segura confiança e a anunciar Jesus Cristo, seu Filho Unigênito, apesar dos nossos erros e das nossas misérias pessoais, sempre que, a par da fraqueza, não falte a luta por vencê-la.

Ter-me-eis ouvido repetir com frequência aquele conselho da Escritura Santa: *Discite benefacere*[8], aprendei a fazer o bem, porque não há dúvida de que devemos aprender e ensinar

---

(6) I Ioh III, 1-2; (7) I Ioh V, 4; (8) Is I, 17.

a fazer o bem. Temos de começar por nós mesmos, empenhando-nos em descobrir qual é o bem que devemos ambicionar para cada um de nós, para cada um dos nossos amigos, para cada um dos homens. Não conheço caminho melhor do que esse para considerarmos a grandeza de Deus, partindo da perspectiva inefável e singela de que Ele é nosso Pai e nós somos seus filhos.

Fixemos de novo o olhar no Mestre. Talvez também tu escutes neste momento a censura dirigida a Tomé: *Mete aqui o teu dedo e vê as minhas mãos; aproxima também a tua mão e mete-a no meu lado; e não sejas incrédulo, mas fiel*[9]. E, com o Apóstolo, sairá da tua alma, com sincera contrição, aquele grito: *Meu Senhor e meu Deus!*[10], eu te reconheço definitivamente por Mestre, e já para sempre – com o teu auxílio – vou entesourar os teus ensinamentos e esforçar-me por segui-los com lealdade.

Umas páginas antes, no Evangelho, revivemos a cena em que Jesus se retirou em oração, e os discípulos estavam por perto, provavelmente contemplando-o. Quando terminou, um deles decidiu-se a suplicar-lhe: *Senhor, ensina-nos a orar, como João ensinou aos seus discípulos. E Jesus respondeu-lhes: Quando fordes orar, deveis dizer: Pai, santificado seja o teu nome*[11].

Vejamos como é surpreendente a resposta: os discípulos convivem com Cristo e, no meio das suas conversas, o Senhor indica-lhes como devem rezar; revela-lhes o grande segredo da misericórdia divina: que somos filhos de Deus e que podemos entreter-nos confiadamente com Ele, como um filho conversa com seu pai.

Quando vejo de que modo alguns formulam a vida de piedade, a relação de um cristão com o seu Senhor, e me apresentam essa imagem desagradável, teórica, formalista, infestada de cantilenas sem alma, que mais favorecem o anonimato que

---

(9) Ioh XX, 27; (10) Ioh XX, 28; (11) Lc XI, 1-2.

a conversa pessoal, de tu a Tu, com o nosso Pai-Deus – a autêntica oração vocal jamais significa anonimato –, lembro-me daquele conselho do Senhor: *Nas vossas orações, não queirais usar muitas palavras, como os pagãos, pois julgam que, pelo seu muito falar, serão ouvidos. Não queirais, portanto, parecer-vos com eles, porque vosso Pai sabe de que coisas tendes necessidade, antes que vós lho peçais*[12]. E comenta um Padre da Igreja: *Penso que Cristo nos manda que evitemos as longas orações; porém, longas não quanto ao tempo, mas pela multidão interminável de palavras. O próprio Senhor nos apresentou o exemplo da viúva que, à força de súplicas, venceu a renitência do juiz iníquo; e aquele outro do inoportuno que chegou a altas horas da noite e, mais pela sua teimosia do que pela amizade, conseguiu que o amigo se levantasse da cama* (cfr. Lc XI, 5-8; XVIII, 1-8). *Com esses dois exemplos, manda-nos que peçamos constantemente; não, porém, compondo orações intermináveis, mas contando-lhe com simplicidade as nossas necessidades*[13].

De qualquer maneira, se ao iniciardes a vossa meditação não conseguis concentrar a atenção para conversar com Deus, se vos sentis secos e a cabeça parece não ser capaz de expressar uma só ideia, ou os vossos afetos permanecem insensíveis, aconselho-vos o que sempre procurei praticar nessas circunstâncias: colocai-vos na presença do vosso Pai e manifestai-lhe ao menos isto: "Senhor, não sei rezar, não me ocorre nada para te contar!..." E estai certos de que nesse mesmo instante começastes a fazer oração.

Piedade, relacionamento de filhos

A piedade que nasce da filiação divina é uma atitude profunda da alma, que acaba por informar a existência inteira: está presente em todos os pensamentos, em todos os desejos, em

---

(12) Mt VI, 7-8; (13) São João Crisóstomo, *In Matthaeum homiliae*, XIX, 4 (PG 57, 278).

todos os afetos. Porventura não observamos já que, nas famílias, os filhos, mesmo sem o perceberem, imitam seus pais, repetem os seus gestos, os seus costumes, adotam tantas vezes idêntico modo de comportar-se?

O mesmo se passa na conduta do bom filho de Deus: consegue-se também – sem que se saiba como nem por que caminho – um endeusamento maravilhoso, que nos ajuda a focalizar os acontecimentos com o relevo sobrenatural da fé. Amam-se todos os homens como o nosso Pai do Céu os ama e – isto é o que mais conta – obtemos um brio novo no nosso esforço diário por aproximar-nos do Senhor. Pouco importam as misérias, insisto, porque aí estão os braços amorosos do nosso Pai-Deus para nos levantarem.

Se bem repararmos, existe uma grande diferença entre uma criança e uma pessoa mais velha, quando caem. Para as crianças, a queda geralmente não tem importância: tropeçam com tanta frequência! E, se por acaso lhes escapam umas lágrimas grandes, o pai explica-lhes: Os homens não choram. Assim se encerra o incidente, com o garoto empenhado em contentar o pai.

Vede, porém, o que acontece quando quem perde o equilíbrio e cai de bruços no chão é um homem adulto. Se não fosse pela compaixão, provocaria hilaridade, riso. Mas, além disso, a queda pode ter consequências graves e, se se trata de um ancião, talvez chegue a produzir uma fratura irreparável.

Na vida interior, a todos nos convém ser *quasi modo geniti infantes*, como crianças recém-nascidas, como esses pequeninos que parecem de borracha, que até se divertem com os seus tombos, porque logo se põem de pé e continuam com as suas correrias; e porque também não lhes falta – quando é necessário – o consolo de seus pais.

Se procurarmos comportar-nos como eles, os tropeções e os fracassos na vida interior – aliás, inevitáveis – nunca desembocarão na amargura. Reagiremos com dor, mas sem desânimo e com um sorriso que brota, como água límpida, da alegria da nossa condição de filhos desse Amor, dessa grandeza, dessa sabedoria infinita, dessa misericórdia que é o nosso Pai. Ao longo dos meus anos de serviço ao Senhor, aprendi a ser filho pequeno de Deus. E o mesmo peço a todos vós: que sejais *quasi modo geniti infantes*, como crianças recém-nascidas, crianças que desejam a palavra de Deus, o pão de Deus, o alimento de Deus, a fortaleza de Deus, para vos comportardes de futuro como homens cristãos.

Sede muito crianças! E quanto mais, melhor. É o que vos diz a experiência deste sacerdote, que teve de levantar-se muitas vezes ao longo destes trinta e seis anos – que longos e que curtos se fizeram para mim! –, em que vem procurando cumprir uma Vontade precisa de Deus. Uma coisa me ajudou sempre: continuar a ser criança e meter—me continuamente no regaço de minha Mãe e no Coração de Cristo, meu Senhor.

As grandes quedas, as que causam sérios estragos na alma, e algumas vezes com resultados quase irremediáveis, procedem sempre da soberba de nos julgarmos pessoas crescidas, autossuficientes. Nesses casos, predomina na pessoa uma espécie de incapacidade para pedir assistência a quem a pode proporcionar: não apenas a Deus, mas também ao amigo, ao sacerdote. E aquela pobre alma, isolada na sua desgraça, afunda-se na desorientação, no descaminho.

Supliquemos a Deus, agora mesmo, que jamais permita que nos sintamos satisfeitos, que aumente sempre em nós a ânsia do seu auxílio, da sua palavra, do seu Pão, do seu consolo, da sua fortaleza: *rationabile, sine dolo lac concupiscite,* desejai ardentemente o leite do espírito, sem mistura de fraude: fomentai a fome, a aspiração de ser como crianças. Convencei-vos de que é a melhor forma de vencer a soberba. Persuadi-vos de que é o único remédio para que a nossa conduta seja boa, seja grande, seja divina. *Em verdade vos digo que, se não vos converterdes e vos tornardes como meninos, não entrareis no reino dos céus*[14].

---

(14) Mt XVIII, 3.

148   Vêm-me de novo à cabeça aquelas recordações da minha juventude. Que demonstração de fé! Parece-me ouvir ainda o canto litúrgico, respirar o aroma do incenso, ver milhares e milhares de homens, cada um com o seu grande círio – que era como que o símbolo da sua miséria –, mas com coração de crianças: de criaturas que talvez não consigam chegar com os olhos ao rosto de seu pai. *Reconhece e toma consciência de como é mau e amargo para ti teres-te afastado do teu Deus*[15]. Renovemos a firme decisão de não nos afastarmos nunca do Senhor por causa das preocupações da terra. Aumentemos a sede de Deus com propósitos concretos para a conduta: como criaturas que reconhecem a sua indigência e procuram e chamam incessantemente por seu Pai.

Mas volto ao que vos comentava antes: temos de aprender a ser como crianças, temos de aprender a ser filhos de Deus. E, de passagem, transmitir aos outros essa mentalidade que, no meio das naturais fraquezas, nos fará *fortes na fé*[16], fecundos nas obras e seguros no caminho, de modo que, seja qual for a espécie de erro que possamos cometer, mesmo o mais desagradável, não vacilaremos nunca em reagir e em retornar a essa senda mestra da filiação divina, que termina nos braços abertos e expectantes do nosso Pai-Deus.

Quem de vós não se lembra dos braços de seu pai? Provavelmente não seriam tão mimosos, tão doces e delicados como os da mãe. Mas aqueles braços robustos, fortes, apertavam-nos com calor e com segurança. Senhor, obrigado por esses braços duros. Obrigado por essas mãos fortes. Obrigado por esse coração terno e rijo. Ia dar-te graças também pelos meus erros! Não, que não os queres! Mas Tu os compreendes, os desculpas e os perdoas.

Esta é a sabedoria que Deus espera que pratiquemos na vida de relação com Ele. Esta, sim, é que é uma manifestação de ciência matemática: reconhecer que somos um zero à es-

---

(15) Ier II, 19; (16) I Pet V, 9.

querda... Mas o nosso Pai-Deus ama a cada um de nós tal como é – tal como é! Eu – e não sou senão um pobre homem – amo a cada um de vós tal como é. Imaginai então como será o Amor de Deus! Contanto que lutemos, contanto que nos empenhemos em dispor a vida na linha da nossa consciência, bem formada.

Plano de vida

Se bem me fiz entender, ao examinarmos como é e como deveria ser a nossa piedade, em que pontos deveria melhorar a nossa relação pessoal com Deus, teremos que rejeitar a tentação de imaginar façanhas insuperáveis, porque teremos descoberto que o Senhor se contenta com pequenas demonstrações de amor em cada momento.

149

Procura ater-te a um plano de vida, com constância: uns minutos de oração mental; a assistência à Santa Missa – diária, se te for possível – e a comunhão frequente; a recepção regular do Santo Sacramento do Perdão, ainda que a consciência não te acuse de nenhuma falta mortal; a visita a Jesus no Sacrário; a recitação e a contemplação dos mistérios do Santo Rosário, e tantas práticas maravilhosas que tu conheces ou podes aprender.

Não devem converter-se em normas rígidas, numa espécie de compartimentos estanques; marcam um itinerário flexível, ajustado à tua condição de homem que vive no meio da rua, com um trabalho profissional intenso e uns deveres e relações sociais que não deves descurar, porque nesses afazeres prossegue o teu encontro com Deus. O teu plano de vida tem de ser como essa luva de borracha que se adapta com perfeição à mão que a usa.

Também não deves esquecer que o importante não é fazer muitas coisas. Limita-te com generosidade àquelas que possas cumprir em cada jornada, com vontade ou sem vontade. Essas práticas hão de levar-te, quase sem o perceberes, à oração contemplativa. Brotarão da tua alma mais atos de amor, jaculatórias, ações de graças, atos de desagravo, comunhões espirituais. E isso enquanto cuidas das tuas obrigações: quando atendes ao telefone, quando tomas um meio de transporte, quando fechas ou abres uma porta, quando passas diante de uma igreja, quando começas uma nova tarefa, enquanto a realizas e quando a concluis. Tudo referirás ao teu Pai-Deus.

150 Descansai na filiação divina. Deus é um Pai cheio de ternura, de infinito amor. Chama-o Pai muitas vezes ao dia, e diz-lhe – a sós, no teu coração – que o amas, que o adoras; que sentes o orgulho e a força de ser seu filho. Isto pede um autêntico programa de vida interior, que tens de canalizar através das tuas relações de piedade com Deus – poucas, mas constantes, insisto –, que te permitirão adquirir os sentimentos e as maneiras de um bom filho.

Preciso prevenir-te ainda contra o perigo da rotina – verdadeiro sepulcro da piedade –, que se apresenta frequentemente disfarçada de ambições de realizar ou de empreender gestas importantes, enquanto se descuram comodamente as devidas ocupações cotidianas. Quando perceberes essas insinuações, coloca-te com sinceridade diante do Senhor: pensa se não te terás aborrecido de lutar sempre nas mesmas coisas, porque não procuravas a Deus; vê se não decaiu – por falta de generosidade, de espírito de sacrifício – a perseverança fiel no trabalho.

Nesse caso, as tuas normas de piedade, as pequenas mortificações, a atividade apostólica que não colhe frutos imediatos, hão de parecer-te terrivelmente estéreis. Estamos vazios e talvez comecemos a sonhar com novos planos, para silenciar a voz do nosso Pai do Céu, que reclama uma lealdade total. E com um *pesadelo* de grandezas na alma, votamos ao esquecimento a realidade mais certa, o caminho que sem sombra de dúvida nos conduz em linha reta à santidade: sinal claro de que perdemos o "ponto de mira" sobrenatural, a convicção de que somos crianças; a persuasão de que o nosso Pai fará maravilhas em nós, se recomeçarmos com humildade.

As estacas pintadas de vermelho

Ficaram muito gravados na minha cabeça de criança aqueles sinais que, nas montanhas da minha terra, se colocavam à borda dos caminhos: eram uns paus altos, geralmente pintados de vermelho, que chamavam a atenção. Explicaram-me então que, quando a neve cai e cobre caminhos, sementeiras e pastos, bosques, penhascos e barrancos, essas estacas sobressaem como um ponto de referência seguro, para que toda a gente saiba sempre por onde segue o caminho.

Na vida interior, passa-se algo de parecido. Há primaveras e verões, mas também chegam os invernos, dias sem sol e noites órfãs de lua. Não podemos permitir que a relação com Cristo dependa do nosso estado de humor, das alterações do nosso caráter. Essas atitudes delatam egoísmo, comodismo, e evidentemente não se compadecem com o amor.

Por isso, nos momentos de nevasca e vendaval, umas práticas piedosas sólidas – nada sentimentais –, bem arraigadas e adaptadas às circunstâncias próprias de cada um, serão como essas estacas pintadas de vermelho, que continuam a marcar-nos o rumo, até que o Senhor decida que o sol brilhe de novo, os gelos derretam e o coração torne a vibrar, aceso com um fogo que na realidade nunca esteve apagado: foi apenas o rescaldo oculto pela cinza de uns tempos de prova, ou de menos empenho, ou de pouco sacrifício.

Não vos escondo que, ao longo destes anos, alguns se aproximaram de mim e, compungidos de dor, me disseram: "Padre, não sei o que tenho, sinto-me cansado e frio; a minha piedade, antes tão segura e chã, parece-me uma comédia..." Pois bem, aos que passam por essa situação, e a todos vós, respondo: Uma comédia? Grande coisa! O Senhor está brincando conosco como um pai com seus filhos.

Lê-se na Escritura: *ludens in orbe terrarum*[17]; Ele brinca

---

(17) Prv VIII, 31.

em toda a redondeza da terra. Mas Deus não nos abandona, porque acrescenta imediatamente: *Deliciae meae esse cum filiis hominum*[18], as minhas delícias são estar com os filhos dos homens. O Senhor brinca conosco! E quando nos passar pela cabeça que estamos interpretando uma comédia, porque nos sentimos gelados, apáticos; quando estivermos aborrecidos e sem vontade; quando se nos tornar árduo cumprir o dever e alcançar as metas espirituais que nos propusemos, terá soado a hora de pensar que Deus brinca conosco e espera que saibamos representar a nossa *comédia* com galhardia.

Não me importo de vos contar que, em algumas ocasiões, o Senhor me concedeu muitas graças; mas habitualmente ando a contragosto. Sigo o meu plano não porque me agrade, mas porque devo cumpri-lo, por Amor. Mas, Padre, pode-se interpretar uma comédia com Deus? Isso não é uma hipocrisia? Fica tranquilo: chegou para ti o instante de participar numa comédia humana com um espectador divino. Persevera, que o Pai, e o Filho, e o Espírito Santo contemplam a tua comédia; realiza tudo por amor a Deus, para agradar-lhe, ainda que te custe.

Que bonito é ser jogral de Deus! Que belo recitar essa comédia por Amor, com sacrifício, sem nenhuma satisfação pessoal, para agradar ao nosso Pai-Deus, que brinca conosco! Encara o Senhor e confia-lhe: Não tenho vontade nenhuma de me ocupar nisto, mas vou oferecê-lo por ti. E ocupa-te de verdade nesse trabalho, ainda que penses que é uma comédia. Bendita comédia! Eu te garanto: não se trata de hipocrisia, porque os hipócritas precisam de público para as suas pantomimas. Pelo contrário, os espectadores dessa nossa comédia – deixa-me que to repita – são o Pai, o Filho e o Espírito Santo; a Virgem Santíssima e todos os Anjos e Santos do Céu. A nossa vida interior não encerra outro espetáculo a não ser esse: é Cristo que passa *quasi in occulto*[19], como em segredo.

---

(18) *Ibid.*; (19) cfr. Ioh VII, 10.

Iubilate Deo. Exsultate Deo adiutori nostro[20], louvai a Deus, saltai de alegria no Senhor, que é a nossa única ajuda. Jesus, quem não o compreende não sabe nada de amores, nem de pecados, nem de misérias! Eu sou um pobre homem, e entendo de pecados, de amores e de misérias. Sabeis o que é estar erguido até o coração de Deus? Compreendeis que uma alma possa encarar o Senhor, abrir-lhe o coração e contar-lhe as suas queixas? Eu me queixo, por exemplo, quando Ele leva para junto de si gente de pouca idade, que ainda poderia servi-lo e amá-lo por muitos anos na terra; porque não o compreendo. Mas são gemidos de confiança, pois sei que, se me afastasse dos braços de Deus, daria um tropeção imediatamente. Por isso, logo a seguir, devagar, enquanto aceito os desígnios do Céu, acrescento: Faça-se, cumpra-se, seja louvada e eternamente glorificada a justíssima e amabilíssima Vontade de Deus, sobre todas as coisas. Amém. Amém.

153

Este é o modo de proceder que o Evangelho nos ensina, o ardil mais santo e a fonte de eficácia para o trabalho apostólico; e este é o manancial do nosso amor e da nossa paz de filhos de Deus, e a senda pela qual podemos transmitir carinho e serenidade aos homens. E só por isto conseguiremos acabar os nossos dias no Amor, tendo santificado o nosso trabalho, procurando nele a felicidade escondida das coisas de Deus. Comportar-nos-emos com a santa desvergonha das crianças e repeliremos a vergonha – a hipocrisia – dos mais velhos, que têm medo de voltar para seu Pai quando passam pelo fracasso de uma queda.

Termino com a saudação do Senhor, que o Santo Evangelho nos refere hoje: *Pax vobis! A paz esteja convosco... E os discípulos encheram-se de alegria ao verem o Senhor*[21], esse Senhor que nos acompanha até o Pai.

---

(20) Ps LXXX, 2 (Introito da Missa); (21) Ioh XX, 19-20.

VIVER DIANTE DE DEUS E DIANTE DOS HOMENS

Homilia pronunciada em 3-11-63, domingo XXII depois de Pentecostes.

Aqui nos encontramos, *consummati in unum!*[1], em unidade de petição e de intenções, dispostos a começar este tempo de conversa com o Senhor, com o desejo renovado de sermos instrumentos eficazes nas suas mãos. Diante de Jesus Sacramentado – quanto gosto de fazer um ato de fé explícita na presença real do Senhor na Eucaristia! –, fomentai em vossos corações a ânsia de transmitir com a vossa oração um impulso cheio de fortaleza que chegue a todos os lugares da terra, até o último recanto do planeta onde haja um homem que gaste generosamente a sua existência a serviço de Deus e das almas. Porque, graças à inefável realidade da Comunhão dos Santos, somos solidários – *cooperadores*, diz São João[2] – na tarefa de difundir a verdade e a paz do Senhor. É lógico que pensemos no nosso modo de imitar o Mestre; que nos detenhamos, que reflitamos, para aprendermos diretamente da vida do Senhor algumas das virtudes que hão de resplandecer na nossa conduta, se deveras aspiramos a dilatar o reinado de Cristo.

---

(1) Ioh XVII, 23; (2) III Ioh 8.

A prudência, virtude necessária

Na passagem do Evangelho de São Mateus que a Missa de hoje nos propõe, lemos estas palavras: *Tunc abeuntes pharisaei, consilium inierunt ut caperent eum in sermone*[3]; os fariseus reuniram-se para tratar entre si de como surpreender Jesus naquilo que falasse.

Não esqueçamos que esse sistema dos hipócritas é uma tática igualmente comum nestes tempos. Penso que a erva daninha dos fariseus jamais se extinguirá no mundo: sempre teve uma fecundidade prodigiosa. Talvez o Senhor tolere que cresça para nos tornar prudentes a nós, seus filhos, já que a virtude da prudência é imprescindível a qualquer um que se encontre na situação de ter de dar critério, de fortalecer, de corrigir, de inflamar, de encorajar. E é precisamente assim, como apóstolo, servindo-se das circunstâncias dos seus afazeres habituais, que um cristão deve agir em relação aos que o rodeiam.

Levanto neste momento o coração a Deus e peço, por mediação da Virgem Santíssima – que está na Igreja, mas acima da Igreja: entre Cristo e a Igreja, para proteger, para reinar, para ser Mãe dos homens, como o é de Jesus Nosso Senhor –, peço a Deus que nos conceda a todos essa prudência, e especialmente aos que, como nós, metidos na corrente circulatória da sociedade, desejam trabalhar por Ele. Verdadeiramente, convém-nos aprender a ser prudentes.

Continua a cena evangélica: *E enviaram os seus discípulos* – dos fariseus – *juntamente com alguns herodianos, os quais lhe disseram: Mestre*[4] Vede com que espírito retorcido o chamam *Mestre*; fingem-se seus admiradores e amigos, dispensam-lhe um tratamento que se reserva à autoridade de quem se espera receber um ensinamento. *Magister, scimus quia verax es*[5], sabemos que és veraz... Que astúcia tão infame! Já vistes maior duplicidade? Andai por este mundo com

---

(3) Mt XXII, 15; (4) Mt XXII, 16; (5) *ibid*.

cuidado. Não sejais cautelosos, desconfiados; mas deveis sentir sobre os ombros – lembrando-vos da imagem do Bom Pastor que se vê nas catacumbas – o peso dessa ovelha que não é uma alma só, mas a Igreja inteira, a humanidade inteira. Aceitando com garbo esta responsabilidade, sereis audazes e sereis prudentes para defender e proclamar os direitos de Deus. E então, pela integridade do vosso comportamento, haverá muitos que vos considerarão e vos chamarão mestres, sem vós o pretenderdes, já que não andamos à busca da glória terrena. Mas não vos admireis se, entre tantos que se aproximam de vós, se insinuam esses que só pretendem adular-vos. Gravai nas vossas almas o que me ouvistes repetir tantas vezes: nem as calúnias, nem as murmurações, nem os respeitos humanos, nem *o que dirão*, e muito menos os louvores hipócritas hão de impedir-nos jamais de cumprir o nosso dever.

157 Lembrai-vos da parábola do bom samaritano. Aquele homem ficou caído no caminho, ferido pelos ladrões, que lhe roubaram até o último centavo. Passa por esse lugar um sacerdote da Antiga Lei e, pouco depois, um levita; os dois continuam em frente sem se preocuparem. *Passou a seguir um viandante samaritano que chegou perto dele e, vendo o que acontecia, moveu-se de compaixão. Aproximando-se, ligou-lhe as feridas, depois de as ter limpado com óleo e vinho; e, pondo-o sobre o seu jumento, levou-o a uma estalagem e cuidou dele em tudo*[6]. Reparemos que não se trata de um exemplo que o Senhor expõe apenas a poucas almas seletas, porque acrescenta imediatamente àquele que lhe fizera a pergunta, a cada um de nós: *Vai e faze tu o mesmo*[7].

Portanto, quando na nossa vida pessoal ou na dos outros percebermos *alguma coisa que não está certa*, alguma coisa que precisa do auxílio espiritual e humano que nós, os filhos de Deus, podemos e devemos prestar, uma das manifestações claras de prudência consistirá em aplicar o remédio conve-

---

(6) Lc X, 33-34; (7) Lc X, 37.

niente, a fundo, com caridade e com fortaleza, com sinceridade. Não têm cabimento as inibições. É errado pensar que os problemas se resolvem com omissões ou com adiamentos.

A prudência exige que, sempre que a situação o requeira, se apliquem os remédios, totalmente e sem paliativos, depois de se deixar a chaga a descoberto. Ao notardes os menores sintomas do mal, sede simples, verazes, quer tenhais de curar alguém, quer se trate de receberdes vós mesmos essa assistência. Nesses casos, deve-se permitir, a quem se encontra em condições de curar em nome de Deus, que aperte de longe e depois mais de perto, e mais ainda, até que saia todo o pus e o foco de infecção fique bem limpo. Temos de proceder assim, antes de mais nada, conosco próprios e com os que temos obrigação de ajudar por justiça ou por caridade. Rezo especialmente pelos pais e pelos que se dedicam a tarefas de formação e ensino.

Os respeitos humanos

158 Que nenhuma razão hipócrita vos detenha: aplicai o remédio nítido e certo. Mas procedei com mão maternal, com a delicadeza infinita com que as nossas mães nos curavam as feridas grandes ou pequenas dos nossos jogos e tropeções infantis. Quando é preciso esperar umas horas, espera-se; nunca mais do que o imprescindível, já que outra atitude encerraria comodismo, covardia, que são coisas bem diferentes da prudência. Todos nós – e principalmente os que se encarregam de formar os outros – devemos repelir o medo de desinfetar a ferida.

É possível que um ou outro sussurre arteiramente ao ouvido dos que devem curar, e não se decidem ou não querem enfrentar a sua missão: *Mestre, sabemos que és veraz...*[8] Não toleremos o elogio irônico. Os que não se esforçam por levar a

---

(8) Mt XXII, 16.

cabo com diligência a sua tarefa, nem são mestres, porque não ensinam o caminho autêntico, nem são verdadeiros, porque com a sua falsa prudência tomam por exagero ou desprezam as normas claras – mil vezes comprovadas pela reta conduta, pela idade, pela ciência do bom governo, pelo conhecimento da fraqueza humana e pelo amor a cada ovelha – que impelem a falar, a intervir, a demonstrar interesse.

Aos falsos mestres, domina-os o medo de apurar a verdade; desassossega-os a simples ideia – a obrigação – de recorrer ao antídoto doloroso em determinadas circunstâncias. Numa atitude desse gênero – convencei-vos disso –, não há prudência, nem piedade, nem sensatez; essa posição denota apoucamento, falta de responsabilidade, insensatez, estupidez. São os mesmos que depois, presas do pânico à vista do desastre, pretendem atalhar o mal quando já é tarde. Não se lembram de que a virtude da prudência exige que se receba e se transmita *a tempo* o conselho sereno da maturidade, da experiência antiga, do olhar límpido, da língua sem liames.

Continuemos com o relato de São Mateus: *Sabemos que és veraz e que ensinas o caminho de Deus segundo a verdade*[9]. Nunca acabo de me surpreender com esse cinismo. Vêm com a intenção de retorcer as palavras de Jesus Nosso Senhor, de apanhá-lo em algum deslize, e, em vez de exporem singelamente o que eles consideram um nó insolúvel, tentam aturdir o Mestre com louvores que só deviam sair de lábios afeiçoados, de corações retos. Detenho-me propositadamente nestes matizes, para que aprendamos a não ser homens receosos, mas sim prudentes, para que não aceitemos a fraude do fingimento, ainda que nos apareça revestido de frases ou gestos que em si mesmos correspondem à realidade, como acontece na passagem que estamos contemplando: Tu não fazes distinções, dizem-lhe; Tu vieste para todos os homens; nada te detém na missão de proclamar a verdade e ensinar o bem[10].

---

(9) *Ibid.*; (10) Cfr. *ibid.*

Repito: prudentes, sim; desconfiados, não. Concedei a mais absoluta confiança a todos, sede muito nobres. Para mim, vale mais a palavra de um cristão, de um homem leal – confio inteiramente em cada um – que a assinatura autêntica de cem tabeliães unânimes, embora vez por outra me tenham enganado por seguir esse critério. Prefiro expor-me a um abuso de confiança, por parte de um inescrupuloso, a despojar seja quem for do crédito que merece como pessoa e como filho de Deus. Eu vos assevero que nunca me decepcionaram os resultados deste modo de proceder.

Proceder com retidão

Se do Evangelho não tiramos em cada momento consequências para a vida de hoje, é porque não o meditamos suficientemente. Muitos dos que me escutam são jovens; outros entraram já na maturidade. Todos queremos produzir bons frutos, porque caso contrário não estaríamos aqui. Esforçamo-nos por impregnar a nossa conduta de espírito de sacrifício, da ânsia de negociar com o talento que o Senhor nos confiou, porque sentimos o zelo divino pelas almas.

Mas não seria a primeira vez que, apesar de tanta boa vontade, algum de vós cairia na cilada dessa mistura – *ex pharisaeis et herodianis,* de fariseus e herodianos[11] – composta talvez pelos que, de um modo ou de outro, por serem cristãos, deveriam defender os direitos de Deus e, no entanto, aliando-se e confundindo-se com os interesses das forças do mal, cercam insidiosamente outros irmãos na fé.

Sede prudentes e procedei sempre com simplicidade, que é virtude tão própria do bom filho de Deus. Mostrai-vos naturais na vossa linguagem e na vossa atuação. Chegai ao fundo dos problemas; não fiqueis na superfície. Reparai que é preciso

---

(11) Mc XII, 13.

contar antecipadamente com o desgosto alheio e com o próprio, se desejamos de verdade cumprir santamente e como homens de bem as nossas obrigações de cristãos.

161 Não vos oculto que, quando tenho de corrigir ou de adotar uma decisão que causará pena, sofro antes, durante e depois. E não sou um sentimental. Consola-me pensar que só os animais não choram; nós, os homens, os filhos de Deus, choramos. Penso que, em certas situações, também vós tereis que passar um mau bocado se vos esforçais por cumprir fielmente os vossos deveres. Não esqueçais que é mais cômodo – mas é um descaminho – evitar a todo o custo o sofrimento, com a desculpa de não desgostar o próximo. Frequentemente, esconde-se nessa inibição uma vergonhosa fuga à dor própria, já que normalmente não é agradável fazer uma advertência séria. Meus filhos, lembrai-vos de que o inferno está cheio de bocas fechadas.

Escutam-me agora vários médicos. Perdoai o meu atrevimento se volto a servir-me de um exemplo da medicina; talvez me escape algum disparate, mas a comparação ascética é válida. Para curar uma ferida, primeiro limpa-se bem, também à volta, já de bastante longe. O cirurgião sabe perfeitamente que dói; mas, se omite essa operação, depois doerá mais. Além disso, aplica-se logo o desinfetante; arde – pica, como dizemos na minha terra –, mortifica, mas não há outro jeito senão usá-lo, para que a chaga não se infecte.

Se é óbvio que se devem adotar estas medidas para a saúde corporal, mesmo que se trate de escoriações de pouca importância, reparai se, nas coisas grandes da saúde da alma – nos pontos nevrálgicos da vida de um homem –, não haverá que lavar, lancetar, raspar, desinfetar, sofrer! A prudência exige que intervenhamos desse modo e não fujamos do dever, porque esquivar-nos a ele demonstraria uma falta de consideração e mesmo um atentado grave contra a justiça e contra a fortaleza.

Persuadi-vos de que um cristão, se de verdade pretende conduzir-se retamente diante de Deus e diante dos homens, precisa de todas as virtudes, pelo menos em potência. Padre, perguntar-me-eis: E que faço com as minhas fraquezas? Respondo-vos: Por acaso não cura um médico que esteja doente, ainda que o mal de que sofre seja crônico? Impede-o por acaso a sua doença de prescrever aos seus pacientes a receita adequada? Claro que não. Para curar, basta-lhe possuir a ciência conveniente e pô-la em prática, com o mesmo interesse com que combate a sua própria doença.

O colírio da nossa fraqueza

Se vos examinardes com valentia, na presença de Deus, encontrar-vos-eis, como eu, diariamente carregados de muitos erros. Quando se luta por tirá-los, com a ajuda divina, esses erros deixam de ter uma importância decisiva e se vencem, ainda que pareça que nunca se consegue desarraigá-los por completo.

Além disso, por cima dessas fraquezas, contribuirás para remediar as grandes deficiências dos outros, sempre que te empenhes em corresponder à graça de Deus. Se te reconheces tão fraco como eles – capaz de todos os erros e de todos os horrores* –, serás mais compreensivo, mais delicado e, ao mesmo tempo, mais exigente, para que todos nós nos decidamos a amar a Deus com o coração inteiro.

Nós, os cristãos, os filhos de Deus, temos que assistir os outros, levando à prática com honradez o que aqueles hipócritas sussurravam avessamente ao Mestre: *Não atendes à qualidade das pessoas*[12]. Quer dizer, repeliremos por completo a discriminação de pessoas – interessam-nos todas as almas! –, ainda que logicamente tenhamos de começar por ocupar-nos daquelas que, por uma circunstância ou outra – também por

162

(*) No original: *de todos los errores y de todos los horrores*, expressão que foneticamente não tem tradução análoga em português (N. do T.); (12) Mt XXII, 16.

motivos aparentemente humanos –, Deus colocou ao nosso lado.

163 *Et viam Dei in veritate doces*[13], e ensinas o caminho de Deus segundo a verdade. Ensinar, ensinar, ensinar: mostrar os caminhos de Deus segundo a pura verdade. Não deves assustar-te de que vejam os teus defeitos pessoais, os teus e os meus. Eu tenho o prurido de publicá-los, contando a minha luta pessoal, a minha ânsia de retificar o meu comportamento neste ou naquele ponto da minha luta por ser leal ao Senhor. O esforço por desterrar e vencer essas misérias será já um modo de indicar as sendas divinas: primeiro, e apesar dos nossos erros visíveis, com o testemunho da nossa vida; depois, com a doutrina, como Nosso Senhor, que *coepit facere et docere*[14], que começou a fazer e a ensinar; começou pelas obras, e só mais tarde é que se pôs a pregar.

Depois de vos confirmar que este sacerdote vos ama muito e que o Pai do Céu vos ama mais, porque é infinitamente bom, infinitamente Pai; depois de vos manifestar que nada vos posso lançar em rosto, considero, sim, que devo ajudar-vos a amar Cristo e a Igreja, o seu rebanho, porque penso que nisto nenhum de vós me vence; rivalizais comigo, mas não me venceis. Quando, na minha pregação ou nas conversas pessoais com cada um, aponto algum erro, não é para fazer sofrer; move-me exclusivamente a preocupação de que amemos mais o Senhor. E, quando vos insisto na necessidade de praticar as virtudes, não perco de vista que também para mim é uma necessidade urgente.

164 Certa vez, ouvi comentar a um leviano que a experiência dos tropeços serve para voltar a cair cem vezes no mesmo erro. Eu vos digo, no entanto, que uma pessoa prudente aproveita esses reveses para ficar escarmentada, para aprender a praticar o bem, para se renovar na decisão de ser mais santa.

Da experiência dos vossos fracassos e triunfos no serviço

---

(13) *Ibid.*; (14) Act I, 1.

de Deus, tirai sempre, com o crescimento no amor, um gosto mais firme por prosseguir no cumprimento dos vossos deveres e direitos de cidadãos cristãos, custe o que custar: sem covardias, sem nos esquivarmos nem à honra nem à responsabilidade, sem nos assustarmos com as reações que se formem ao nosso redor – provenientes talvez de falsos irmãos –, quando nobre e lealmente lutamos por promover a glória de Deus e o bem dos outros.

Portanto, temos que ser prudentes. Para quê? Para sermos justos, para vivermos a caridade, para servirmos eficazmente a Deus e a todas as almas. Com muita razão se chamou à prudência *genitrix virtutum*[15], mãe das virtudes, e também *auriga virtutum*[16], condutora de todos os hábitos bons.

A cada um o que é seu

Lede com atenção a cena evangélica, para aproveitar essas admiráveis lições das virtudes que devem iluminar o nosso modo de agir.

Terminado o preâmbulo hipócrita e adulador, os fariseus e herodianos apresentam o seu problema: *Diz-nos, pois, o teu parecer: É lícito dar o tributo a César ou não?*[17] Escreve São João Crisóstomo: *Notai agora a astúcia desses homens. Não lhe dizem: Explica-nos o que é que é bom, conveniente, lícito, mas dize-nos a tua opinião.* Estavam com a obsessão de atraiçoá-lo e torná-lo odioso ao poder político[18]. Porém, Jesus, conhecendo-lhes a malícia, disse: *Por que me tentais, hipócritas? Mostrai-me a moeda do tributo.* E eles apresentaram-lhe um denário. E Jesus disse-lhes: *De quem é esta imagem e inscrição?* Eles responderam: *De César.* Então disse-lhes: *Dai, pois, a César o que é de César, e a Deus o que é de Deus*[19].

---

(15) São Tomás de Aquino, *In III Sententiarum*, dist. 33, q. 2, a. 5; (16) São Bernardo, *Sermones in Cantica Canticorum*, XLIX, 5 (PL 183, 1018); (17) Mt XXII, 17; (18) São João Crisóstomo, *In Matthaeum homiliae*, LXX, 1 (PG 58, 656); (19) Mt XXII, 18-21.

Bem vedes que o dilema é antigo, como clara e inequívoca é a resposta do Mestre. Não há – não pode haver – uma contraposição entre o serviço a Deus e o serviço aos homens; entre o exercício dos deveres e direitos cívicos, e os religiosos; entre o empenho por construir e melhorar a cidade temporal e a convicção de que este mundo por onde passamos é caminho que nos conduz à pátria celeste.

Também aqui se manifesta essa unidade de vida que – não me cansarei de repeti-lo – é uma condição essencial para os que procuram santificar-se no meio das circunstâncias habituais do seu trabalho, das suas relações familiares e sociais. Jesus não admite essa divisão. *Ninguém pode servir a dois senhores, porque ou terá aversão a um e amor ao outro, ou, se se submete ao primeiro, olhará com desdém o segundo*[20]. A opção exclusiva que um cristão faz por Deus, quando aceita com plenitude a sua chamada, impele-o a dirigir tudo para o Senhor e, ao mesmo tempo, a dar também ao próximo tudo o que em justiça lhe cabe.

166 Não é possível escudar-se em razões aparentemente piedosas para espoliar os outros daquilo que lhes pertence: *Se alguém disser: Sim, eu amo a Deus, mas odiar o seu irmão, é um mentiroso*[21]. Mas também se engana aquele que regateia ao Senhor o amor e a reverência – a adoração – que lhe são devidos como Criador e Pai nosso; e bem assim aquele que se nega a obedecer aos seus mandamentos, com a falsa desculpa de que algum deles se mostra incompatível com o serviço aos homens, pois São João nos adverte claramente: *Nisto conhecemos que amamos os filhos de Deus, se amamos a Deus e guardamos os seus mandamentos. Porque o amor de Deus consiste em guardarmos os seus mandamentos; e os seus mandamentos não são custosos*[22].

Talvez ouçamos muitos perorarem e inventarem teorias – em nome da funcionalidade, quando não da caridade! – com o fim de cercearem as manifestações de respeito e de homena-

---

(20) Mt VI, 24; (21) I Ioh IV, 20; (22) I Ioh V, 2-3.

gem a Deus. Tudo o que for para honrar o Senhor lhes parece excessivo. Não façais caso deles: continuai o vosso caminho. Essas elucubrações limitam-se a controvérsias que não conduzem a nada, que nada mais fazem senão escandalizar as almas e impedir que se cumpra o preceito de Jesus Cristo, que manda entregar a cada um o que lhe pertence, praticando com delicada integridade a virtude santa da justiça.

Deveres de justiça para com Deus e para com os homens

Gravemo-lo bem na nossa alma, para que se note na conduta: primeiro, justiça para com Deus. Esta é a pedra de toque da verdadeira *fome e sede de justiça*[23], que a distingue da gritaria dos invejosos, dos ressentidos, dos egoístas e cobiçosos... Porque a mais terrível e ingrata das injustiças é a de quem nega ao nosso Criador e Redentor o reconhecimento dos bens abundantes e inefáveis que Ele nos concede. Vós, se de verdade vos esforçais por ser justos, tereis de considerar frequentemente a vossa dependência de Deus – *porque, que tens tu que não hajas recebido?*[24] –, para vos encherdes de agradecimento e de desejos de corresponder a um Pai que nos ama até a loucura.

Então avivar-se-á em vós o espírito bom de piedade filial, que vos fará tratar a Deus com ternura de coração. Não vos deixeis enganar quando os hipócritas levantarem em torno de vós a dúvida sobre o direito que Deus tem de vos pedir tanto. Pelo contrário, colocai-vos na presença do Senhor sem condições, dóceis, como *o barro nas mãos do oleiro*[25], e confessai-lhe rendidamente: *Deus meus et omnia!*, Tu és o meu Deus e o meu tudo. E se alguma vez chega o golpe inesperado, a tribulação imerecida por parte dos homens, sabereis cantar com

---

(23) Mt V, 6; (24) I Cor IV, 7; (25) Ier XVIII, 6.

alegria nova: Faça-se, cumpra-se, seja louvada e eternamente e glorificada a justíssima e amabilíssima Vontade de Deus sobre todas as coisas. Amém. Amém.

168 As circunstâncias do servo da parábola que devia dez mil talentos[26] refletem bem a nossa situação diante de Deus: nós também não contamos com nada para pagar a dívida imensa que contraímos por tantas bondades divinas, e que aumentamos ao ritmo dos nossos pecados pessoais. Ainda que lutemos denodadamente, não conseguiremos devolver com equidade o muito que o Senhor nos perdoou. Mas a misericórdia divina supre folgadamente a impotência da justiça humana. Ele, sim, pode dar-se por satisfeito e perdoar-nos a dívida, simplesmente *porque é bom e infinita a sua misericórdia*[27].

Como nos lembramos muito bem, a parábola termina com uma segunda parte, que é contraponto da anterior. Aquele servo, a quem acabam de perdoar um cabedal enorme, não se compadece de um companheiro que lhe devia apenas cem denários. É aqui que se põe de manifesto a mesquinhez do seu coração. Falando estritamente, ninguém lhe negaria o direito de exigir o que é seu. No entanto, alguma coisa se revolta dentro de nós e nos sugere que essa atitude intolerante se afasta da verdadeira justiça: não é justo que quem, apenas poucos minutos antes, recebeu um tratamento misericordioso de favor e de compreensão, não demonstre ao menos um pouco de paciência para com o seu devedor. Reparai que a justiça não se manifesta exclusivamente no respeito exato dos direitos e deveres, à semelhança dos problemas aritméticos, que se resolvem fazendo somas e subtrações.

169 A virtude cristã é mais ambiciosa. Incita-nos a mostrar-nos agradecidos, afáveis, generosos; a comportar-nos como amigos leais e honrados, tanto nos tempos bons como na adversidade; a cumprir as leis e a respeitar as autoridades legítimas; a retificar com alegria, quando percebemos que nos enganamos

---

(26) Cfr. Mt XVIII, 24; (27) Ps CV, 1.

ao enfrentar uma questão. Sobretudo, se somos justos, ater-
-nos-emos aos nossos compromissos profissionais, familiares,
sociais..., sem espaventos nem pregões, trabalhando com empenho e exercendo os nossos direitos, que são também deveres.

Não acredito na justiça dos folgazões, porque com o seu
dolce far niente – como dizem na minha querida Itália – faltam, e às vezes de modo grave, ao mais fundamental dos prin-
cípios da equidade: o do trabalho. Não devemos esquecer que
Deus criou o homem *ut operaretur*[28], para que trabalhasse, e
os outros – a nossa família e nação, a humanidade inteira – de-
pendem também da eficácia do nosso trabalho. Meus filhos!
Que pobre ideia fazem da justiça os que a reduzem a uma simples distribuição de bens materiais!

Justiça e amor à liberdade e à verdade

Desde a minha infância – ou, no dizer da Escritura[29], desde que tive ouvidos para ouvir –, comecei já a escutar o voze-
rio da *questão social*. Não tem nada de mais, porque é um
tema antigo, de sempre. Talvez tenha surgido no próprio instante em que os homens se organizaram de algum modo e se
tornaram mais visíveis as diferenças de idade, de inteligência,
de capacidade de trabalho, de interesses, de personalidade.

Não sei se é irremediável que haja classes sociais. Seja
como for, também não é do meu ofício falar dessas matérias, e
muito menos aqui, neste oratório, em que nos reunimos para
falar de Deus – jamais quereria falar de outro tema na minha
vida – e para falar com Deus.

Pensai como preferirdes em tudo o que a Providência deixou à livre e legítima discussão dos homens. Mas a minha
condição de sacerdote de Cristo impõe-me a necessidade de

---

(28) Gen II, 15; (29) Cfr. Mt XI, 15.

subir mais alto e de vos recordar que, em qualquer caso, não podemos deixar nunca de praticar a justiça, com heroísmo se for preciso.

171 Temos obrigação de defender a liberdade pessoal de todos, sabendo que *foi Jesus Cristo quem nos adquiriu essa liberdade*[30]; se não agimos assim, com que direito podemos reclamar a nossa? Devemos difundir também a verdade, porque *veritas liberabit vos*[31], a verdade nos liberta, ao passo que a ignorância escraviza. Cumpre-nos defender o direito, que todos os homens têm, de viver, de possuir o necessário para desenvolver uma existência digna, de trabalhar e descansar, de escolher o seu estado, de formar um lar, de trazer filhos ao mundo dentro do matrimônio e de poder educá-los, de passar serenamente o tempo da doença ou da velhice, de ter acesso à cultura, de associar-se com os demais cidadãos para atingir fins lícitos, e, em primeiro lugar, de conhecer e amar a Deus com plena liberdade, porque a consciência – se for reta – descobrirá as pegadas do Criador em todas as coisas.

Precisamente por isso, urge repetir – não me meto em política, afirmo a doutrina da Igreja – que o marxismo é incompatível com a fé de Cristo. Existe coisa mais oposta à fé que um sistema que baseia tudo em eliminar da alma a presença amorosa de Deus? Gritai-o com muita força, de modo que se ouça claramente a vossa voz: para praticar a justiça, não precisamos do marxismo para nada. Pelo contrário, esse erro gravíssimo – pelas suas soluções exclusivamente materialistas, que ignoram o Deus da paz – ergue obstáculos no caminho para a felicidade e para o entendimento entre os homens.

Dentro do cristianismo encontramos a boa luz que dá sempre resposta a todos os problemas. Basta que vos empenheis sinceramente em ser católicos, *non verbo neque lingua, sed opere et veritate*[32], não com palavras nem com a língua, mas com obras e de verdade. Dizei isso sempre que surgir a oca-

---

(30) Gal IV, 31; (31) Ioh VIII, 32; (32) I Ioh III, 18.

sião – e procurai-a, se for preciso –, sem reticências, sem medo.

Justiça e caridade

Lede a Escritura Santa. Meditai uma a uma as cenas da vida do Senhor, os seus ensinamentos. Considerai especialmente os conselhos e as advertências com que Ele preparava aquele punhado de homens para serem seus Apóstolos, seus mensageiros, de um ao outro extremo da terra. Qual é a pauta principal que lhes marca? Não é o preceito novo da caridade? Foi pelo amor que eles abriram caminho naquele mundo pagão e corrompido. Convencei-vos de que só com a justiça não resolvereis nunca os grandes problemas da humanidade. Quando se faz justiça a seco, não vos admireis de que a gente se sinta magoada: pede muito mais a dignidade do homem, que é filho de Deus. A caridade tem que ir dentro e ao lado, porque tudo dulcifica, tudo deifica: *Deus é amor*[33]. Temos de agir sempre por Amor de Deus, porque torna mais fácil querer bem ao próximo e porque purifica e eleva os amores terrenos.

Para chegarmos da justiça estrita à abundância de caridade, temos todo um trajeto a percorrer. E não são muitos os que perseveram até o fim. Alguns se conformam com aproximar-se dos umbrais: prescindem da justiça e limitam-se a um pouco de beneficência, que qualificam como caridade, sem perceber que isso é apenas uma parte pequena do que estão obrigados a fazer. E mostram-se muito satisfeitos de si mesmos, como o fariseu que pensava ter preenchido a medida da lei porque jejuava dois dias por semana e pagava o dízimo de tudo o que possuía[34].

A caridade – que é como um generoso exorbitar-se da justiça – exige primeiro o cumprimento do dever. Começa-se

---

(33) I Ioh IV, 16; (34) cfr. Lc XVIII, 12.

pelo que é justo, continua-se pelo que é mais equitativo... Mas, para amar, requer-se muita finura, muita delicadeza, muito respeito, muita afabilidade; numa palavra, é preciso seguir o conselho do Apóstolo: *Levai uns as cargas dos outros, e assim cumprireis a lei de Cristo*[35]. Então, sim, já se vive plenamente a caridade, já se realiza o preceito de Jesus.

Para mim, não existe exemplo mais claro dessa união prática entre a justiça e a caridade que o comportamento das mães. Amam com o mesmo carinho todos os seus filhos, e precisamente esse amor as leva a tratá-los de modo diferente – com uma justiça *desigual* –, já que cada um é diferente dos outros. Pois bem, também com os nossos semelhantes a caridade aperfeiçoa e completa a justiça, porque nos move a conduzir-nos de maneira desigual com os desiguais, adaptando-nos às suas circunstâncias concretas, para comunicar alegria a quem está triste, ciência a quem não possui formação, afeto a quem se sente só... A justiça determina que se dê a cada um o que é seu, o que não significa dar a todos o mesmo. O igualitarismo utópico é fonte das maiores injustiças.

Para agirmos sempre assim – como essas mães boas –, precisamos esquecer-nos de nós mesmos, não aspirar a nenhum espírito de senhorio que não o de servir os outros, como Jesus Cristo, que pregava: *O Filho do homem não veio para ser servido, mas para servir*[36]. Isto requer a inteireza de submeter a vontade própria ao modelo divino, de trabalhar por todos, de lutar pela felicidade eterna e pelo bem-estar dos outros. Não conheço melhor caminho para sermos justos que o de uma vida de entrega e de serviço.

Talvez se possa pensar que sou um ingênuo. Não me importo. Mesmo que me qualifiquem desse modo, por ainda acreditar na caridade, assevero-vos que acreditarei sempre! E enquanto o Senhor me conceder vida, continuarei a ocupar-me – como sacerdote de Cristo – de que haja unidade e paz

---

(35) Gal VI, 2; (36) Mt XX, 28.

entre aqueles que, por serem filhos do mesmo Pai-Deus, são irmãos; de que os homens se compreendam; de que todos partilhem do mesmo ideal: o da Fé!

Acudamos a Santa Maria, a Virgem prudente e fiel, e a São José, seu esposo, modelo acabado de homem justo[37]. Eles viveram na presença de Jesus, do Filho de Deus, as virtudes que contemplamos, e por isso nos alcançarão a graça de que elas arraiguem firmemente na nossa alma, para que nos decidamos a comportar-nos em todos os momentos como discípulos bons do Mestre: prudentes, justos, cheios de caridade.

---

(37) Cfr. Mt I, 19.

PORQUE VERÃO A DEUS

Homilia pronunciada em 12-3-1954.

175 Sabeis perfeitamente, porque o ouvistes e meditastes com frequência, que Jesus Cristo é o nosso modelo, o modelo de todos os cristãos. Assim o ensinastes, além disso, a tantas almas, nesse apostolado – relacionamento humano com sentido divino – que já faz parte do vosso eu; e assim o recordastes, quando era conveniente, servindo-vos desse meio maravilhoso que é a correção fraterna, para que a pessoa que vos escutava comparasse o seu comportamento com o do nosso Irmão primogênito, o Filho de Maria, Mãe de Deus e Mãe nossa.
Jesus é o modelo. Disse-o Ele: *Discite a me*[1], aprendei de Mim. E hoje desejo falar-vos de uma virtude que, sem ser a única nem a primeira, no entanto, atua na vida cristã como o sal que preserva da corrupção, e que constitui a pedra de toque para a alma apostólica: a virtude da santa pureza.
A caridade teologal surge-nos, sem dúvida, como a mais alta das virtudes. Mas a castidade é o meio *sine qua non,* uma condição imprescindível para se atingir o diálogo íntimo com Deus. E quando não é observada, quando não se luta, acaba-se cego; não se vê nada, porque *o homem animal não pode perceber as coisas que são do Espírito de Deus*[2].
Nós queremos olhar com olhos limpos, animados pela pre-

---

(1) Mt XI, 29; (2) I Cor II, 14.

gação do Mestre: *Bem-aventurados os que têm o coração puro, porque verão a Deus*[3]. A Igreja apresentou sempre estas palavras como um convite à castidade. *Guardam um coração sadio*, escreve São João Crisóstomo, *os que possuem uma consciência completamente limpa ou os que amam a castidade. Nenhuma virtude é tão necessária como esta para ver a Deus*[4].

O exemplo de Cristo

Ao longo da sua vida terrena, Jesus Cristo, Nosso Senhor, foi coberto de impropérios, foi maltratado de todas as maneiras possíveis. Estais lembrados? Propalam que se comporta como um revoltoso e afirmam que está endemoninhado[5]. Noutra ocasião, interpretam mal as manifestações do seu Amor infinito e tacham-no de amigo de pecadores[6].

Mais tarde, a Ele que é a penitência e a temperança, lançam-lhe em rosto que frequenta a mesa dos ricos[7]. Também o chamam depreciativamente *fabri filius*[8], filho do trabalhador, do carpinteiro, como se fosse uma injúria. Permite que o apostrofem como bebedor e comilão... Deixa que o acusem de tudo, menos de que não é casto. Tapou-lhes a boca nisso, porque quer que nós conservemos esse exemplo sem sombras: um modelo maravilhoso de pureza, de limpeza, de luz, de amor que sabe queimar o mundo inteiro para o purificar.

Eu gosto de me referir à santa pureza contemplando sempre a conduta de Nosso Senhor, porque pôs de manifesto uma grande delicadeza nesta virtude. Reparai no que nos relata São João quando Jesus, *fatigatus ex itinere, sedebat sic supra fontem*[9], cansado do caminho, se sentou sobre o bocal do poço.

Recolhei os olhos da alma e revivei devagar essa cena: Je-

176

---

(3) Mt V, 8; (4) São João Crisóstomo, *In Matthaeum homiliae*, XV, 4 (PG 57, 227); (5) cfr. Mt XI, 18; (6) cfr. Mt IX, 11; (7) cfr. Lc XIX, 7; (8) Mt XIII, 55; (9) Ioh IV, 6.

sus Cristo, *perfectus Deus, perfectus homo*[10], perfeito Deus, perfeito homem, está fatigado por causa da caminhada e do trabalho apostólico. Como talvez vos tenha acontecido alguma vez a vós, que acabais exaustos, porque não aguentais mais. É comovente observar o Mestre esgotado. Além disso, tem fome: os discípulos foram ao povoado vizinho buscar alguma coisa que comer. E tem sede. Mas, mais do que a fadiga do corpo, consome-o a sede de almas. Por isso, quando chega a samaritana, aquela mulher pecadora, o coração sacerdotal de Cristo lança-se, diligente, a recuperar a ovelha perdida. Esquece o cansaço, a fome e a sede.

Achava-se o Senhor ocupado naquela grande obra de caridade, quando os Apóstolos voltaram da cidade e *mirabantur quia cum muliere loquebatur*[11], admiraram-se de que falasse a sós com uma mulher. Que cuidado! Que amor à virtude encantadora da santa pureza, que nos ajuda a ser mais fortes, mais rijos, mais fecundos, mais capazes de trabalhar por Deus, mais capazes de todas as coisas grandes!

177 *Esta é a vontade de Deus, a vossa santificação... Que cada um saiba usar o seu corpo santa e honestamente, não se abandonando às paixões, como fazem os pagãos, que não conhecem a Deus*[12]. Pertencemos totalmente a Deus, de alma e corpo, com a carne e com os ossos, com os sentidos e com as potências. Rogai-lhe com confiança: Jesus, guarda o nosso coração! Um coração grande, forte, terno, afetuoso e delicado, transbordante de caridade para contigo, a fim de servirmos a todas as almas.

O nosso corpo é santo, *templo de Deus*, precisa São Paulo. Esta exclamação do Apóstolo traz-me à memória a chamada universal à santidade que o Mestre dirige aos homens: *Sede perfeitos como meu Pai celestial é perfeito*[13]. O Senhor pede a todos, sem discriminações de nenhum gênero, correspondência à graça; exige de cada um, conforme a sua situação pessoal, a prática das virtudes próprias dos filhos de Deus.

---

(10) Símbolo *Quicumque*; (11) Ioh IV, 27; (12) I Thes IV, 3-5; (13) Mt V, 48.

Por isso, ao recordar-vos agora que o cristão tem que guardar uma castidade perfeita, estou-me referindo a todos: aos solteiros, que devem ater-se a uma continência completa; e aos casados, que vivem castamente quando cumprem as obrigações próprias do seu estado.

Com o espírito de Deus, a castidade não se torna um peso aborrecido e humilhante. É uma afirmação jubilosa: o querer, o domínio de si, o vencimento próprio, não é a carne que o dá nem procede do instinto; procede da vontade, sobretudo se está unida à Vontade do Senhor. Para sermos castos – e não somente continentes ou honestos –, temos de submeter as paixões à razão, mas por um motivo alto, por um impulso de Amor.

Comparo esta virtude a umas asas que nos permitem propagar os preceitos, a doutrina de Deus, por todos os ambientes da terra, sem temor a ficarmos enlameados. As asas – mesmo as dessas aves majestosas que sobem mais alto que as nuvens – pesam, e muito. Mas, se faltassem, não haveria voo. Gravai-o na vossa cabeça, decididos a não ceder se notais a mordida da tentação, que se insinua apresentando a pureza como um fardo insuportável. Ânimo! Para o alto! Até o sol, à caça do Amor.

Trazer Deus no nosso corpo

178   Sempre me causou muita pena a norma de alguns – de tantos! – que escolhem a impureza como pauta constante dos seus ensinamentos. Com isso conseguem – verifiquei-o em bastantes almas – o contrário do que pretendem, porque é matéria mais pegajosa que o piche e deforma as consciências com complexos ou com medos, como se a limpeza da alma fosse um obstáculo quase insuperável. Nós, não. Nós temos que tratar da santa pureza com raciocínios positivos e límpidos, com palavras modestas e claras.

Discorrer sobre este tema significa dialogar sobre o Amor. Acabo de vos apontar que, para isso, me serve de ajuda recorrer à Humanidade Santíssima de Nosso Senhor, a essa maravilha inefável de um Deus que se humilha até se fazer homem e que não se sente degradado por ter tomado carne como a nossa, com todas as suas limitações e fraquezas, à exceção do pecado. E isso porque nos ama loucamente! Ele não se rebaixa com o seu aniquilamento; pelo contrário, o que faz é elevar--nos, deificar-nos no corpo e na alma. Responder que sim ao seu Amor, com um carinho claro, ardente e ordenado – isso é a virtude da castidade.

Temos de gritar ao mundo inteiro, com a boca e com o testemunho da nossa conduta: Não empeçonhemos o coração, como se fôssemos uns pobres animais, dominados pelos instintos mais baixos. Um escritor cristão explica-o assim: *Vede que não é pequeno o coração do homem, pois abarca tantas coisas. Medi essa grandeza, não em suas dimensões físicas, mas no poder do seu pensamento, capaz de alcançar o conhecimento de tantas verdades. No coração, é possível preparar o caminho do Senhor, traçar uma senda reta, para que passem por ela o Verbo e a Sabedoria de Deus. Com uma conduta honesta, com obras irrepreensíveis, preparai o caminho do Senhor, aplainai as veredas, para que o Verbo de Deus caminhe em vós sem tropeço e vos dê a conhecer os seus mistérios e a sua vinda*[14].

Revela-nos a Escritura Santa que essa grandiosa obra da santificação, tarefa oculta e magnífica do Paráclito, não se verifica só na alma, mas também no corpo. *Não sabeis que os vossos corpos são membros de Cristo?*, clama o Apóstolo. *Hei de abusar dos membros de Cristo para os fazer membros de uma prostituta?* [...] *Porventura não sabeis que os vossos corpos são templos do Espírito Santo, o qual habita em vós e vos foi dado por Deus, e que já não vos pertenceis a vós mesmos, pois fostes comprados por um grande preço? Glorificai a Deus e trazei-o no vosso corpo*[15].

---

(14) Orígenes, *In Lucam homiliae*, XXI (PG 13, 1856); (15) I Cor VI, 15.19-20.

Alguns, por aí fora, ouvem falar de castidade e sorriem. É 179
um riso – um trejeito – sem alegria, morto, de cabeças retorcidas. A grande maioria – repetem eles – não acredita nisso! Eu, aos rapazes que me acompanhavam pelos bairros e hospitais da periferia de Madrid – passaram tantos, tantos anos! –, costumava dizer-lhes: Considerai que há um reino mineral; outro, o reino vegetal – mais perfeito –, em que, à existência, se acrescentou a vida; e depois um reino animal, formado quase sempre por seres dotados de sensibilidade e movimento.

De um modo talvez pouco acadêmico, mas gráfico, explicava-lhes que devíamos instituir outro reino, o *hominal,* o reino dos humanos. Porque a criatura racional possui uma inteligência admirável, centelha da Sabedoria divina, que lhe permite raciocinar por conta própria; e possui igualmente essa maravilhosa liberdade, que lhe permite aceitar ou rejeitar isto ou aquilo, a seu arbítrio.

Ora bem, neste reino dos homens – dizia-lhes com a experiência que provinha do meu abundante trabalho como sacerdote –, para uma pessoa normal, o tema do sexo ocupa o quarto ou o quinto lugar. Primeiro estão as aspirações da vida espiritual, daquela que cada um tenha; logo depois, muitas questões que interessam ao homem ou à mulher normais: o pai, a mãe, o lar, os filhos. Mais tarde, a profissão. E lá em quarto ou quinto lugar, aparece o impulso sexual.

Por isso, sempre que conheci gente que convertia este ponto em argumento central das suas conversas, dos seus interesses, pareceu-me que eram anormais, pobres infelizes, talvez doentes. E acrescentava – e aqui havia um momento de riso e brincadeira entre os rapazes a quem me dirigia – que esses desventurados me causavam tanta pena como a que me causava uma criança disforme, de cabeça grande, grande, de um metro de perímetro. São indivíduos infelizes, e – além das orações por eles – brota em nós uma fraterna compaixão, porque desejamos que se curem da sua triste doença. Mas do que não há dúvida é de que não são nunca nem mais homens nem mais mulheres do que aqueles que não andam obcecados pelo sexo.

A castidade é possível

180 Todos arrastamos paixões conosco, todos deparamos com as mesmas dificuldades, em qualquer idade. Por isso, temos que lutar. Lembrai-vos do que escrevia São Paulo: *Datus est mihi stimulus carnis meae, angelus Satanae, qui me colaphizet*[16], rebela-se o estímulo da carne, que é como um anjo de Satanás que o esbofeteia, porque, senão, seria soberbo.
Não se pode ter uma vida limpa sem a assistência divina. Deus quer que sejamos humildes e peçamos o seu socorro. Deves suplicar confiadamente à Virgem, agora mesmo, na solidão acompanhada do teu coração, sem ruído de palavras: Minha Mãe, este meu pobre coração subleva-se bobamente... Se Tu não me proteges... E Ela há de amparar-te para que o guardes puro e percorras o caminho a que o Senhor te chamou.
Filhos: humildade, humildade. Aprendamos a ser humildes. Para guardar o Amor, precisamos de prudência, de vigiar com cuidado e de não nos deixarmos dominar pelo medo. Entre os autores clássicos de espiritualidade, muitos comparam o demônio a um cão raivoso, atado por uma corrente: se não nos aproximamos, não nos morde, ainda que ladre continuamente. Se fomentardes em vossas almas a humildade, não há dúvida de que evitareis as ocasiões, reagireis com a valentia de fugir; e procurareis diariamente o auxílio do Céu, para avançar com garbo por esta senda de enamorados.

181 Olhai que quem está podre, pela concupiscência da carne, espiritualmente não consegue andar, é incapaz de uma obra boa, é um aleijado que permanece jogado a um canto como um trapo. Não vistes esses pacientes com paralisia progressiva, que não conseguem valer-se nem pôr-se em pé? Às vezes, nem sequer mexem a cabeça. É o que acontece no terreno sobrenatural com os que não são humildes e se entregam covardemente à luxúria. Não veem, nem ouvem, nem entendem nada. Estão paralíticos e como que enlouquecidos.

---
(16) II Cor XII, 7.

Cada um de nós deve invocar o Senhor, a Mãe de Deus, e suplicar que nos concedam a humildade e a decisão de aproveitar com piedade o divino remédio da Confissão. Não permitais que se aninhe na vossa alma um foco de podridão, por muito pequeno que seja. Falai. Quando a água corre, é límpida; quando se estanca, forma um charco cheio de porcaria repugnante, e de água potável converte-se em caldo de bichos.

Que a castidade é possível e que constitui uma fonte de alegria, vós o sabeis como eu; também é do vosso conhecimento que exige de vez em quando um pouco de luta. Escutemos de novo São Paulo: *Deleito-me na lei de Deus segundo o homem interior, mas ao mesmo tempo vejo outra lei em meus membros, que resiste ao meu espírito e me subjuga à lei do pecado, que está nos membros do meu corpo. Como sou um homem infeliz! Quem me livrará deste corpo de morte?*[17] Grita tu mais, se precisas, mas não exageremos: *Sufficit tibi gratia mea*[18], basta-te a minha graça, responde-nos Nosso Senhor.

Já tive ocasião de perceber como brilhavam os olhos de um esportista diante dos obstáculos que devia ultrapassar. Que vitória! Observai como domina essas dificuldades! Assim nos contempla Deus Nosso Senhor, que ama a nossa luta: sempre seremos vencedores, porque Ele não nos nega nunca a onipotência da sua graça. E então pouco importa que haja contenda, porque Ele não nos abandona.

É combate, mas não renúncia. Respondemos com uma afirmação gozosa, com uma entrega livre e alegre. O teu comportamento não há de limitar-se a evitar a queda, a ocasião. Não há de reduzir-se de maneira nenhuma a uma negação fria e matemática. Já te convenceste de que a castidade é uma virtude e de que, como tal, deve crescer e aperfeiçoar-se? Não basta, insisto, sermos continentes, cada um segundo o seu estado: temos de viver castamente, com virtude heroica. Esta virtude comporta um ato positivo, pelo qual aceitamos de boa

---

(17) Rom VII, 22-24; (18) II Cor XII, 9.

vontade o apelo divino: *Praebe, fili mi, cor tuum mihi et oculi tui vias meas custodiant*[19], entrega-me, meu filho, o teu coração, e estende o teu olhar pelos meus campos de paz. E agora eu te pergunto: Como é que enfrentas esta peleja? Bem sabes que a luta, se a manténs desde o princípio, já está vencida. Afasta-te imediatamente do perigo, logo que percebas as primeiras chispas da paixão, e mesmo antes. Fala, além disso, imediatamente com quem dirige a tua alma; melhor antes, se for possível, porque, se abrirmos o coração de par em par, não seremos derrotados. Um ato e outro formam um hábito, uma inclinação, uma facilidade. Por isso é necessário batalhar para alcançar o hábito da virtude, o hábito da mortificação, para não repelir o Amor dos amores.

Meditai no conselho de São Paulo a Timóteo – *te ipsum castum custodi*[20], conserva-te casto –, para que também nós estejamos sempre vigilantes, decididos a guardar esse tesouro que Deus nos entregou. Ao longo da minha vida, quantas pessoas não ouvi exclamarem: Ai, se tivesse cortado logo no princípio! E diziam-no cheias de aflição e vergonha.

Todo o coração entregue

183   Preciso recordar-vos que não achareis a felicidade fora das vossas obrigações cristãs. Se as abandonásseis, ficar-vos-ia um remorso selvagem e seríeis uns infelizes. Até as coisas mais correntes que trazem um pouquinho de felicidade, e que são lícitas, podem tornar-se então amargas como o fel, azedas como o vinagre, repugnantes como o rosalgar.

Cada um de vós, e eu também, confia a Jesus: Senhor, eu me proponho lutar e sei que Tu não perdes batalhas; e compreendo que, se alguma vez as perco, é por me ter afastado de ti! Leva-me pela mão, e não te fies de mim, não me largues!

Pode algum de vós pensar: Padre, mas eu sou tão feliz! E

---

(19) Prv XXIII, 26; (20) I Tim V, 22.

amo a Cristo! E, embora seja de barro, desejo chegar à santidade com a ajuda de Deus e da sua Santíssima Mãe! Acredito. Só te previno com estas exortações por via das dúvidas, para o caso de vir a apresentar-se alguma dificuldade. Ao mesmo tempo, devo repetir-te que a existência do cristão – a tua e a minha – é de Amor. O nosso coração nasceu para amar. E quando não lhe damos um afeto puro, limpo e nobre, vinga-se e inunda-se de miséria. O verdadeiro amor de Deus – a pureza de vida, portanto – acha-se tão longe da sensualidade como da insensibilidade, de qualquer sentimentalismo como da ausência ou da dureza de coração. É uma pena não ter coração. São uns infelizes os que não aprenderam nunca a amar com ternura. Nós, os cristãos, estamos enamorados do Amor: o Senhor não nos quer secos, rígidos, como uma matéria inerte. Ele nos quer impregnados do seu carinho! Aquele que por Deus renuncia a um amor humano não é um solteirão, como essas pessoas que andam tristes, infelizes e de asa caída, porque desprezaram a generosidade de amar limpamente.

Amor humano e castidade

Tenho-vos explicado frequentemente que, para cultivar a intimidade com o meu Senhor, me têm servido também – não me importo de que se saiba – essas canções populares que se referem quase sempre ao amor: agradam-me de verdade. O Senhor escolheu-nos, a mim e a alguns de vós, totalmente para Ele; e nós transferimos para o divino esse amor nobre das estrofes humanas. Assim o faz o Espírito Santo no *Cântico dos Cânticos*, e assim o fizeram os grandes místicos de todos os tempos.

Recordemos estes versos da Santa de Ávila: *Se Vós me quereis folgando, / por amor quero folgar; / se me mandais trabalhar, / morrer quero trabalhando. / Dizei: onde, como e quando? / Dizei, doce Amor, dizei: / Que mandais fazer de*

184

mim?[21] Ou aquela canção de São João da Cruz, que começa de um modo encantador: *Um pastorinho está só e afligido, / à míngua de prazer e contentamento; / e na pastora tem posto o pensamento / e o peito de amor todo dorido*[22].

O amor humano, quando é limpo, produz-me um imenso respeito, uma veneração indizível. Como não havemos de estimar esses carinhos santos, nobres, dos nossos pais, a quem devemos uma grande parte da nossa amizade com Deus? Eu abençoo esse amor com as duas mãos, e, quando certa vez me perguntaram por que dizia *com as duas mãos*, a minha resposta imediata foi: Porque não tenho quatro!

Bendito seja o amor humano! Mas o Senhor, a mim, pediu-me mais. E, como afirma a teologia católica, entregar-se por amor do Reino dos Céus só a Jesus e, por Jesus, a todos os homens, é coisa mais sublime que o amor matrimonial, ainda que o matrimônio seja um sacramento e *sacramentum magnum*[23], sacramento grande.

Mas, em qualquer caso, cada um no seu lugar, com a vocação que Deus lhe infundiu na alma – solteiro, casado, viúvo, sacerdote –, deve esforçar-se por viver delicadamente a castidade, que é virtude para todos e de todos exige luta, delicadeza, primor, rijeza, essa finura que só entendemos quando nos colocamos junto do Coração enamorado de Cristo na Cruz. Não vos preocupeis se nalgum momento sentis a tentação que vos espreita. Uma coisa é sentir e outra consentir. A tentação pode ser repelida facilmente, com a ajuda de Deus. O que não convém de modo algum é dialogar.

Os meios para vencer

185   Vejamos com que recursos contamos sempre, nós, os cristãos, para vencer nesta luta por guardar a castidade: não como

---

(21) Santa Teresa de Jesus, *Vossa sou, para Vós nasci, Poesias*, 5, 9; (22) São João da Cruz, *Outras canções à divindade de Cristo e à alma, Poesias*, 10; (23) Eph V, 32.

anjos, mas como mulheres e homens sadios, fortes, normais! Venero com toda a alma os anjos, e uma grande devoção me une a esse exército de Deus. Mas não gosto de me comparar a eles, porque os anjos têm uma natureza diferente da nossa e essa equiparação significaria uma desordem.

Em muitos ambientes, generalizou-se um clima de sensualidade que, unido à confusão doutrinal, leva muitos a justificar qualquer aberração ou, ao menos, a demonstrar a tolerância mais indiferente por todo o tipo de costumes licenciosos.

Temos de ser o mais limpos que pudermos, com respeito pelo corpo, sem medo, porque o sexo é coisa santa e nobre – participação no poder criador de Deus –, feito para o matrimônio. E assim, limpos e sem medo, dareis com a vossa conduta o testemunho da possibilidade e da formosura da santa pureza.

Em primeiro lugar, empenhar-nos-emos em afinar a nossa consciência, aprofundando até onde for necessário para termos a certeza de haver adquirido uma boa formação, distinguindo bem entre a consciência delicada – autêntica graça de Deus – e a consciência escrupulosa, que é coisa diferente.

Cuidai da castidade com esmero, e também dessas outras virtudes que formam o seu cortejo – a modéstia e o pudor –, que vêm a ser como que a sua salvaguarda. Não passeis com ligeireza por cima dessas normas que são tão eficazes para nos conservarmos dignos do olhar de Deus: a guarda atenta dos sentidos e do coração; a valentia – a valentia de ser *covarde* – para fugir das ocasiões; a frequência dos sacramentos, de modo particular a Confissão sacramental; a sinceridade plena na direção espiritual pessoal; a dor, a contrição, a reparação depois das faltas. E tudo ungido com uma terna devoção a Nossa Senhora, para que Ela nos obtenha de Deus o dom de uma vida santa e limpa.

Se por desgraça se cai, é preciso levantar-se imediatamente. Com a ajuda de Deus, que não faltará se nos servirmos dos meios, deve chegar-se quanto antes ao arrependimento, à sinceridade humilde, à reparação, de modo que a derrota momentânea se transforme numa grande vitória de Jesus Cristo.

Acostumai-vos também a levar a luta a pontos que estejam longe dos muros capitais da fortaleza. Não se pode andar fazendo equilíbrios nas fronteiras do mal: temos de evitar com firmeza o voluntário *in causa* *, temos de repelir mesmo o menor desamor; e temos de fomentar as ânsias de um apostolado cristão, contínuo e fecundo, que necessita da santa pureza como alicerce e também como um dos seus frutos mais característicos. Além disso, devemos preencher as horas com um trabalho intenso e responsável, procurando a presença de Deus, porque não devemos esquecer nunca que fomos comprados por um grande preço e que somos templo do Espírito Santo.

E que outros conselhos vos sugiro? Os recursos de que sempre se valeram os cristãos que pretendiam de verdade seguir Cristo, os mesmos que empregaram aqueles primeiros que perceberam o respirar de Jesus: o trato assíduo com o Senhor através da Eucaristia, a invocação filial à Santíssima Virgem, a humildade, a temperança, a mortificação dos sentidos – porque *não convém olhar para o que não é lícito desejar,* advertia São Gregório Magno[24] – e a penitência.

Dir-me-eis que tudo isso é nada menos que um resumo da vida cristã. Realmente, não é possível separar a pureza, que é amor, da essência da nossa fé, que é caridade, o renovado enamorar-se de Deus que nos criou, que nos redimiu e que nos toma continuamente pela mão, ainda que numa multidão de ocasiões não o percebamos. Ele não nos pode abandonar. *Dizia Sião: O Senhor abandonou-me, o Senhor esqueceu-se de mim. Pode a mulher esquecer-se do fruto do seu ventre, não se compadecer do filho das suas entranhas? Pois ainda que ela se esquecesse, Eu não te esquecerei*[25]. Estas palavras não vos infundem um júbilo imenso?

(*) A expressão *voluntário "in causa"* é utilizada pela teologia moral para significar a responsabilidade por pecados que, embora não sejam diretamente queridos, decorrem como efeito de outra ação voluntária. Nestes casos, quem quer a *causa* é moralmente responsável pelos efeitos que ela previsivelmente podia produzir (N. do T.); (24) São Gregório Magno, *Moralia*, XXI, II, 4 (PL 76, 190); (25) Is XLIX, 14-15.

Costumo afirmar que são três os pontos que nos enchem de contentamento na terra e nos alcançam a felicidade eterna do Céu: uma fidelidade firme, delicada, alegre e indiscutida à fé, à vocação que cada um recebeu e à pureza. Quem ficar agarrado às sarças do caminho – a sensualidade, a soberba... – ficará por vontade própria e, se não retifica, será um infeliz por ter dado as costas ao Amor de Cristo.

Volto a afirmar que todos temos misérias. Mas as nossas misérias não nos deverão levar nunca a esquivar-nos do Amor de Deus, mas a acolher-nos a esse Amor, a meter-nos dentro dessa bondade divina, como os antigos guerreiros se metiam dentro da sua armadura: aquele *Ecce ego, quia vocasti me*[26] – conta comigo, porque me chamaste – é a nossa defesa. Não devemos afastar-nos de Deus por termos descoberto as nossas fragilidades; temos de atacar as misérias, precisamente porque Deus confia em nós.

Como conseguiremos vencer essas ruindades? Insisto, porque é de importância capital: com humildade e com sinceridade na direção espiritual e no Sacramento da Penitência. Ide aos que orientam a vossa alma com o coração aberto; não o fecheis, porque, se se infiltra o demônio mudo, é muito difícil tirá-lo.

Perdoai a minha teima, mas julgo imprescindível que se grave a fogo nas vossas inteligências que a humildade e – sua consequência imediata – a sinceridade enfeixam os outros meios e se revelam como algo que estabelece as bases da eficácia para a vitória. Se o demônio mudo se introduz numa alma, deita tudo a perder; em contrapartida, se o expulsamos imediatamente, tudo corre bem, somos felizes, a vida desenvolve-se retamente. Sejamos sempre *selvagemente sinceros,* embora com prudente educação.

Quero que este ponto fique claro: não me preocupam tanto o coração e a carne como a soberba. Humildes. Quando pen-

---

(26) I Reg III, 6.8.

sardes que tendes toda a razão, não tendes razão nenhuma. Ide à direção espiritual com a alma aberta; não a fecheis, porque – repito – mete-se o demônio mudo, que é difícil de tirar.

Lembrai-vos daquele pobre endemoninhado que os discípulos não conseguiram libertar; só o Senhor lhe obteve a liberdade, com oração e jejum. Naquela ocasião, o Mestre fez três milagres: primeiro, que aquele homem ouvisse, porque, quando nos domina o demônio mudo, a alma nega-se a ouvir; segundo, que falasse; e terceiro, que o diabo se fosse.

189 Contai primeiro o que desejaríeis que não se soubesse. Abaixo o demônio mudo! De uma questão pequena, dando-lhe voltas, fazeis uma bola grande, como se faz com a neve, e vos encerrais lá dentro. Por quê? Abri a alma! Eu vos garanto a felicidade, que é fidelidade ao caminho cristão, se fordes sinceros. Clareza, simplicidade: são disposições absolutamente necessárias; temos que abrir a alma, de par em par, de modo que entre o sol de Deus e a caridade do Amor.

Para nos afastarmos da sinceridade total, não é necessária sempre uma motivação turva; às vezes, basta um erro de consciência. Algumas pessoas formaram – deformaram – de tal maneira a consciência, que o seu mutismo, a sua falta de sinceridade, lhes parece uma coisa reta: pensam que é bom calar. Isso acontece mesmo com almas que receberam uma excelente preparação, que conhecem as coisas de Deus; talvez por isso encontrem motivos para se convencerem de que convém calar. Mas estão enganadas. A sinceridade é necessária sempre; não valem as desculpas, ainda que pareçam boas.

Terminamos estes minutos de conversa, em que tu e eu fizemos a nossa oração ao nosso Pai, pedindo-lhe que nos conceda a graça de vivermos essa afirmação gozosa que é a virtude cristã da castidade.

Pedimo-lo por intercessão de Santa Maria, que é a pureza imaculada. Recorremos a Ela – *tota pulchra!*, toda formosa – com um conselho que eu dava há muitos anos aos que se sentiam intranquilos na sua luta diária por serem humildes, limpos, sinceros, alegres, generosos: *Todos os pecados da tua alma parecem ter-se posto de pé. – Não desanimes. – Pelo contrário, chama por tua Mãe, Santa Maria, com fé e abandono de criança. Ela trará o sossego à tua alma*[27].

---

(27) *Considerações Espirituais*, Cuenca, 1934, pág. 53.

VIDA DE FÉ

Homilia pronunciada em 12-10-1947.

Ouve-se às vezes dizer que atualmente os milagres são menos frequentes. Não se dará antes o caso de serem menos as almas que vivem vida de fé? Deus não pode faltar à sua promessa: *Pede-me, e Eu te darei as nações por herança; teus domínios irão até os confins da terra*[1]. O nosso Deus é a Verdade, o fundamento de tudo o que existe: nada se cumpre sem o seu querer onipotente.

Assim como era no princípio, agora e sempre, por todos os séculos dos séculos[2]. O Senhor não muda, não precisa de se mover para alcançar coisas que não possua. Ele é todo o movimento e toda a beleza e toda a grandeza. Hoje como outrora. *Passarão os céus como o fumo, e a terra envelhecerá como um vestido* [...], *mas a minha salvação durará para sempre e a minha justiça não terá fim*[3].

Deus estabeleceu em Jesus Cristo uma nova e eterna aliança com os homens. Pôs a sua onipotência a serviço da nossa salvação. Quando as criaturas desconfiam, quando tremem por falta de fé, ouvimos novamente Isaías anunciar em nome do Senhor: *Porventura encurtou-se o meu braço para que não vos possa resgatar, ou não me restam forças para vos salvar? Eis que com uma ameaça seco o mar e converto os rios em*

---

(1) Ps II, 8; (2) Doxologia *Gloria Patri*...; (3) Is LI, 6.

deserto, de modo que os seus peixes apodrecem e morrem de sede por falta de água. Eu visto os céus de trevas e os cubro de luto[4].

A fé é virtude sobrenatural que inclina a nossa inteligência a assentir às verdades reveladas, a responder "sim" a Cristo, Àquele que nos deu a conhecer plenamente o desígnio salvífico da Trindade Beatíssima. *Deus, que outrora falou muitas vezes e de muitos modos aos nossos pais pelos profetas, ultimamente, nestes dias, falou-nos por meio do seu Filho, a quem constituiu herdeiro de tudo, por quem criou também os séculos; o qual, sendo o resplendor da sua glória e o vivo retrato da sua substância, e sustentando tudo com a sua poderosa palavra, depois de nos ter purificado dos nossos pecados, está sentado à direita da Majestade no mais alto dos céus*[5].

191

Junto à piscina de Siloé

Quereria que fosse Jesus quem nos falasse de fé, quem nos desse lições de fé. Por isso, abriremos o Novo Testamento e viveremos com Ele algumas passagens da sua vida. Efetivamente, Cristo não se poupou a esforços para ensinar pouco a pouco os seus discípulos a entregar-se com confiança ao cumprimento da Vontade do Pai. Vai doutrinando-os com palavras e com obras.

192

Consideremos o capítulo nono de São João: *E, passando Jesus, viu um homem cego de nascença. E os seus discípulos perguntaram-lhe: Mestre, quem pecou, este ou os seus pais, para que nascesse cego?*[6] Esses homens, apesar de estarem tão perto de Cristo, pensam mal daquele pobre cego. Para que não nos admiremos se, com o rodar da vida, ao servirmos a Igreja, encontramos discípulos do Senhor que se comportam assim conosco ou com os outros. Não nos preocupemos nem

---

(4) Is L, 2-3; (5) Hebr I, 1-3; (6) Ioh IX, 1-2.

façamos caso, como aquele cego. Abandonemo-nos de verdade nas mãos de Cristo: Ele não ataca, perdoa; não condena, absolve; não observa a doença com frieza, mas aplica-lhe o remédio com divina diligência.

Nosso Senhor *cuspiu no chão, fez lodo com a saliva, aplicou-o aos olhos do cego e disse-lhe: Vai e lava-te na piscina de Siloé, que quer dizer Enviado. Foi ele, pois, lavou-se e voltou com vista*[7].

193 Que exemplo de firmeza na fé nos dá este cego! Uma fé viva, operativa. É assim que te comportas com as indicações que Deus te faz, quando muitas vezes estás cego, quando a luz se oculta por entre as preocupações da tua alma? Que poder continha a água, para que os olhos ficassem curados ao serem umedecidos? Teria sido mais adequado um colírio misterioso, um medicamento precioso preparado no laboratório de um sábio alquimista. Mas aquele homem crê; põe em prática o que Deus lhe ordena, e volta com os olhos cheios de luz.

Foi útil – escreveu Santo Agostinho ao comentar esta passagem – *que o Evangelista explicasse o sentido do nome da piscina, fazendo notar que significava Enviado. Agora entendemos quem é este Enviado. Se o Senhor não nos tivesse sido enviado, nenhum de nós teria sido libertado do pecado*[8]. Temos de crer com fé firme nAquele que nos salva, neste Médico divino que foi enviado precisamente para nos curar. E crer com tanto mais força quanto mais grave ou desesperada for a doença que tivermos.

194 Temos de adquirir a medida divina das coisas, sem perder nunca o "ponto de mira" sobrenatural; sabendo, além disso, que Jesus se vale também das nossas misérias, para que resplandeça a sua glória. Por isso, sempre que sentimos serpentear pela nossa consciência o amor próprio, o cansaço, o desânimo, o peso das paixões, devemos reagir prontamente e ouvir o Mestre, sem nos assustarmos com a triste realidade que so-

---

(7) Ioh IX, 6-7; (8) Santo Agostinho, *In Ioannis Evangelium tractatus*, XLIV, 2 (PL 35, 1714).

mos cada um de nós, porque, enquanto vivermos, sempre nos hão de acompanhar as debilidades pessoais.
Este é o caminho do cristão. É necessário invocar o Senhor sem descanso, com uma fé enérgica e humilde: Senhor, não te fies de mim! Eu, sim, é que me fio de ti. E ao vislumbrarmos em nossa alma o amor, a compaixão, a ternura com que Cristo Jesus nos olha – porque Ele não nos abandona –, compreenderemos em toda a sua profundidade as palavras do Apóstolo: *Virtus in infirmitate perficitur,* a virtude fortifica-se na fraqueza[9]; com fé no Senhor, apesar das nossas misérias – ou melhor, com as nossas misérias –, seremos fiéis ao nosso Pai- -Deus, e o poder divino brilhará, sustentando-nos no meio da nossa fraqueza.

A fé de Bartimeu

Desta vez, é São Marcos quem nos conta a cura de outro cego. *Ao sair Jesus de Jericó com os seus discípulos e uma grande multidão, Bartimeu, o cego, filho de Timeu, estava sentado junto do caminho pedindo esmola*[10]. Ouvindo aquele grande murmúrio da gente, o cego perguntou: Que está acontecendo? Responderam-lhe: É Jesus de Nazaré. Então inflamou-se tanto a sua alma na fé de Cristo, que gritou: *Filho de Davi, tem compaixão de mim*[11].

Não te dá vontade de gritar, a ti, que também estás parado à beira do caminho, desse caminho da vida que é tão curta; a ti, a quem faltam luzes; a ti, que precisas de mais graças para te decidires a procurar a santidade? Não sentes a urgência de clamar: *Jesus, filho de Davi, tem compaixão de mim?* Que maravilhosa jaculatória, para que a repitas com frequência!

Aconselho-vos a refletir com vagar sobre as circunstâncias que antecedem o prodígio, a fim de que conserveis bem gravada na mente uma ideia muito nítida: como são diferentes os

---

(9) II Cor XII, 9; (10) Mc X, 46; (11) Mc X, 47.

nossos pobres corações do Coração misericordioso de Jesus! Isso há de servir-vos sempre de ajuda, de modo especial na hora da prova, da tentação, como também na hora da resposta generosa no meio dos pequenos afazeres e nas ocasiões heroicas.

E ameaçavam-no muitos para que se calasse[12]. Tal como a ti, quando suspeitaste que Jesus passava a teu lado. Aceleraram-se as batidas do teu peito e começaste também a clamar, sacudido por uma íntima inquietação. E amigos, costumes, comodidade, ambiente, todos te aconselharam: Cala-te, não grites! Por que hás de chamar por Jesus? Não o incomodes!

Mas o pobre Bartimeu não fazia caso deles e continuava ainda com mais força: *Filho de Davi, tem compaixão de mim.* O Senhor, que o ouvira desde o começo, deixou-o perseverar na sua oração. Tal como a ti. Jesus apercebe-se do primeiro apelo da nossa alma, mas espera. Quer que nos convençamos de que precisamos dEle; quer que supliquemos, que sejamos teimosos, como aquele cego que estava à beira do caminho, à saída de Jericó. *Imitemo-lo. Ainda que Deus não nos conceda imediatamente o que lhe pedimos, ainda que muitos procurem afastar-nos da oração, não cessemos de implorar*[13].

Jesus deteve-se e mandou chamá-lo. E alguns dos melhores que o rodeiam, dirigem-se ao cego: *Ânimo! Ele te chama*[14]. É a vocação cristã! Mas a chamada de Deus não é uma só. Consideremos, além disso, que o Senhor nos procura a cada instante: Levanta-te – diz-nos – e sai da tua poltronaria, do teu comodismo, dos teus pequenos egoísmos, dos teus probleminhas sem importância. Desprega-te da terra, tu que estás aí rasteiro, achatado e informe. Ganha altura, e peso, e volume, e perspectiva sobrenatural.

Aquele homem, *lançando fora a capa, levantou-se de um salto e foi ter com Jesus*[15]. Arremessou a capa! Não sei se al-

---

(12) Mc X, 48; (13) São João Crisóstomo, *In Matthaeum homiliae*, LXVI, 1 (PG 58, 626); (14) Mc X, 49; (15) Mc X, 50.

guma vez estiveste na guerra. Há já muitos anos, tive ocasião de pisar um campo de batalha, algumas horas depois de ter acabado a refrega. E lá havia, abandonados pelo chão, mantas, cantis e mochilas cheias de recordações de família: cartas, fotografias de pessoas queridas... E não eram dos derrotados; eram dos vitoriosos! Tudo aquilo lhes sobrava, para correrem mais depressa e saltarem o parapeito inimigo. Tal como no caso de Bartimeu, para correr atrás de Cristo.

Não te esqueças de que, para chegar até Cristo, é preciso sacrifício, jogar fora tudo o que estorva: manta, mochila, cantil. Tu tens de proceder da mesma maneira nesta luta pela glória de Deus, nesta luta de amor e de paz com que procuramos difundir o reinado de Cristo. Para servir a Igreja, o Romano Pontífice e as almas, deves estar disposto a renunciar a tudo o que sobra; a ficar sem essa manta, que é abrigo para as noites cruas, sem essas recordações amadas da família, sem o refrigério da água. Lição de fé, lição de amor. Porque é assim que se tem de amar a Cristo.

Fé com obras

E imediatamente começa um diálogo divino, um diálogo 197 maravilhoso, que comove, que abrasa, porque tu e eu somos agora Bartimeu. Da boca divina de Cristo sai uma pergunta: *Quid tibi vis faciam?* Que queres que te conceda? E o cego: Mestre, que eu veja[16]. Que coisa tão lógica! E tu, vês? Não te aconteceu já, em alguma ocasião, o mesmo que a esse cego de Jericó?

Não posso deixar de recordar agora que, ao meditar nesta passagem, há já muitos anos, e ao compreender que Jesus esperava de mim alguma coisa – algo que eu não sabia o que era! –, fiz as minhas jaculatórias. Senhor, que queres? Que me pedes? Pressentia que me buscava para algo de novo, e aquele

---

(16) Mc X, 51.

198 *Rabboni, ut videam* – Mestre, que eu veja – levou-me a suplicar a Cristo, numa oração contínua: Senhor, que se cumpra isso que Tu queres.

Rezai comigo ao Senhor: *Doce me facere voluntatem tuam, quia Deus meus es tu*[17], ensina-me a cumprir a tua Vontade, porque Tu és o meu Deus. Numa palavra: que brote dos nossos lábios o anseio sincero de corresponder com um desejo eficaz aos convites do nosso Criador, procurando seguir os seus desígnios com uma fé inquebrantável, persuadidos de que Ele não pode falhar.

Amando deste modo a Vontade divina, perceberemos que o valor da fé não reside apenas na clareza com que a expomos, mas também no ânimo resoluto com que a defendemos com obras. E assim saberemos ser consequentes na nossa atuação.

Mas voltemos à cena que se desenrola à saída de Jericó. Agora é contigo que Cristo fala. Ele te diz: Que queres de Mim? Que eu veja, Senhor, que eu veja! E Jesus: *Vai, a tua fé te salvou. Nesse mesmo instante, começou a ver e seguia-o pelo caminho*[18]. Segui-lo pelo caminho. Tu tiveste notícia daquilo que o Senhor te propunha e decidiste acompanhá-lo pelo caminho. Tu procuras pisar onde Ele pisou, vestir-te com as vestes de Cristo, ser o próprio Cristo. Pois então a tua fé – fé nessa luz que o Senhor te vai dando – deverá ser operativa e sacrificada. Não te iludas, não penses em descobrir formas novas. É assim a fé que Ele nos reclama: temos de andar ao seu ritmo, com obras cheias de generosidade, arrancando e soltando tudo o que é estorvo.

Fé e humildade

199 Agora é São Mateus quem nos relata uma situação comovente. *Eis que uma mulher, que havia doze anos padecia de um fluxo de sangue, se chegou por detrás dEle e tocou a fim-*

---

(17) Ps CXLII, 10; (18) Mc X, 52.

bria do seu manto[19]. Que humildade a desta mulher! *Dizia dentro de si: Ainda que eu toque somente o seu manto, ficarei curada*[20].

Nunca faltam doentes que imploram como Bartimeu, com uma fé grande, e que não têm pejo em confessá-la aos gritos. Mas reparemos como no caminho de Cristo não há duas almas iguais. Grande também é a fé desta mulher; e, no entanto, não grita: aproxima-se sem que ninguém a note. Basta-lhe tocar de leve o manto de Jesus, porque tem a certeza de que será curada. E ainda mal tinha acabado de fazê-lo, quando Nosso Senhor se volta e a olha. Já sabe o que se passa no interior daquele coração; apercebeu-se da sua firme convicção: *Tem confiança, filha, a tua fé te salvou*[21].

Tocou com delicadeza a orla do manto, aproximou-se com fé, acreditou e soube que tinha sido curada [...]. Assim também nós, se quisermos ser salvos, devemos tocar com fé o manto de Cristo[22]. Estás bem persuadido de como há de ser a nossa fé? Humilde. Quem és tu, quem sou eu, para merecermos este chamado de Cristo? Quem somos nós para estarmos tão perto dEle? Tal como àquela pobre mulher no meio da multidão, o Senhor ofereceu-nos uma oportunidade. E não só para tocar uma ponta da sua túnica, ou, num breve momento, o extremo do seu manto, a orla. Temo-lo inteiro. Entrega-se totalmente a cada um de nós, com o seu Corpo, com o seu Sangue, com a sua Alma, com a sua Divindade. Comemo-lo todos os dias, falamos intimamente com Ele, como se fala com o pai, como se fala com o Amor. E isto é verdade. Não são imaginações.

Procuremos que aumente a nossa humildade. Porque só uma fé humilde permite olhar as coisas com perspectiva sobrenatural. Não existe outra alternativa. Só são possíveis dois modos de viver na terra: ou se vive vida sobrenatural, ou vida animal. E tu e eu não podemos viver senão a vida de Deus, a

---

(19) Mt IX, 20; (20) Mt IX, 21; (21) Mt IX, 22; (22) Santo Ambrósio, *Expositio Evangelii secundum Lucam*, VI, 56.58 (PL 15, 1682-1683).

vida sobrenatural. *Que aproveita ao homem ganhar o mundo inteiro se vier a perder a sua alma?*[23] Que aproveita ao homem tudo o que povoa a terra, todas as ambições da inteligência e da vontade? Que vale tudo isso, se tudo acaba, se tudo se afunda, se são bambolinas de teatro todas as riquezas deste mundo terreno, se depois é a eternidade para sempre, para sempre, para sempre?

Este advérbio – sempre – tornou grande Teresa de Jesus. Quando ela – uma criança ainda – saía pela porta que dá para o rio Adaja, atravessando as muralhas da cidade acompanhada pelo seu irmão Rodrigo, com a intenção de irem a terra de mouros para lá serem decapitados por amor de Cristo, ia sussurrando ao irmão que dava mostras de cansaço: Para sempre, para sempre, para sempre[24].

Mentem os homens, quando dizem "para sempre" em coisas temporais. Só é verdade, com uma verdade total, o "para sempre" referido a Deus. E assim deves tu viver, com uma fé que te ajude a sentir sabores de mel, doçuras de céu, ao pensares na eternidade, que é, de verdade, para sempre.

Vida corrente e contemplação

201   Voltemos ao Santo Evangelho, e detenhamo-nos no episódio que São Mateus nos relata no capítulo vinte e um. Conta-nos que Jesus, *quando regressava à cidade, teve fome e, vendo uma figueira junto do caminho, aproximou-se dela*[25]. Que alegria, Senhor, ver-te com fome, ver-te também sedento, junto ao poço de Sicar![26] Contemplo-te *perfectus Deus, perfectus homo*[27]: verdadeiro Deus, mas também verdadeiro homem, com carne como a minha. *Aniquilou-se a si mesmo, tomando a forma de servo*[28], para que eu nunca mais duvidasse de que Ele me compreende, de que me ama.

---

(23) Mt XVI, 26; (24) cfr. *Livro da vida*, 1, 6; (25) Mt XXI, 18-19; (26) cfr. Ioh IV, 7; (27) Símbolo *Quicumque*; (28) Phil II, 7.

Teve fome. Sempre que nos cansemos – no trabalho, no estudo, na tarefa apostólica –, sempre que haja cerração no horizonte, então, os olhos em Cristo: em Jesus bom, em Jesus cansado, em Jesus faminto e sedento. Como te fazes compreender, Senhor! Como te fazes amar! Tu te mostras como nós, em tudo menos no pecado, para que saibamos palpavelmente que contigo podemos vencer as nossas más inclinações, as nossas culpas. Que importância têm o cansaço, a fome, a sede, as lágrimas!... Cristo cansou-se, passou fome, teve sede, chorou. O que importa é a luta – uma luta amável, porque o Senhor permanece sempre ao nosso lado – para cumprir a vontade do Pai que está nos céus[29].

Aproxima-se da figueira: aproxima-se de ti e aproxima-se de mim. Jesus, com fome e com sede de almas. Do alto da Cruz clamou: *Sitio!*[30], tenho sede. Sede de nós, do nosso amor, das nossas almas e de todas as almas que lhe devemos levar, pelo caminho da Cruz, que é o caminho da imortalidade e da glória do Céu.

Abeirou-se da figueira, mas *não encontrou nela senão folhas*[31]. É lamentável. Mas não acontecerá o mesmo na nossa vida? Não acontecerá, tristemente, que falta fé, falta vibração de humildade, e não aparecem os sacrifícios nem as obras? Não será que só está de pé a fachada cristã, mas falta o proveito? É terrível, porque Jesus ordena: *Nunca mais nasça fruto de ti. E imediatamente a figueira secou*[32]. Dói-nos esta passagem da Escritura Santa, mas, ao mesmo tempo, anima-nos a reacender a fé, a viver segundo a fé, para que Cristo receba sempre lucro da nossa parte.

Não nos enganemos. Nosso Senhor não depende nunca das nossas construções humanas. Para Ele, os projetos mais ambiciosos não passam de brincadeiras de crianças. Ele quer almas, quer amor. Quer que todos corram a usufruir do seu Reino, por toda a eternidade. Temos que trabalhar muito na terra, e

---

(29) Cfr. Ioh IV, 34; (30) Ioh XIX, 28; (31) Mt XXI, 19; (32) *ibid.*

temos que trabalhar bem, porque essas ocupações habituais são a matéria que devemos santificar. Mas nunca nos esqueçamos de as realizar por Deus. Se as fizéssemos por nós mesmos, isto é, por orgulho, só produziríamos folharada; e nem Deus nem os homens conseguiriam saborear um pouco de doçura em árvore tão frondosa.

203 Então, ao olharem para a figueira seca, *os discípulos maravilharam-se dizendo: Como é que a figueira secou num instante?*[33] Aqueles primeiros Doze, que haviam presenciado tantos milagres de Cristo, pasmam-se uma vez mais, porque tinham uma fé que ainda não queimava. Por isso o Senhor assegura: *Na verdade vos digo: se tiverdes fé e não andardes hesitando, não somente fareis o que sucedeu a esta figueira, mas ainda, se disserdes a esse monte: Sai daí e lança-te ao mar, assim se fará*[34]. Jesus Cristo estabelece esta condição: que vivamos da fé, porque depois seremos capazes de remover montanhas. E há tantas coisas a remover... no mundo e, primeiro, no nosso coração! Tantos obstáculos à graça! Portanto, fé! Fé com obras, fé com sacrifício, fé com humildade, porque a fé nos converte em criaturas onipotentes: *E tudo o que na oração pedirdes com fé, alcançá-lo-eis*[35].

O homem de fé sabe avaliar bem as questões terrenas, sabe que isto daqui de baixo é, no dizer de Santa Teresa, uma noite ruim numa ruim pousada[36]. Renova a tua convicção de que a nossa existência na terra é tempo de trabalho e de luta, tempo de purificação para saldarmos a dívida para com a justiça divina, pelos nossos pecados. Toma consciência também de que os bens temporais são meios, e usa-os generosamente, heroicamente.

204 A fé não é só para pregar, mas especialmente para praticar. Talvez nos faltem as forças com frequência. Nesses momentos – e de novo nos valemos do Santo Evangelho –, comportemo-nos como o pai daquele rapaz que estava possesso. Dese-

---

(33) Mt XXI, 20; (34) Mt XXI, 21; (35) Mt XXI, 22; (36) cfr. Santa Teresa de Jesus, *Caminho de Perfeição*, 40, 9 (70, 4).

java a salvação do filho, esperava que Cristo o curasse, mas não acaba de acreditar que seja possível tamanha felicidade. E Jesus, que sempre pede fé, conhecendo as perplexidades daquela alma, antecipa-se: *Se podes crer, tudo é possível ao que crê*[37]. Tudo é possível: onipotentes! Mas com fé. Aquele homem sente que a sua fé vacila, teme que essa escassez de confiança impeça que o seu filho recupere a saúde. E chora. Oxalá não nos envergonhemos desse pranto: é fruto do amor de Deus, da oração contrita, da humildade. *E o pai do rapaz, banhado em lágrimas, exclamou: Eu creio, Senhor, mas ajuda a minha incredulidade*[38].

Dizemos agora ao Senhor o mesmo, com as mesmas palavras, ao acabarmos este tempo de meditação: Senhor, eu creio! Eduquei-me na tua fé, decidi seguir-te de perto. Ao longo da minha vida, implorei repetidamente a tua misericórdia. E, repetidas vezes também, pareceu-me impossível que Tu pudesses fazer tantas maravilhas no coração dos teus filhos. Senhor, eu creio! Mas ajuda-me, para que creia mais e melhor!

E dirigimos igualmente esta súplica a Santa Maria, Mãe de Deus e Mãe nossa, Mestra de fé: *Bem-aventurada tu que creste, porque se cumprirão as coisas que te foram ditas da parte do Senhor*[39].

---

(37) Mc IX, 22; (38) Mc IX, 23; (39) Lc I, 45.

A ESPERANÇA CRISTÃ

Homilia pronunciada em 8-6-1968,
sábado das Têmporas de Pentecostes.

Há já bastantes anos, com a força de uma convicção que crescia de dia para dia, escrevi: *Espera tudo de Jesus; tu nada tens, nada vales, nada podes. Ele agirá, se nEle te abandonares*[1]. Passou o tempo, e essa minha convicção tornou-se ainda mais vigorosa, mais funda. Tenho visto, em muitas vidas, que a esperança em Deus acende maravilhosas fogueiras de amor, com um fogo que mantém palpitante o coração, sem desânimos, sem decaimentos, embora ao longo do caminho se sofra, e às vezes se sofra deveras.

Enquanto lia o texto da Epístola da Missa, eu me comovia, e imagino que convosco se deu outro tanto. Compreendia que Deus nos ajuda, com as palavras do Apóstolo, a contemplar o travejamento divino das três virtudes teologais, que compõem a armação em que se tece a autêntica existência do homem cristão, da mulher cristã.

Escutemos de novo São Paulo: *Justificados, pois, pela fé, conservemos a paz com Deus por meio de Nosso Senhor Jesus*

---

(1) *Considerações Espirituais*, Cuenca, 1934, pág. 67.

*Cristo. Por Ele temos acesso em virtude da fé a esta graça, na qual permanecemos firmes e nos gloriamos, na esperança da glória dos filhos de Deus. E não nos gloriamos só nisso, mas também nos gloriamos nas tribulações, pois sabemos que a tribulação produz a paciência, a paciência a prova, e a prova a esperança. E a esperança não ilude, porque o amor de Deus foi derramado em nossos corações por meio do Espírito Santo*².

Aqui, na presença de Deus que nos preside do Sacrário – como fortalece esta proximidade real de Jesus! –, vamos meditar hoje sobre esse suave dom de Deus, a esperança, que nos cumula a alma de alegria, *spe gaudentes*³, cheios de júbilo, porque – se formos fiéis – espera-nos o Amor infinito.

Não esqueçamos nunca que, para quem quer que seja – para cada um de nós, portanto –, só há dois modos de estar na terra: ou se vive vida divina, lutando por agradar a Deus; ou se vive vida animal, mais ou menos humanamente ilustrada, quando se prescinde dEle. Nunca concedi grande peso a esses *santões* que fazem alarde de não terem fé: amo-os de verdade, como a todos os homens, meus irmãos; admiro-lhes a boa vontade, que sob determinados aspectos pode mostrar-se heroica; mas sinto pena deles, porque têm a enorme desgraça de lhes faltar a luz e o calor de Deus, e a alegria inefável da esperança teologal.

Um cristão sincero, coerente com a sua fé, não atua senão com os olhos postos em Deus, com sentido sobrenatural; trabalha neste mundo, que ama apaixonadamente, metido nas preocupações da terra, mas com o olhar fito no Céu. É São Paulo que no-lo confirma: *Quae sursum sunt quaerite; buscai as coisas lá do alto, onde Cristo está sentado à direita de Deus. Saboreai as coisas lá de cima, e não as da terra. Porque estais mortos* – para o que é mundano, pelo Batismo –, *e a vossa vida está escondida com Cristo em Deus*⁴.

---

(2) Rom V, 1-5; (3) Rom XII, 12; (4) Col III, 1-3.

Esperanças terrenas e esperança cristã

207 Anda na boca de muitos, com monótona cadência, o *ritornello* já tão surrado de que *a esperança é a última que morre*; como se a esperança fosse uma muleta para se continuar perambulando sem complicações, sem inquietações de consciência; ou como se fosse um expediente que permitisse adiar *sine die* a oportunidade de retificar a conduta, a luta por atingir metas nobres e, sobretudo, o fim supremo da união com Deus. Eu diria que esse é o caminho para confundir a esperança com o comodismo. No fundo, não se está ansioso por conseguir um verdadeiro bem, nem espiritual nem material legítimo; a pretensão mais alta de alguns se reduz, assim, a furtar-se ao que possa alterar a tranquilidade – aparente – de uma existência medíocre. Com uma alma tímida, encolhida, preguiçosa, a criatura enche-se de egoísmos sutis e conforma-se com que os dias, os anos, transcorram *sine spe nec metu,* sem esperança nem medo, sem aspirações que exijam esforços, sem os sobressaltos da peleja: o que interessa é evitar o risco do desaire e das lágrimas. Que longe se está de obter alguma coisa, se malogrou o desejo de possuí-la, por medo às exigências que a sua conquista implica!

Também não falta a atitude superficial daqueles que – até com visos de afetada cultura ou de ciência – compõem com a esperança poesia fácil. Incapazes de enfrentar sinceramente o seu íntimo e de se decidirem pelo bem, limitam a esperança a um anseio, a um sonho utópico, ao simples consolo para as aflições de uma vida difícil. A esperança – falsa esperança! – converte-se para esses numa frívola veleidade que não conduz a nada.

208 Mas, se abundam os medrosos e os frívolos, há nesta nossa terra muitos homens retos que, impelidos por um ideal nobre – embora sem motivo sobrenatural, por filantropia –, arrostam toda a espécie de privações e se gastam generosamente a servir os outros, a ajudá-los em seus sofrimentos ou em suas dificuldades. Sempre me sinto inclinado a respeitar e mesmo a ad-

mirar a tenacidade de quem trabalha decididamente por um ideal limpo. No entanto, considero obrigação minha recordar que tudo o que empreendemos aqui, se é iniciativa exclusivamente nossa, nasce com o selo da caducidade. Meditemos as palavras da Escritura: *Quando me pus a considerar todas as obras de minhas mãos e o trabalho a que me tinha dado para fazê-las, vi que tudo é vaidade e vento que passa; não há nada de proveitoso debaixo do sol*[5]. Esta precariedade não sufoca a esperança. Pelo contrário, quando reconhecemos a pequenez e a contingência das iniciativas terrenas, o nosso trabalho abre-se à autêntica esperança, que alevanta todos os afazeres humanos e os converte em pontos de encontro com Deus. Ilumina-se assim essa tarefa com uma luz perene, que afasta as trevas das desilusões. Mas, se transformamos os projetos temporais em metas absolutas, cancelando do horizonte a morada eterna e o fim para que fomos criados – amar e louvar o Senhor, e possuí-lo depois no Céu –, os mais brilhantes empreendimentos se tornam traições e mesmo veículo para aviltar as criaturas. Recordemos a sincera e famosa exclamação de Santo Agostinho, que havia passado por tantas amarguras enquanto desconhecia Deus e procurava fora dEle a felicidade: *Criaste-nos, Senhor, para ti, e o nosso coração está inquieto enquanto não descansar em ti!*[6] Talvez na vida dos homens não haja nada de mais trágico que os enganos que sofrem pela corrupção ou pela falsificação da esperança, apresentada numa perspectiva que não tem por objeto o Amor que sacia sem saciar.

A mim, e desejo que o mesmo aconteça a todos vós, a certeza de me sentir – de me saber – filho de Deus cumula-me de verdadeira esperança, uma esperança que, por ser virtude sobrenatural, ao ser infundida nas criaturas, se amolda à nossa natureza e é também virtude muito humana.

Vivo feliz com a certeza do Céu que havemos de alcançar,

---

(5) Eccl II, 11; (6) Santo Agostinho, *Confissões*, I, I, 1 (PL 32, 661).

se permanecermos fiéis até o fim; com a ventura que nos chegará *quoniam bonus*[7], porque o meu Deus é bom e é infinita a sua misericórdia. Esta convicção incita-me a compreender que só as coisas marcadas com o timbre de Deus revelam o sinal indelével da eternidade; e o seu valor é imperecível. Por isso, a esperança não me separa das coisas desta terra, antes me aproxima dessas realidades de um modo novo, cristão, que se esforça por descobrir em tudo a relação da natureza, decaída, com Deus Criador e com Deus Redentor.

Em que esperar

209   Talvez mais de um pergunte: Nós, os cristãos, em que devemos esperar? Porque o mundo nos oferece muitos bens, apetecíveis para este nosso coração, que reclama felicidade e busca ansiosamente o amor. Além disso, queremos semear a paz e a alegria a mãos cheias, não ficamos satisfeitos com a consecução de uma prosperidade pessoal e procuramos que estejam contentes todos os que nos rodeiam.

Infelizmente, alguns, com uma visão digna mas sem relevo, com ideais exclusivamente caducos e fugazes, esquecem que os anelos do cristão devem orientar-se para cumes mais elevados: infinitos. O que nos interessa é o próprio Amor de Deus, que gozemos dele plenamente, com um gozo sem fim. Temos verificado de muitas maneiras que as coisas cá de baixo hão de passar para todos: quando este mundo acabar; e mesmo antes, para cada um, com a morte, porque nem as riquezas nem as honrarias nos acompanham ao sepulcro. Por isso, com as asas da esperança, que anima o nosso coração a elevar-se até Deus, aprendemos a rezar assim: *In te Domine speravi, non confundar in aeternum*[8], espero em ti, Senhor, para que me dirijas com as tuas mãos, agora e a todo o instante, pelos séculos dos séculos.

---

(7) Ps CV, 1; (8) Ps XXX, 2.

Não nos criou o Senhor para construirmos aqui uma Cidade definitiva⁹, *porque este mundo é caminho para o outro, que é morada sem pesar*¹⁰. No entanto, os filhos de Deus não devem desinteressar-se das atividades terrenas, em que Deus os coloca para santificá-las, para impregná-las da nossa fé bendita, a única que traz verdadeira paz, alegria autêntica às almas e aos diversos ambientes. Esta tem sido a minha pregação constante desde 1928: urge cristianizar a sociedade; levar a todos os estratos desta nossa humanidade o sentido sobrenatural, de modo que todos nos empenhemos em elevar à ordem da graça os afazeres diários, a profissão ou o ofício. Desta forma, todas as ocupações humanas se iluminam com uma esperança nova, que transcende o tempo e a caducidade do que é mundano.

Pelo Batismo, somos portadores da palavra de Cristo, que tranquiliza, que inflama e aquieta as consciências feridas. E para que o Senhor atue em nós, temos que dizer-lhe que estamos dispostos a lutar todos os dias, embora nos vejamos frouxos e inúteis, embora percebamos o peso imenso das nossas misérias e da nossa pobre fraqueza pessoal. Temos de repetir-lhe que confiamos nEle, na sua assistência: se for preciso, como Abraão, *contra toda a esperança*¹¹. Assim trabalharemos com redobrado empenho e ensinaremos os homens a comportar--se com serenidade, livres de ódios, de receios, de ignorâncias, de incompreensões, de pessimismos, porque Deus tudo pode.

Onde quer que nos encontremos, o Senhor nos exorta: Vigiai! Perante esse pedido de Deus, alimentemos na consciência os desejos esperançados de santidade, com obras. *Meu filho, dá-me o teu coração*¹², sugere-nos Ele ao ouvido. Deixa de construir castelos com a fantasia, decide-te a abrir a tua alma a Deus, pois só no Senhor acharás fundamento real para a tua esperança e para fazeres o bem aos outros. Quando uma pessoa não luta consigo mesma, quando não se rechaçam ter-

---

(9) Cfr. Hebr XIII, 14; (10) Jorge Manrique, *Coplas*, V; (11) Rom IV, 18; (12) Prv XXIII, 26.

minantemente os inimigos que estão dentro da cidadela interior – o orgulho, a inveja, a concupiscência da carne e dos olhos, a autossuficiência, a tresloucada avidez de libertinagem –, quando não existe peleja interior, crestam-se os mais nobres ideais como a *flor dos campos, porque, em despontando o sol ardente, seca-se a erva, cai a flor e acaba-lhe a vistosa formosura*[13]. Depois brotarão pela menor fenda o desalento e a tristeza, como planta daninha e invasora.

Jesus não se conforma com um assentimento titubeante. Pretende, tem direito a que caminhemos com inteireza, sem concessões perante as dificuldades. Exige passos firmes, concretos, pois, ordinariamente, os propósitos gerais de pouco servem. Esses propósitos tão pouco delineados parecem-me ilusões falazes que tentam silenciar os chamados divinos percebidos pelo coração; fogos fátuos, que não queimam nem dão calor, e que desaparecem com a mesma fugacidade com que surgiram.

Por isso, ficarei convencido de que as tuas intenções de atingir a meta são sinceras, se te vir caminhar com determinação. Pratica o bem, revendo as tuas atitudes habituais nas ocupações de cada instante; pratica a justiça, precisamente nos meios que frequentas, ainda que te sintas vergado pela fadiga; fomenta a felicidade dos que te rodeiam, servindo os outros com alegria no lugar do teu trabalho, com esforço para terminá--lo com a maior perfeição possível, com a tua compreensão, com o teu sorriso, com a tua conduta cristã. E tudo por Deus, com o pensamento na sua glória, com o olhar alto, anelando pela Pátria definitiva, que somente essa finalidade vale a pena.

Tudo posso

212   Se não lutas, não me digas que estás tentando identificar-te mais com Cristo, conhecê-lo, amá-lo. Quando empreendemos

---

(13) Iac I, 10-11.

o *caminho real* do seguimento de Cristo, da conduta de filhos de Deus, não nos passa despercebido o que nos espera: a Santa Cruz, que devemos contemplar como o ponto central onde se apoia a nossa esperança de nos unirmos ao Senhor. Posso antecipar-te que este programa não é empreendimento cômodo; que viver da maneira que o Senhor nos indica pressupõe esforço. Leio-vos a enumeração do Apóstolo, ao referir-se às peripécias e sofrimentos que passou para cumprir a vontade de Jesus: *Cinco vezes recebi dos judeus quarenta açoites menos um. Três vezes fui açoitado com varas; uma vez apedrejado. Três vezes naufraguei; uma noite e um dia passei mergulhado no mar alto. Em viagens sem conta, exposto a perigos nos rios, perigos de salteadores, perigos dos da minha nação, perigos dos pagãos, perigos na cidade, perigos no deserto, perigos no mar, perigos entre falsos irmãos! Em trabalhos e fadigas, em repetidas vigílias, na fome e na sede, no frio e na nudez! E além destas coisas exteriores, pesam sobre mim os cuidados de cada dia e a solicitude por todas as igrejas*[14].

Nestas conversas com o Senhor, gosto de me cingir à realidade em que nos movemos, sem inventar teorias nem sonhar com grandes renúncias, com heroicidades, que habitualmente não se dão. O que importa é aproveitarmos o tempo, que nos foge das mãos e que, com critério cristão, é mais do que ouro, porque representa uma antecipação da glória que nos será concedida mais tarde.

Como é lógico, na nossa jornada não toparemos com tais nem com tantas contradições como as que se entrecruzaram na vida de Saulo. Nós descobriremos a baixeza do nosso egoísmo, as garras da sensualidade, as chicotadas de um orgulho inútil e ridículo, e muitas outras claudicações: tantas, tantas fraquezas. Descoroçoar-se? Não. Repitamos ao Senhor com São Paulo: *Alegro-me nas minhas fraquezas, nas afrontas, nas necessida-*

---

(14) II Cor XI, 24-28.

des, nas perseguições, nas angústias por amor de Cristo. *Porque, quando me vejo fraco, então é que sou forte*[15].

213 Às vezes, quando tudo nos sai ao contrário do que imaginávamos, vem-nos espontaneamente aos lábios: Senhor, tudo me vai para o fundo, tudo, tudo!... Chegou a hora de retificar: Eu, contigo, avançarei seguro, porque Tu és a própria fortaleza: *quia tu es, Deus, fortitudo mea*[16].

Eu te pedi que, no meio das ocupações, procurasses levantar os olhos ao Céu, perseverantemente, porque a esperança nos impele a agarrar-nos a essa mão forte que Deus nos estende sem cessar, a fim de não perdermos o "ponto de mira" sobrenatural, mesmo quando as paixões se levantam e nos acometem, para nos aferrolharem no reduto mesquinho do nosso eu, ou quando – com vaidade pueril – nos sentimos o centro do universo. Eu vivo persuadido de que, sem olhar para cima, sem Jesus, nunca conseguirei nada; e sei que a minha fortaleza, para me vencer e para vencer, nasce de repetir aquele grito: *Tudo posso nAquele que me conforta*[17], que encerra a promessa segura que Deus nos faz de não abandonar os seus filhos, se os seus filhos não o abandonam.

A miséria e o perdão

214 Tanto se aproximou Deus das criaturas, que todos guardamos no coração fomes de altura, ânsias de subir muito alto, de fazer o bem. Se agora revolvo em ti estas aspirações, é porque quero que te convenças da segurança que Ele pôs na tua alma: se o deixas atuar, servirás – no lugar em que estás – como instrumento útil, com uma eficácia inimaginável. Para que não te afastes por covardia dessa confiança que Deus deposita em ti, evita a presunção de menosprezar ingenuamente as dificuldades que hão de aparecer no teu caminho de cristão.

---

(15) II Cor XII, 10; (16) Ps XLII, 2; (17) Phil IV, 13.

Não nos podemos surpreender. Arrastamos dentro de nós – consequência da natureza decaída – um princípio de oposição, de resistência à graça: são as feridas do pecado de origem, exacerbadas pelos nossos pecados pessoais. Portanto, devemos empreender essas ascensões, essas tarefas divinas e humanas – as de cada dia, que sempre desembocam no Amor de Deus –, com humildade, de coração contrito, fiados na assistência divina e dedicando-lhes os nossos melhores esforços, como se tudo dependesse de nós.

Enquanto combatemos – um combate que há de durar até a morte –, não excluas a possibilidade de que se ergam, violentos, os inimigos de fora e de dentro. E, como se não bastasse esse lastro, hão de amontoar-se na tua mente, de quando em quando, os erros cometidos, talvez abundantes. Digo-te em nome de Deus: não desesperes. Quando isso suceder – aliás, não é forçoso que suceda, nem será o habitual –, converte essa ocasião em motivo para te unires mais ao Senhor; porque Ele, que te escolheu como filho, não te há de abandonar: permite a prova, sim, mas para que ames mais e descubras com mais clareza a sua contínua proteção, o seu Amor.

Insisto, tem coragem, porque Cristo, que nos perdoou na Cruz, continua a oferecer o seu perdão no sacramento da Penitência e sempre *temos um intercessor junto ao Pai, Jesus Cristo, o Justo. Ele mesmo é a vítima de propiciação pelos nossos pecados, e não somente pelos nossos, mas também pelos de todo o mundo*[18], para que alcancemos a Vitória.

Para a frente, aconteça o que acontecer! Bem agarrado ao braço do Senhor, considera que Deus não perde batalhas. Se te afastas dEle por qualquer motivo, reage com a humildade de começar e recomeçar; de fazer de filho pródigo todos os dias, até mesmo repetidas vezes nas vinte e quatro horas do dia; de acertar o coração contrito na Confissão, verdadeiro milagre do Amor de Deus. Neste sacramento maravilhoso, o Senhor lim-

---

(18) I Ioh II, 1-2.

pa a tua alma e te inunda de alegria e de força, para não desfaleceres no combate e para retornares sem cansaço a Deus, mesmo quando te pareça que tudo está às escuras. Além disso, a Mãe de Deus, que é também Mãe nossa, te protege com a sua solicitude maternal e te firma nos teus passos.

Deus não se cansa de perdoar

215   Previne a Escritura Santa que até *o justo cai sete vezes*[19]. Sempre que li estas palavras, a minha alma estremeceu com uma forte sacudidela de amor e de dor. Com essa advertência divina, o Senhor vem uma vez mais ao nosso encontro, para nos falar da sua misericórdia, da sua ternura, da sua clemência, que nunca terminam. Estejamos certos de que Deus não quer as nossas misérias, mas não as desconhece; e conta precisamente com essas fraquezas para que nos tornemos santos.

Uma sacudidela de Amor, dizia-vos. Olho para a minha vida e vejo sinceramente que não sou nada, que não valho nada, que não tenho nada, que não posso nada; mais ainda: que sou o nada! Mas Ele é tudo e, ao mesmo tempo, é meu, e eu sou dEle, porque não me rejeita, porque se entregou por mim. Onde contemplastes um amor tão grande?

E uma sacudidela de dor, pois revejo a minha conduta e me assombro com o cúmulo das minhas negligências. Basta-me examinar as poucas horas do dia de hoje, desde que me levantei, para descobrir tantas faltas de amor, de correspondência fiel. Tenho verdadeira pena deste meu comportamento, mas não me tira a paz. Prostro-me diante de Deus e exponho-lhe claramente a minha situação. Logo a seguir, recebo a certeza da sua assistência e, no fundo do meu coração, ouço que Ele me repete devagar: *Meus es tu!*[20], tu és meu; Eu já sabia – e sei – como és: para a frente!

Não pode ser de outra maneira. Se nos pusermos continua-

---

(19) Prv XXIV, 16; (20) Is XLIII, 1.

mente na presença do Senhor, aumentará a nossa confiança, pois verificaremos que o seu Amor e o seu chamado permanecem atuais; Deus não se cansa de nos amar. A esperança mostra-nos que, sem Ele, não conseguimos realizar nem sequer o menor dos nossos deveres; e, com Ele, com a sua graça, as nossas feridas cicatrizam; revestimo-nos da sua fortaleza para resistir aos ataques do inimigo, e melhoramos. Em resumo: a consciência de estarmos feitos de barro de moringa deve servir-nos sobretudo para robustecermos a nossa esperança em Cristo Jesus.

Misturai-vos com frequência entre as personagens do Novo Testamento. Saboreai as cenas comoventes em que o Mestre atua com gestos divinos e humanos ou relata com modos de dizer humanos e divinos a história sublime do perdão, do Amor ininterrupto que tem pelos seus filhos. Esses traslados do Céu renovam-se agora também, na perenidade atual do Evangelho: apalpa-se, nota-se, pode-se afirmar que se toca com as mãos a proteção divina; um amparo que ganha em vigor quando continuamos em frente apesar dos tropeços, quando começamos e recomeçamos, que isto é a vida interior, vivida com a esperança em Deus.

Sem este empenho por superar os obstáculos de dentro e de fora, não nos será concedido o prêmio. *Nenhum atleta será coroado, se não lutar de verdade*[21], *e não seria autêntico o combate, se faltasse o adversário a quem combater. Portanto, se não há adversário, não haverá coroa; pois não pode haver vencedor onde não há vencido*[22].

Longe de nos desalentarem, as contrariedades têm de ser acicate que nos faça crescer como cristãos: nessa luta, santificamo-nos, e a nossa atividade apostólica adquire maior eficácia. Ao meditarmos sobre os momentos em que Jesus Cristo – no Horto das Oliveiras e, mais tarde, no abandono e ludíbrio da Cruz – aceita e ama a Vontade do Pai, enquanto sente o

---

(21) II Tim II, 5; (22) São Gregório Niseno, *De perfecta christiani forma* (PG 46, 286).

peso gigantesco da Paixão, devemos persuadir-nos de que, para imitar Cristo, para sermos seus discípulos, precisamos abraçar o seu conselho: *Quem quiser vir após mim, negue-se a si mesmo, tome a sua cruz e siga-me*[23]. É por isso que gosto de pedir a Jesus, para mim: *Senhor, nenhum dia sem cruz!* Assim, com a graça divina, reforçar-se-á o nosso caráter, e serviremos de apoio ao nosso Deus, a despeito das nossas misérias pessoais.

Tens de compreender: se, ao pregarmos um prego na parede, não encontramos resistência, o que é que poderemos pendurar ali? Se não nos robustecemos com o auxílio divino, por meio do sacrifício, não atingiremos a condição de instrumentos do Senhor. Pelo contrário, se nos decidimos a aproveitar com alegria as contrariedades, por amor de Deus, não nos custará exclamar, com os Apóstolos Tiago e João, diante das coisas difíceis e das desagradáveis, das duras e das incômodas: *Podemos!*[24]

A importância da luta

217   Devo prevenir-vos acerca de uma cilada que Satanás – esse não tira férias! – não se dedigna de armar, para nos arrancar a paz. Acontece que podemos passar por momentos em que se insinue a dúvida, a tentação de pensar que estamos retrocedendo lamentavelmente, ou de que quase não avançamos; até ganha forças a convicção de que, não obstante o empenho por melhorar, pioramos.

Garanto-vos que, de ordinário, esse juízo pessimista reflete apenas uma ilusão, um engano que convém repelir. Costuma acontecer, nesses casos, que a alma se torna mais atenta, a consciência mais fina, o amor mais exigente; ou então, verifica-se que a ação da graça nos ilumina com mais intensidade, e

---

(23) Mt XVI, 24; (24) Mc X, 39.

saltam aos nossos olhos muitos pormenores que, na penumbra, passariam desapercebidos. Seja como for, temos de examinar atentamente essas inquietações, porque o Senhor, com a sua luz, nos pede mais humildade ou mais generosidade. Lembrai--vos de que a Providência nos conduz sem pausas, e não regateia o seu auxílio – com milagres portentosos e com milagres pequeninos – para levar avante os seus filhos.

Militia est vita hominis super terram, et sicut dies mercenarii, dies eius[25], a vida do homem sobre a terra é milícia e os seus dias transcorrem sob o peso do trabalho. Ninguém escapa a esse imperativo, nem mesmo os comodistas que relutam em reconhecê-lo: desertam das fileiras de Cristo e afadigam-se em outras contendas para satisfazerem a sua poltronaria, a sua vaidade, as suas ambições mesquinhas; andam escravos dos seus caprichos.

Se a situação de luta é inerente à criatura humana, procuremos cumprir as nossas obrigações com tenacidade, rezando e trabalhando com boa vontade, com intenção reta, com o olhar posto no que Deus quer. Assim se satisfarão as nossas ânsias de Amor e progrediremos rumo à santidade, embora ao terminar a jornada verifiquemos que ainda nos resta muita distância a percorrer.

Renovai todas as manhãs, com um *serviam!* decidido – Senhor, eu te servirei! –, o propósito de não ceder, de não cair na preguiça ou no desleixo, de enfrentar os afazeres com mais esperança, com mais otimismo, bem persuadidos de que, se formos vencidos em alguma escaramuça, poderemos superar esse baque com um ato de amor sincero.

A virtude da esperança – a certeza de que Deus nos governa com a sua providente onipotência, de que nos dá os meios necessários – fala-nos dessa contínua bondade do Senhor para com os homens, para contigo, para comigo, sempre disposto a ouvir-nos, porque jamais se cansa de escutar. Interessam-lhe

---

(25) Job VII, 1.

as tuas alegrias, os teus êxitos, o teu amor e também os teus apertos, a tua dor, os teus fracassos.

Por isso, não esperes nEle apenas quando tropeçares com a tua fraqueza; dirige-te ao teu Pai do Céu nas circunstâncias favoráveis e nas adversas, acolhendo-te à sua proteção misericordiosa. E a certeza da nossa nulidade pessoal – não se requer grande humildade para reconhecer esta realidade: somos uma autêntica multidão de zeros – converter-se-á numa fortaleza irresistível, porque à esquerda do nosso eu estará Cristo, e que cifra incomensurável não resulta!: *O Senhor é a minha fortaleza e o meu refúgio; a quem temerei?*[26]

Acostumai-vos a ver Deus por trás de todas as coisas, a saber que Ele nos espera sempre, que nos contempla e reclama precisamente que o sigamos com lealdade, sem abandonar o lugar que nos cabe neste mundo. Devemos caminhar com vigilância afetuosa, com uma preocupação sincera de lutar, para não perdermos a sua divina companhia.

Esta luta do filho de Deus não anda de mãos dadas com renúncias tristes, com resignações sombrias, com privações de alegria: é a reação do apaixonado que, enquanto trabalha e enquanto descansa, enquanto se rejubila e enquanto padece, põe o seu pensamento na pessoa amada e por ela enfrenta com todo o gosto os problemas mais diversos. Além disso, no nosso caso, como Deus – insisto – não perde batalhas, nós, com Ele, nos chamaremos vencedores. Tenho a experiência de que, se me ajusto fielmente às suas instâncias, *Ele me conduz a verdes prados e me leva às águas refrescantes. Recreia a minha alma, pelos caminhos retos me conduz, por amor do seu nome. Ainda que eu atravesse um vale tenebroso, nada temerei, pois estás comigo. Teu bordão e teu cajado são o meu consolo*[27].

Nas batalhas da alma, a estratégia é muitas vezes questão de tempo, de aplicar o remédio conveniente com paciência, com teimosia. Aumentai os atos de esperança. Quero lembrar-

---

(26) Ps XXVI, 1; (27) Ps XXII, 2-4.

-vos que, na vida interior, sofrereis derrotas, ou passareis por altos e baixos – Deus permita que sejam imperceptíveis –, porque ninguém está livre desses percalços. Mas o Senhor, que é onipotente e misericordioso, concedeu-nos os meios idóneos para vencer. Basta que os utilizemos, como dizia antes, com a resolução de começar e recomeçar a cada instante, se for preciso.

Recorrei semanalmente – e sempre que precisardes, sem dar lugar aos escrúpulos – ao santo Sacramento da Penitência, ao sacramento do perdão divino. Revestidos da graça, passaremos através das montanhas[28] e subiremos a encosta do cumprimento do dever cristão, sem nos determos. Utilizando esses recursos, com boa vontade, suplicando ao Senhor que nos conceda uma esperança cada vez maior, possuiremos a alegria contagiosa dos que se sabem filhos de Deus: *Se Deus está conosco, quem nos poderá derrotar?*[29]

Otimismo, portanto. Impelidos pela força da esperança, lutaremos por apagar a mancha viscosa que espalham os semeadores do ódio, e redescobriremos o mundo numa perspectiva feliz, porque o mundo saiu belo e limpo das mãos de Deus, e é assim, com essa beleza, que o havemos de restituir a Ele, se aprendermos a arrepender-nos.

Com o olhar no Céu

Cresçamos em esperança, que deste modo fortaleceremos a nossa fé, verdadeiro *fundamento das coisas que se esperam e garantia das que não se possuem*[30]. Cresçamos nesta virtude, que é suplicar ao Senhor que aumente a sua caridade em nós, porque só se confia deveras no que se ama com todas as forças. E vale a pena amar o Senhor. Todos sabem por experiência, tanto como eu, que uma pessoa enamorada se entrega com

---

(28) Cfr. Ps CIII, 10; (29) Rom VIII, 31; (30) Hebr XI, 1.

toda a segurança, com uma sintonia maravilhosa, em que os corações pulsam num mesmo querer. E o que será o Amor de Deus? Não sabemos que por cada um de nós morreu Cristo? Sim, por este nosso coração, pobre, pequeno, consumou-se o sacrifício redentor de Jesus.

O Senhor fala-nos frequentemente do prêmio que nos conquistou com a sua Morte e com a sua Ressurreição. *Vou preparar-vos um lugar. E quando eu me houver ido e vos tiver preparado o lugar, de novo voltarei e vos levarei comigo, para que onde eu estiver estejais vós também*[31]. O Céu é a meta da nossa senda terrena. Jesus Cristo precedeu-nos, e é lá que, em companhia de Nossa Senhora e de São José – a quem tanto venero –, dos Anjos e dos Santos, espera a nossa chegada.

Nunca faltaram os hereges – mesmo na época apostólica – que tentaram arrancar aos cristãos a esperança. *Se de Cristo se prega que ressuscitou dos mortos, como é que entre vós alguns dizem que não há ressurreição dos mortos? Se, porém, não existe ressurreição dos mortos, então Cristo também não ressuscitou. E, se Cristo não ressuscitou, vã é a nossa pregação, vã a vossa fé...*[32] A divindade do nosso caminho – Jesus, caminho, verdade e vida[33] – é penhor seguro de que esse caminho acaba na felicidade eterna, se dEle não nos afastarmos.

221   Como será maravilhoso quando o nosso Pai nos disser: *Servo bom e fiel, porque foste fiel nas pequenas coisas, eu te confiarei as grandes: entra na alegria do teu Senhor!*[34] Esperançados! Este é o prodígio da alma contemplativa. Vivemos de Fé, e de Esperança, e de Amor; e a Esperança nos torna poderosos. Lembrai-vos de São João: *Eu vos escrevo, jovens, porque sois valentes, e a palavra de Deus permanece em vós, e vencestes o maligno*[35]. É o próprio Deus que nos apressa, para a eterna juventude da Igreja e da humanidade inteira. Podemos transformar em divino tudo o que é humano, assim como o rei Midas convertia em ouro tudo o que tocava!

---

(31) Ioh XIV, 2-3; (32) I Cor XV, 12-14; (33) cfr. Ioh XIV, 6; (34) Mt XXV, 21; (35) I Ioh II, 14.

Não o esqueçais nunca: depois da morte, há de receber-vos o Amor. E no Amor de Deus ireis encontrar, além disso, todos os amores limpos que houverdes tido na terra. O Senhor dispôs que passássemos esta breve jornada da nossa existência trabalhando e, como o seu Unigênito, *fazendo o bem*[36]. Nesse meio tempo, devemos estar alerta, à escuta daqueles chamados que Santo Inácio de Antioquia notava na sua alma, ao aproximar-se a hora do martírio: *Vem para junto do Pai*[37], vem ter com teu Pai, que te espera ansioso.

Peçamos a Santa Maria, *Spes nostra*, que nos inflame na aspiração santa de morarmos todos juntos na casa do Pai. Nada nos poderá preocupar, se decidirmos ancorar o coração no desejo da verdadeira Pátria: o Senhor nos conduzirá com a sua graça e levará a barca, com bom vento, a tão claras ribeiras.

---

(36) Act X, 38; (37) Santo Inácio de Antioquia, *Epistola ad Romanos*, VII (PG 5, 694).

COM A FORÇA DO AMOR

Homilia pronunciada em 6-4-1967.

Misturado entre a multidão, um daqueles peritos que já não conseguiam discernir os ensinamentos revelados a Moisés, porque eles mesmos os haviam emaranhado numa estéril casuística, fez uma pergunta ao Senhor. Jesus abre os seus lábios divinos para responder a esse doutor da Lei e diz-lhe pausadamente, com a segura persuasão de quem fala por experiência: *Amarás o Senhor teu Deus com todo o teu coração, com toda a tua alma e com todo o teu entendimento. Este é o primeiro e o maior mandamento. O segundo é semelhante a este: Amarás o teu próximo como a ti mesmo.* A estes dois mandamentos se reduz toda a Lei e os profetas[1].

Reparai agora no Mestre reunido com os seus discípulos, na intimidade do Cenáculo. Aproxima-se o momento da sua Paixão, e o Coração de Cristo, rodeado daqueles a quem ama, estala em labaredas inefáveis: *Dou-vos um mandamento novo,* confia-lhes: *que vos ameis uns aos outros, como eu vos amei; e que, como eu vos amei, assim também vos ameis uns aos outros. Nisto conhecerão todos que sois meus discípulos, se tiverdes amor uns aos outros*[2].

Para nos aproximarmos do Senhor através das páginas do Santo Evangelho, recomendo sempre que nos esforcemos por meter-nos de tal modo na cena, que dela participemos como

---
(1) Mt XXII, 37-40; (2) Ioh XIII, 34-35.

um personagem mais. Sei de tantas almas normais e comuns que o fazem! Assim chegaremos a ensimesmar-nos, como Maria de Betânia, que permanecia pendente das palavras de Jesus; ou nos atreveremos, como Marta, a manifestar-lhe sinceramente as nossas inquietações, até as mais insignificantes[3].

Senhor! Por que chamas novo a este mandamento? Como acabamos de escutar, o amor ao próximo já estava prescrito no Antigo Testamento, e todos nos lembramos também de que Jesus, logo nos começos da sua vida pública, ampliou essa exigência com divina generosidade: *Ouvistes o que foi dito: amarás o teu próximo e odiarás o teu inimigo. Eu vos peço mais: amai os vossos inimigos, fazei o bem aos que vos aborrecem e orai pelos que vos perseguem e caluniam*[4].

Senhor! Permite-nos insistir: por que continuas chamando novo a este preceito? Naquela noite, poucas horas antes de te imolares na Cruz, durante essa conversa cheia de intimidade com os que – apesar das suas fraquezas e misérias pessoais, como as nossas – te haviam acompanhado até Jerusalém, Tu nos revelaste a medida insuspeitada da caridade: *como eu vos amei*. Como não haviam de entender-te os Apóstolos, se tinham sido testemunhas do teu amor insondável!

A pregação e o exemplo do Mestre são claros, precisos. Sublinhou com obras a sua doutrina. E, no entanto, tenho pensado muitas vezes que, depois de vinte séculos, esse mandamento ainda continua a ser *novo*, porque muito poucos homens se preocuparam de praticá-lo; a maioria preferiu e prefere não tomar conhecimento. Com um egoísmo exacerbado, concluem: Para que mais complicações, se já me bastam e me sobram as minhas?

Não é concebível semelhante atitude entre os cristãos. Se professamos essa mesma fé, se deveras ambicionamos pôr os pés sobre o trilho nítido que deixaram na terra as pegadas de Cristo, não devemos conformar-nos com a preocupação de

---

(3) Cfr. Lc X, 39-40; (4) Mt V, 43-44.

evitar aos outros os males que não desejamos para nós mesmos. Isso é muito, mas é pouco, quando compreendemos que a medida do nosso amor se define pelo comportamento de Jesus. Além disso, Ele não nos propõe essa norma de conduta como uma meta longínqua, como o coroamento de toda uma vida de luta. É – deve ser, insisto, para que o traduzas em propósitos concretos – o ponto de partida, porque Nosso Senhor o estabelece como sinal prévio: *Nisto conhecerão todos que sois meus discípulos.*

Jesus Cristo, Nosso Senhor, encarnou-se e assumiu a nossa natureza para se mostrar à humanidade como modelo de todas as virtudes. *Aprendei de mim* – convida-nos Ele –, *que sou manso e humilde de coração*[5]. Mais tarde, porém, quando explicar aos Apóstolos o sinal pelo qual serão reconhecidos como cristãos, não lhes dirá: porque sois humildes. Ele é a pureza mais sublime, o Cordeiro imaculado; nada podia macular a sua santidade perfeita, sem mancha[6]. Mas também não afirma: perceberão que estão diante dos meus discípulos porque sois castos e limpos. Passou por este mundo no mais completo desprendimento dos bens da terra; sendo o Criador e Senhor de todo o Universo, faltava-lhe até um lugar onde reclinar a cabeça[7]. No entanto, não comenta: saberão que sois dos meus porque não vos apegastes às riquezas. Permanece durante quarenta dias, com suas noites, no deserto, em jejum rigoroso[8], antes de se dedicar à pregação do Evangelho. E, do mesmo modo, não assevera aos seus: compreenderão que servis a Deus porque não sois comilões nem bebedores.

A característica que distinguirá os apóstolos, os cristãos autênticos de todos os tempos, já a ouvimos: *Nisto* – precisamente nisto – *conhecerão todos que sois meus discípulos, em que tendes amor uns aos outros*[9].

Parece-me perfeitamente lógico que os filhos de Deus se

---

(5) Mt XI, 29; (6) cfr. Ioh VIII, 46; (7) cfr. Mt VIII, 20; (8) cfr. Mt IV, 2; (9) Ioh XIII, 35.

tenham sentido sempre profundamente tocados – como tu e eu nestes momentos – com essa insistência do Mestre. *Como prova da fidelidade dos seus discípulos, o Senhor não estabelece os prodígios ou os milagres inauditos, embora lhes tenha conferido o poder de os realizar, no Espírito Santo. Que lhes comunica? Saberão que sois meus discípulos se vos amardes uns aos outros*[10].

Pedagogia divina

Não odiar o inimigo, não retribuir o mal com o mal, renunciar à vingança, perdoar sem rancor, eram coisas que então – e ainda hoje, não nos enganemos – se consideravam como uma conduta insólita, demasiado heroica, fora dos padrões normais. Até aqui chega a mesquinhez das criaturas.

Jesus Cristo, que veio salvar todos os homens e deseja associar os cristãos à sua obra redentora, quis ensinar aos seus discípulos – a ti e a mim – uma caridade grande, sincera, mais nobre e valiosa: devemos amar-nos mutuamente como Ele ama a cada um de nós. Só desta maneira, imitando – dentro da nossa rudeza pessoal – os modos divinos, conseguiremos abrir o nosso coração a todos os homens, amar de um modo mais alto, inteiramente novo.

Que bem puseram os primeiros cristãos em prática esta caridade ardente, que sobressaía com excesso para lá dos cumes da simples solidariedade humana ou da benignidade de caráter! Amavam-se entre si, doce e fortemente, enraizados no Coração de Cristo. Um escritor do século II, Tertuliano, transmitiu-nos o comentário que os pagãos faziam ao contemplarem, comovidos, a conduta dos fiéis do seu tempo, tão cheia de atrativo sobrenatural e humano: *Vede como se amam*[11], repetiam.

---

(10) São Basílio, *Regulae fusius tractatae*, III, 1 (PG 31, 918); (11) Tertuliano, *Apologeticus*, XXXIX (PL 1, 471).

Se percebes que tu – agora ou em tantos pormenores do teu dia – não mereces esse louvor, que o teu coração não reage como devia às instâncias divinas, pensa também que chegou para ti o tempo de retificar. Atende ao convite de São Paulo: *Façamos o bem a todos, especialmente aos que pela fé pertencem à nossa própria família*[12], ao Corpo Místico de Cristo.

226 O principal apostolado que nós, os cristãos, temos de realizar no mundo, o melhor testemunho de fé, é contribuir para que dentro da Igreja se respire o clima da autêntica caridade. Quando não nos amamos de verdade, quando há ataques, calúnias e rixas, quem se sentirá atraído pelos que se apresentam como mensageiros da Boa Nova do Evangelho?

É muito fácil, e está muito de acordo com a moda, afirmar com a boca que se ama a todas as criaturas, quer creiam ou não. Mas, se quem fala assim maltrata os irmãos na fé, duvido que na sua conduta exista algo diferente do *palavreado hipócrita*. Pelo contrário, quando amamos no Coração de Cristo *os que conosco são filhos de um mesmo Pai, estão associados numa mesma fé e são herdeiros de uma mesma esperança*[13], a nossa alma se engrandece e arde em ânsias de que todos se aproximem de Nosso Senhor.

Venho recordando-vos as exigências da caridade, e talvez um ou outro possa pensar que está faltando precisamente essa virtude nas palavras que acabo de pronunciar. Nada de mais oposto à realidade. Posso assegurar-vos que, com um santo orgulho e sem falsos ecumenismos, me enchi de profunda alegria quando, no passado Concílio Vaticano II, ganhava corpo com intensidade renovada a preocupação de levar a Verdade aos que andam afastados do único Caminho, o de Jesus, pois me consome a fome de que a humanidade inteira se salve.

227 Sim, foi muito grande a minha alegria, também porque se via confirmado novamente um apostolado tão preferido do Opus Dei como é o apostolado *ad fidem* – o apostolado com

---

(12) Gal VI, 10; (13) Minúcio Felix, *Octavius*, XXXI (PL 3, 338).

os que não têm fé –, que não rejeita nenhuma pessoa e admite os não cristãos, os ateus, os pagãos, a participarem, na medida do possível, dos bens espirituais da nossa Associação; é uma longa história de dor e de lealdade, que contei em outras ocasiões. Por isso, repito sem medo que considero hipócrita e embusteiro o zelo que incita a tratar bem os que estão longe, enquanto de passagem espezinha ou despreza os que vivem conosco a mesma fé. Como também não acredito que te interesses pelo último pobre da rua se martirizas os da tua casa; se permaneces indiferente às suas alegrias, penas e desgostos; se não te esforças por compreender ou passar por alto os seus defeitos, sempre que não sejam ofensa a Deus.

Não vos comove que o Apóstolo João, já na velhice, empregue a maior parte de uma das suas epístolas em exortar-nos a manter uma conduta de acordo com essa doutrina divina? O amor que deve existir entre os cristãos nasce de Deus, que é Amor. *Caríssimos, amemo-nos uns aos outros, porque a caridade procede de Deus, e todo aquele que ama nasceu de Deus e conhece a Deus. Quem não ama não conhece a Deus, porque Deus é Amor*[14]. Detém-se na caridade fraterna, pois por Cristo fomos convertidos em filhos de Deus. *Considerai que amor nos manifestou o Pai em querer que fôssemos chamados filhos de Deus e que o sejamos na realidade*[15].

E, enquanto fere energicamente as nossas consciências, para que se tornem mais sensíveis à graça divina, insiste em que recebemos uma prova maravilhosa do amor do Pai pelos homens: *Nisto se manifestou a caridade de Deus para conosco: em que Deus enviou o seu Filho unigênito ao mundo, para que por Ele tenhamos a vida*[16]. O Senhor tomou a iniciativa, vindo ao nosso encontro. Deu-nos esse exemplo para que acorramos junto com Ele a servir os outros, para que – gosto de repeti-lo – ponhamos generosamente o nosso coração no chão, de modo que os outros pisem macio e se torne mais

---

(14) I Ioh IV, 7-8; (15) I Ioh III, 1; (16) I Ioh IV, 9.

amável a sua luta. Devemos comportar-nos assim porque fomos feitos filhos do mesmo Pai, desse Pai que não duvidou em entregar-nos o seu Filho muito amado.

229 Não somos nós que construímos a caridade; ela nos invade com a graça de Deus, *porque foi Ele que nos amou primeiro*[17]. Convém que nos impregnemos bem desta verdade belíssima: *Se podemos amar a Deus, é porque por Deus fomos amados*[18]. Tu e eu estamos em condições de esbanjar carinho a mãos cheias entre os que nos rodeiam, porque nascemos para a fé pelo Amor do Pai. Pedi ousadamente ao Senhor este tesouro, esta virtude sobrenatural da caridade, para levá-la à prática até o seu último detalhe.

Com frequência nós, os cristãos, não soubemos corresponder a esse dom; às vezes o rebaixamos, como se não passasse de uma esmola sem alma, fria; ou o reduzimos a atitudes de beneficência mais ou menos formalista. Exprimia bem esta aberração a resignada queixa de uma doente: Aqui tratam-me com *caridade,* mas minha mãe cuidava de mim com *carinho.* O amor que nasce do coração de Cristo não pode dar lugar a esse gênero de distinções.

Para que esta verdade se gravasse de uma forma plástica na vossa cabeça, preguei em milhares de ocasiões que nós não possuímos um coração para amar a Deus e outro para querer bem às criaturas: este nosso pobre coração, de carne, ama com um carinho humano que, se estiver unido ao amor de Cristo, é também sobrenatural. Esta e não outra é a caridade que devemos cultivar na alma, a que nos levará a descobrir nos outros a imagem de Nosso Senhor.

Universalidade da caridade

230 *Com o nome de próximo* – diz São Leão Magno –, *não devemos considerar apenas os que se unem a nós pelos laços da*

---

(17) I Ioh IV, 10; (18) Orígenes, *Commentarii in Epistolam ad Romanos,* IV, 9 (PG 14, 997).

amizade ou do parentesco, mas todos os homens, com quem temos uma comum natureza [...]. *Um só Criador nos fez, um só Criador nos deu a alma. Todos desfrutamos do mesmo céu e do mesmo ar, dos mesmos dias e das mesmas noites, e embora uns sejam bons e outros maus, uns justos e outros injustos, Deus, no entanto, é generoso e benigno com todos*[19].

Os filhos de Deus forjam-se na prática desse mandamento novo, aprendem na Igreja a servir e não a ser servidos[20], e sentem-se com forças para amar a humanidade de um modo novo, em que todos perceberão o fruto da graça de Cristo. O nosso amor não se confunde com a atitude sentimental, nem com a simples camaradagem, nem com o propósito pouco claro de ajudar os outros para provarmos a nós mesmos que somos superiores. É conviver com o próximo, venerar – insisto – a imagem de Deus que há em cada homem, procurando que também ele a contemple, para que saiba dirigir-se a Cristo.

Universalidade da caridade significa, por isso, universalidade do apostolado; significa traduzirmos em obras e de verdade o grande empenho de Deus, *que quer que todos os homens se salvem e cheguem ao conhecimento da verdade*[21].

Se devemos amar também os inimigos – refiro-me aos que nos incluem entre os seus inimigos; eu não me sinto inimigo de ninguém nem de nada –, temos de amar com mais razão os que simplesmente estão longe, os que nos são menos simpáticos, os que, pela sua língua, pela sua cultura ou educação, se parecem ao que há de mais oposto a ti e a mim.

De que amor se trata? A Sagrada Escritura fala-nos de *dilectio* – dileção –, para que se compreenda bem que não se refere apenas ao afeto sensível. Exprime antes uma determinação firme, da vontade. *Dilectio* deriva de *electio,* escolha. Eu acrescentaria que amar, em linguagem cristã, significa *querer querer,* decidir-se em Cristo a promover o bem das almas sem discriminações de gênero algum, conseguindo para elas, antes

---

(19) São Leão Magno, *Sermo* XII, 2 (PL 54, 170); (20) cfr. Mt XX, 28; (21) I Tim II, 4.

de mais nada, o que há de melhor: que conheçam Cristo, que se enamorem dEle.

O Senhor insta conosco: *Portai-vos bem com os que vos aborrecem e orai pelos que vos perseguem e caluniam*[22]. Pode ser que não nos sintamos humanamente atraídos pelas pessoas que nos repeliriam, se delas nos aproximássemos. Mas Jesus exige que não lhes retribuamos o mal com o mal; que não desaproveitemos as ocasiões de servi-las com o coração, ainda que nos custe; que não deixemos nunca de tê-las presentes em nossas orações.

Essa *dilectio,* essa caridade, reveste-se de matizes mais íntimos quando se refere aos irmãos na fé, e especialmente aos que, por Deus assim o ter disposto, trabalham mais perto de nós: os pais, o marido ou a mulher, os filhos e os irmãos, os amigos e os colegas, os vizinhos. Se não existisse esse carinho, amor humano nobre e limpo, ordenado por Deus e nEle enraizado, não haveria caridade.

Manifestações do amor

232   Gosto de repetir umas palavras que o Espírito Santo nos comunica através do profeta Isaías: *Discite benefacere,* aprendei a fazer o bem[23]. Costumo aplicar este conselho aos diversos aspectos da nossa luta interior, porque a vida cristã nunca se pode dar por terminada, uma vez que o crescimento nas virtudes surge como consequência de um empenho efetivo e cotidiano.

Numa ocupação qualquer da sociedade, como é que aprendemos? Primeiro, examinamos o fim desejado e os meios necessários para atingi-lo. Depois, perseveramos repetidas vezes na utilização desses recursos, até criarmos um hábito, arraigado e firme. No momento em que aprendemos alguma coisa, descobrimos outras que ignorávamos e que constituem um es-

---

(22) Mt V, 44; (23) Is I, 17.

tímulo para continuarmos esse trabalho sem nunca dizer que basta. A caridade com o próximo é uma manifestação de amor a Deus. Por isso, não podemos estabelecer limite algum ao nosso esforço por melhorar nessa virtude. Com o Senhor, a única medida é amar sem medida. Por um lado, porque nunca chegaremos a agradecer bastante o que Ele fez por nós; por outro, porque o próprio amor de Deus pelas suas criaturas se revela assim: com excesso, sem cálculo, sem fronteiras.

No Sermão da Montanha, Jesus ensina o preceito divino da caridade a todos os que estão dispostos a abrir-lhe os ouvidos da alma. E, ao concluir, explica como resumo: *Amai os vossos inimigos, fazei o bem e emprestai sem esperar nada em troca, e será grande a vossa recompensa, e sereis filhos do Altíssimo, porque Ele é bom mesmo com os ingratos e os maus. Sede, pois, misericordiosos, como também vosso Pai é misericordioso*[24].

A misericórdia não se detém numa estrita atitude de compaixão; a misericórdia identifica-se com a superabundância da caridade, que por sua vez arrasta consigo a superabundância da justiça. Misericórdia significa manter o coração em carne viva, humana e divinamente transido de um amor firme, sacrificado, generoso. Assim comenta São Paulo a caridade, no seu cântico a essa virtude: *A caridade é paciente, é benigna; a caridade não é invejosa, não age precipitadamente, não se ensoberbece, não é ambiciosa, não busca os seus interesses, não se irrita, não pensa mal, não se alegra com a injustiça, mas compraz-se na verdade; tudo desculpa, tudo crê, tudo espera, tudo sofre*[25].

Uma das suas primeiras manifestações traduz-se em iniciar a alma nos caminhos da humildade. Quando sinceramente nos consideramos nada; quando compreendemos que, sem o auxílio divino, a mais débil e fraca das criaturas seria melhor

---

(24) Lc VI, 35-36; (25) I Cor XIII, 4-7.

que nós; quando nos reconhecemos capazes de todos os erros e de todos os horrores; quando nos sabemos pecadores, embora lutemos com empenho por afastar-nos de tantas infidelidades – como havemos de pensar mal dos outros? Como podemos alimentar no coração o fanatismo, a intolerância, a altivez presunçosa?

A humildade leva-nos como que pela mão a essa forma de tratar o próximo que é sem dúvida a melhor: a de compreender a todos, conviver com todos, desculpar a todos; a de não criar divisões nem barreiras; a de comportar-nos – sempre! – como instrumentos de unidade. Não em vão existe no fundo do homem uma aspiração forte à paz, à união com os seus semelhantes, ao mútuo respeito dos direitos da pessoa, de maneira que esse respeito se transforme em fraternidade. É o reflexo de um dos traços mais valiosos da nossa condição humana: se todos somos filhos de Deus, a fraternidade nem se reduz a um lugar-comum nem é um ideal ilusório: sobressai como meta difícil, mas real.

Em face de todos os cínicos, dos céticos, dos desamorados, dos que converteram a sua própria covardia numa mentalidade, nós, os cristãos, temos que demonstrar que esse carinho é possível. Talvez haja muitas dificuldades para nos comportarmos assim, porque o homem foi criado livre e tem o poder de desafiar inútil e amargamente o próprio Deus. Mas é algo possível e real, porque essa conduta nasce necessariamente do amor de Deus e do amor a Deus. Se tu e eu queremos, Jesus Cristo também o quer. Então compreendemos em toda a sua profundidade e em toda a sua fecundidade a dor, o sacrifício e a desinteressada entrega de nós mesmos na convivência diária.

A prática da caridade

234   Pecaria por ingênuo quem pensasse que as exigências da caridade cristã se cumprem com facilidade. Muito diferente se

mostra a realidade que experimentamos no dia a dia da humanidade e, infelizmente, no seio da Igreja. Se o amor não nos obrigasse a calar, cada um contaria uma longa história de divisões, de ataques, de injustiças, de murmurações, de insídias. Temos de admiti-lo com simplicidade, para tratar de pôr remédio adequado a essa situação, mediante um esforço pessoal por não ferir, por não maltratar, por corrigir sem deixar ninguém afundado.

Não são coisas de hoje. Poucos anos depois da Ascensão de Cristo aos céus, quando ainda andavam de um lado para outro quase todos os Apóstolos, e por toda a parte se notava um fervor esplêndido de fé e de esperança, já muitos começavam a desencaminhar-se, a não viver a caridade do Mestre.

Uma vez que há entre vós rivalidades e contendas – escreve São Paulo aos de Corinto –, *não é evidente que sois carnais e vos comportais como homens? Porque, quando um diz: Eu sou de Paulo; e outro: Eu sou de Apolo, não se está vendo que ainda sois homens?*[26], incapazes de compreender que Cristo veio transpor todas essas divisões? *Que é Apolo? E que é Paulo? Ministros dAquele em quem acreditastes, na medida em que a cada um o Senhor o concedeu*[27].

O Apóstolo não rejeita a diversidade: cada um tem de Deus o seu próprio dom, uns de uma maneira, outros de outra[28]. Mas essas diferenças devem estar a serviço do bem da Igreja. Eu me sinto impelido agora a pedir ao Senhor – univos, se o desejardes, à minha oração – que não permita que na Igreja a falta de amor semeie cizânia entre as almas. A caridade é o sal do apostolado dos cristãos: se o sal perde o sabor, como poderemos apresentar-nos diante do mundo e dizer-lhe de cabeça erguida: *Aqui está Cristo?*

Portanto, repito-vos com São Paulo: *Ainda que eu falasse as línguas dos homens e dos anjos, se não tiver caridade, sou como bronze que soa ou como címbalo que tine. E ainda que*

---

(26) I Cor III, 3-4; (27) I Cor III, 4-5; (28) cfr. I Cor VII, 7.

tivesse o dom da profecia e conhecesse todos os mistérios e toda a ciência, e tivesse toda a fé, a ponto de mudar os montes de um lado para outro, se não tiver caridade, nada sou. E ainda que distribuísse todos os meus bens para sustento dos pobres e entregasse o meu corpo para ser queimado, se não tiver caridade, nada disso me aproveita[29].

Perante estas palavras do Apóstolo das Gentes, há quem concorde com aqueles discípulos que, quando Nosso Senhor lhes anunciou o Sacramento da sua Carne e do seu Sangue, comentaram: *Dura é esta doutrina, e quem a pode escutar?*[30] É dura, sim. Porque a caridade que o Apóstolo descreve não se limita à filantropia, ao humanitarismo ou à lógica comiseração pelo sofrimento alheio: exige o exercício da virtude teologal do amor a Deus e do amor, por Deus, aos outros. Por isso, *a caridade nunca há de acabar, ao passo que as profecias passarão, e as línguas cessarão, e a ciência será abolida* [...]. *Agora permanecem estas três virtudes: a fé, a esperança e a caridade; mas a maior delas é a caridade*[31].

O único caminho

236 Já nos convencemos de que a caridade nada tem a ver com essa caricatura que às vezes se tem pretendido fazer da virtude central da vida do cristão. Então, por que a necessidade de pregá-la continuamente? Será que é um tema obrigatório, mas com poucas possibilidades de se manifestar em fatos concretos?

Se olharmos ao nosso redor, talvez achemos razões para pensar que a caridade é uma virtude ilusória. No entanto, considerando as coisas com sentido sobrenatural, descobriremos também a raiz dessa esterilidade: a ausência de uma vida de relação intensa e contínua, de tu a Tu, com Nosso Senhor Je-

---

(29) I Cor XIII, 1-3; (30) Ioh VI, 61; (31) I Cor XII, 8.13.

sus Cristo; e o desconhecimento da obra do Espírito Santo na alma, cujo primeiro fruto é precisamente a caridade.

Citando uns conselhos do Apóstolo – *Levai uns as cargas dos outros e assim cumprireis a lei de Cristo*[32] –, acrescenta um Padre da Igreja: *Se amarmos a Cristo, suportaremos facilmente a fraqueza dos outros, mesmo a daquele que ainda não amamos por não ter obras boas*[33]. É assim que se vai elevando o caminho que nos faz crescer na caridade. Se pensássemos que devemos primeiro ocupar-nos em atividades humanitárias, em obras assistenciais, excluindo o amor do Senhor, estaríamos enganados. *Não descuidemos Cristo por causa da preocupação pelo próximo enfermo, já que devemos amar o enfermo por causa de Cristo*[34].

Olhai constantemente para Jesus, que, sem deixar de ser Deus, se humilhou tomando a forma de servo[35] para poder servir-nos, porque só seguindo nessa mesma direção é que despertam os anseios que valem a pena. O amor busca a união, procura identificar-se com a pessoa amada; e, ao unir-nos a Cristo, suscita em nós a ânsia de secundar a sua vida de entrega, de amor incomensurável, de sacrifício até a morte. Cristo situa-nos perante o dilema definitivo: ou consumirmos a nossa existência de forma egoísta e solitária; ou dedicarmo-nos com todas as forças a uma tarefa de serviço.

Para terminar este tempo de conversa com o Senhor, vamos pedir-lhe agora que nos conceda a graça de repetir, com São Paulo, que *triunfamos pela virtude dAquele que nos amou. Razão pela qual estou certo de que nem a morte, nem a vida, nem os anjos, nem os principados, nem as virtudes, nem o presente, nem o futuro, nem a força, nem o que há de mais alto ou de mais profundo, nem qualquer outra criatura poderá jamais separar-nos do amor de Deus, que está em Jesus Cristo, Nosso Senhor*[36].

---

(32) Gal VI, 2; (33) Santo Agostinho, *De diversis quaestionibus*, LXXXIII, LXXI, 7 (PL 40, 83); (34) Santo Agostinho, *ibid.*; (35) cfr. Phil II, 6-7; (36) Rom VIII, 37-39.

É deste amor que a Escritura canta também com palavras ardentes: *As águas copiosas não puderam extinguir a caridade, nem os rios arrastá-la*[37]. Foi este amor que cumulou sempre o Coração de Santa Maria, até enriquecê-la com entranhas de Mãe para com a humanidade inteira. Na Virgem, o amor a Deus confunde-se também com a solicitude por todos os seus filhos. O seu Coração dulcíssimo, atento até aos menores detalhes – *não têm vinho*[38] –, deve ter sofrido muito ao presenciar aquela crueldade coletiva, aquele encarniçamento que foi, da parte dos verdugos, a Paixão e Morte de Jesus. Mas Maria não fala. Como seu Filho, ama, cala e perdoa. Essa é a força do amor.

---

(37) Cant VIII, 7; (38) Ioh II, 3.

VIDA DE ORAÇÃO

Homilia pronunciada em 4-4-1955.

Sempre que sentimos no coração desejos de melhorar, de corresponder mais generosamente ao Senhor, e procuramos um roteiro, um norte claro para a nossa existência cristã, o Espírito Santo traz-nos à memória as palavras do Evangelho: *Importa orar sempre e não desfalecer*[1]. A oração é o fundamento de toda a atividade sobrenatural; com a oração somos onipotentes e, se prescindíssemos desse recurso, nada conseguiríamos.

Quereria que hoje, na nossa meditação, nos persuadíssemos definitivamente da necessidade de nos dispormos a ser almas contemplativas, no meio da rua, do trabalho, mantendo com o nosso Deus um diálogo contínuo, que não deve decair ao longo do dia. Se pretendemos seguir lealmente os passos do Mestre, esse é o único caminho.

Voltemos os olhos para Jesus Cristo, que é o nosso modelo, o espelho em que nos devemos contemplar. Como é que se comporta, mesmo externamente, nas grandes ocasiões? O que nos diz dEle o Santo Evangelho? Comove-me a sua disposição habitual de recorrer ao Pai antes dos grandes milagres; e o seu exemplo quando, antes de iniciar a vida pública, se retira ao deserto por quarenta dias e quarenta noites[2], para rezar.

É muito importante – peço-vos perdão pela insistência –

---

(1) Lc XVIII, 1; (2) cfr. Mt IV, 2.

observar os passos do Messias, porque Ele veio para nos mostrar o caminho que conduz ao Pai. Descobriremos com Ele como é possível dar relevo sobrenatural às atividades aparentemente mais pequenas; aprenderemos a viver cada instante com vibração de eternidade, e compreenderemos com maior profundidade que a criatura necessita desses tempos de conversa íntima com Deus: para relacionar-se com Ele, para invocá-lo, para louvá-lo, para romper em ações de graças, para escutá-lo ou, simplesmente, para estar com Ele.

Há muitos anos já, considerando esse modo de proceder do meu Senhor, cheguei à conclusão de que o apostolado, seja qual for, é uma superabundância da vida interior. Por isso me parece tão natural, e tão sobrenatural, a passagem do Evangelho em que se relata como Cristo decidiu escolher definitivamente os primeiros Doze. Conta São Lucas que antes *passou toda a noite em oração*[3]. Vejamo-lo também em Betânia, quando se prepara para ressuscitar Lázaro, depois de haver chorado pelo amigo. Levanta os olhos ao céu e exclama: *Pai, dou-te graças porque me tens ouvido*[4]. Este foi o seu ensinamento preciso: se queremos ajudar os outros, se pretendemos sinceramente animá-los a descobrir o autêntico sentido do seu destino na terra, é preciso que nos alicercemos na oração.

São tantas as cenas em que Cristo fala com seu Pai, que se torna impossível determo-nos em todas. Mas penso que não podemos deixar de considerar as horas, tão intensas, que precedem a sua Paixão e Morte, quando se prepara para consumar o Sacrifício que nos devolverá ao Amor divino. Na intimidade do Cenáculo, seu coração transborda: dirige-se suplicante ao Pai, anuncia a vinda do Espírito Santo, anima os seus íntimos a manterem um contínuo fervor de caridade e de fé.

Esse inflamado recolhimento do Redentor continua em Getsêmani, ao perceber a iminência da Paixão, com as humilhações e as dores que se aproximam, essa Cruz dura em que

---

(3) Lc VI, 12; (4) Ioh XI, 41.

se suspendem os malfeitores, e que Ele desejou ardentemente. *Pai, se é possível, afasta de mim este cálice*[5]. E logo a seguir: *Não se faça, porém, a minha vontade, mas a tua*[6]. Mais tarde, pregado no madeiro, só, com os braços estendidos em gesto de sacerdote eterno, continua a manter o mesmo diálogo com seu Pai: *Nas tuas mãos entrego o meu espírito*[7].

Contemplemos agora a sua Mãe bendita, que é também nossa Mãe. No Calvário, junto ao patíbulo, reza. Não é uma atitude nova de Maria. Sempre se conduziu assim, cumprindo os seus deveres, ocupando-se do seu lar. Enquanto cuidava das coisas da terra, permanecia pendente de Deus. Cristo, perfeito Deus, perfeito homem[8], quis que também sua Mãe, a criatura mais excelsa, a cheia de graça, nos confirmasse nessa ânsia de elevar sempre os olhos até o amor divino. Recordemos a cena da Anunciação: desce o Arcanjo, para comunicar a divina embaixada – a notícia de que ela seria a Mãe de Deus –, e encontra-a retirada em oração. Maria está inteiramente recolhida no Senhor quando São Gabriel a saúda: *Ave, cheia de graça, o Senhor é contigo*[9]. Dias depois, rompe na alegria do *Magnificat* – esse cântico mariano que o Espírito Santo nos transmitiu por meio da delicada fidelidade de São Lucas –, fruto da intimidade habitual da Virgem Santíssima com Deus.

Nossa Mãe meditara longamente sobre as palavras das mulheres e dos homens santos do Antigo Testamento, que esperavam o Salvador, e sobre os acontecimentos de que tinham sido protagonistas. Admirara aquele cúmulo de prodígios, o esbanjamento da misericórdia de Deus sobre o seu povo, tantas vezes ingrato. Agora, ao considerar essa ternura do Céu, incessantemente renovada, brota o afeto do seu Coração imaculado: *A minha alma glorifica o Senhor e o meu espírito exulta de alegria em Deus, meu Salvador. Porque pôs os olhos na baixeza da sua escrava*[10]. Os filhos desta Mãe boa, os pri-

---

(5) Lc XXII, 42; (6) *ibid.*; (7) Lc XXIII, 46; (8) Símbolo *Quicumque*; (9) Lc I, 28; (10) Lc I, 46-48.

meiros cristãos, aprenderam com Ela, e nós também podemos e devemos aprender.

242 Os Atos dos Apóstolos narram uma cena que me encanta, porque registra um exemplo claro, sempre atual: *Perseveravam todos na doutrina dos Apóstolos, e na comunicação da fração do pão, e na oração*[11]. É uma nota insistente no relato da vida dos primeiros seguidores de Cristo: *Todos animados de um mesmo espírito, perseveravam unânimes na oração*[12]. E quando Pedro é preso por pregar audazmente a verdade, decidem rezar. *A Igreja fazia incessante oração a Deus por ele*[13]. A oração era então – como hoje – a única arma, o meio mais poderoso para vencer nas batalhas da luta interior: *Está triste algum de vós? Ore*[14]. E São Paulo resume: *Orai sem cessar*[15], não vos canseis nunca de implorar.

Como orar

243 Como orar? Atrevo-me a garantir, sem receio de me enganar, que há muitas maneiras de orar: infinitas, poderia dizer. Mas eu quereria para todos nós a autêntica oração dos filhos de Deus, não o palavreado dos hipócritas, que ouvirão Jesus dizer-lhes: *Nem todo aquele que diz: Senhor!, Senhor!, entrará no reino dos céus*[16]. Os hipócritas podem conseguir talvez *o ruído da oração* – escrevia Santo Agostinho –, *mas não a sua voz, porque aí falta vida*[17] e está ausente o afã de cumprir a Vontade do Pai. Que o nosso clamar – "Senhor!" – se una ao desejo eficaz de converter em realidade as moções interiores que o Espírito Santo nos desperta na alma.

Temos de esforçar-nos para que não haja em nós a menor sombra de duplicidade. O primeiro requisito para desterrar esse mal, que o Senhor condena duramente, é procurar com-

---

(11) Act II, 42; (12) Act I, 14; (13) Act XII, 5; (14) Iac V, 13; (15) I Thes V, 17; (16) Mt VII, 21; (17) Santo Agostinho, *Enarrationes in Psalmos*, CXXXIX, 10 (PL 37, 1809).

portar-se com a disposição clara, habitual e atual, de aversão ao pecado. Energicamente, com sinceridade, devemos sentir – no coração e na cabeça – horror ao pecado grave. E, numa atitude profundamente arraigada, temos que abominar também o pecado venial deliberado, essas claudicações que, embora não nos privem da graça divina, debilitam os canais por onde ela nos chega.

Nunca me cansei, e, com a graça de Deus, nunca me cansarei de falar de oração. Por volta de 1930, quando se aproximavam deste sacerdote, então jovem, pessoas de todas as condições – universitários, operários, sãos e enfermos, ricos e pobres, sacerdotes e leigos –, que procuravam acompanhar o Senhor mais de perto, sempre lhes dava este conselho: Rezem! E se algum deles me respondia: Nem sequer sei como começar, recomendava-lhe que se colocasse na presença do Senhor e lhe manifestasse a sua inquietação, a sua aflição, com essa mesma queixa: Senhor, não sei! E, quantas vezes!, naquelas humildes confidências se concretizava a intimidade com Cristo, uma relação assídua com Ele.

Transcorreram muitos anos, e não conheço outra receita. Quem não se considere preparado, recorra a Jesus, como faziam os seus discípulos: *Ensina-nos a orar!*[18] Logo verificará como o Espírito Santo *ajuda a nossa fraqueza; pois, não sabendo o que havemos de pedir nas nossas orações, nem a forma conveniente de exprimir-nos, o próprio Espírito ora por nós com gemidos inenarráveis*[19], que não se podem contar, porque não há formas adequadas para descrever a sua profundidade.

Que firmeza deve produzir em nós a palavra divina! Não inventava nada quando – ao longo do meu ministério sacerdotal – repetia e repito incansavelmente esse conselho. Foi tirado da Escritura Santa; foi lá que o aprendi: Senhor, não sei dirigir-me a ti! Senhor, ensina-nos a orar! E logo vem toda essa assistência amorosa – luz, fogo, vento impetuoso – do Espírito

---

(18) Lc XI, 1; (19) Rom VII, 26.

Santo, que ateia a chama e a torna capaz de provocar incêndios de amor.

Oração, diálogo

245   E com isso entramos já por caminhos de oração. De que modo prosseguir? Não temos reparado como há tantos – elas e eles – que parecem falar consigo mesmos, escutando-se com complacência? É uma verborreia quase contínua, um monólogo que insiste incansavelmente nos problemas que os preocupam, sem usarem dos meios para resolvê-los, dominados talvez unicamente pela mórbida esperança de que se compadeçam deles ou de que os admirem. Dir-se-ia que não pretendem mais.

    Quando queremos de verdade desafogar o coração, se somos francos e simples, procuramos o conselho das pessoas que nos amam, que nos compreendem: conversamos com o pai, com a mãe, com a esposa, com o marido, com o irmão, com o amigo. Isso já é diálogo, ainda que com frequência não desejemos tanto ouvir quanto espraiar-nos, contando o que se passa conosco. Comecemos a comportar-nos assim com Deus, na certeza de que Ele nos escuta e nos responde; e prestar-lhe-emos atenção, e abriremos a nossa consciência a uma conversa humilde, para lhe relatarmos confiadamente tudo o que nos palpita na cabeça e no coração: alegrias, tristezas, esperanças, dissabores, êxitos, malogros, e até os menores detalhes da nossa jornada. Porque teremos comprovado que tudo o que é nosso interessa ao nosso Pai Celestial.

246   É preciso vencer, se por acaso a notamos, a poltronaria, o falso critério de que a oração pode esperar. Não adiemos nunca para amanhã essa fonte de graças. O tempo oportuno é agora. Deus, que é espectador amoroso de todo o nosso dia, preside à nossa íntima prece. E tu e eu – volto a garantir – temos de confiar-nos a Ele como nos confiamos a um irmão, a um amigo, a um pai. Dize-lhe – eu lho digo – que Ele é toda a Gran-

deza, toda a Bondade, toda a Misericórdia. E acrescenta: Por isso quero enamorar-me de ti, apesar de serem tão toscas as minhas maneiras, apesar destas minhas pobres mãos, gastas e maltratadas pelo pó das azinhagas da terra.

Assim, quase sem perceber, avançaremos com passadas divinas, firmes e vigorosas, em que se saboreia o íntimo convencimento de que junto ao Senhor também são aprazíveis a dor, a abnegação, os sofrimentos. Que fortaleza, para um filho de Deus, saber-se tão perto de seu Pai! Por isso, aconteça o que acontecer, estou firme, seguro contigo, meu Senhor e meu Pai, que és a rocha e a fortaleza[20].

Para alguns, talvez tudo isto seja familiar; para outros, novo; para todos, árduo. Mas eu, enquanto me restar alento, não cessarei de pregar a necessidade primordial de sermos almas de oração sempre!, em qualquer ocasião e nas circunstâncias mais díspares, porque Deus nunca nos abandona. Não é cristão pensar na amizade divina exclusivamente como um recurso extremo. Pode parecer-nos normal ignorar ou desprezar as pessoas que amamos? É evidente que não. Vão constantemente para os que amamos as palavras, os desejos, os pensamentos: há como que uma presença contínua. Pois bem, com Deus também é assim.

Com esta procura do Senhor, toda a nossa jornada se converte numa única conversação íntima e confiada. Já o afirmei e escrevi muitas vezes, mas não me importo de repeti-lo, porque Nosso Senhor – com o seu exemplo – nos faz ver que esse é o comportamento acertado: oração constante, da manhã até a noite e da noite até a manhã. Quando tudo é fácil: Obrigado, meu Deus! Quando chega um momento difícil: Senhor, não me abandones! E esse Deus, *manso e humilde de coração*[21], não esquecerá as nossas súplicas nem permanecerá indiferente, pois Ele afirmou: *Pedi e dar-se-vos-á, buscai e achareis, batei e abrir-se-vos-á*[22].

---

(20) Cfr. II Reg XXII, 2; (21) Mt XI, 29; (22) Lc XI, 9.

Procuremos, portanto, não perder nunca o "ponto de mira" sobrenatural, vendo Deus por detrás de cada acontecimento: ante as coisas agradáveis e as desagradáveis, ante o consolo... e ante o desconsolo pela morte de um ser amado. Antes de mais nada, a conversa com nosso Pai-Deus, procurando o Senhor no centro da nossa alma. Não é coisa que se possa considerar uma ninharia ou algo de pouca monta: é manifestação clara de vida interior constante, de autêntico diálogo de amor. Uma prática que não produzirá em nós nenhuma deformação psicológica, porque – para um cristão – deve ser tão natural como o bater do coração.

Orações vocais e oração mental

248   Nesta urdidura, neste atuar da fé cristã, engastam-se, como joias, as orações vocais. São fórmulas divinas: *Pai Nosso..., Ave-Maria..., Glória ao Pai, ao Filho e ao Espírito Santo,* essa coroa de louvores a Deus e à nossa Mãe que é o Santo Rosário, e tantas outras aclamações, cheias de piedade, que os nossos irmãos cristãos recitaram desde o princípio.

Santo Agostinho, comentando um versículo do Salmo 85 – *Senhor, tem piedade de mim, porque a ti clamei o dia inteiro, e não um dia só* –, escreve: *Por dia inteiro entende-se aqui o tempo todo, sem cessar* [...]. *Um só homem chega até o fim dos séculos, pois são todos os membros de Cristo que clamam: alguns já descansam nEle, outros o evocam atualmente e outros hão de implorar-lhe quando nós tivermos morrido; e depois deles outros continuarão a suplicar*[23]. Não vos emociona a possibilidade de participar desta homenagem ao Criador, que se perpetua pelos séculos? Como é grande o homem, quando se reconhece criatura predileta de Deus e a Ele recorre, *tota die* – o dia todo –, em cada instante da sua peregrinação terrena!

---

(23) Santo Agostinho, *Enarrationes in Psalmos,* LXXXV, 5 (PL 37, 1085).

Que não faltem no nosso dia alguns momentos dedicados especialmente a conviver com Deus, a elevar até Ele o nosso pensamento, sem que as palavras tenham necessidade de assomar aos lábios, porque cantam no coração. Dediquemos a esta norma de piedade o tempo suficiente; à mesma hora, se possível. Ao lado do Sacrário, fazendo companhia Àquele que ficou entre nós por Amor. E se não houver outro remédio, em qualquer lugar, pois o nosso Deus está de forma inefável na nossa alma em graça.

Aconselho-te, no entanto, a ir ao oratório* sempre que possas: e de propósito me empenho em não o chamar de capela, para vincar de forma mais clara que não se trata de ficar lá com a gravidade própria de uma cerimónia oficial, mas de elevar a mente ao céu com recolhimento e intimidade, na convicção de que Jesus Cristo nos vê, nos ouve, nos espera e nos preside do Tabernáculo, onde está realmente presente, escondido sob as espécies sacramentais.

Cada um pode encontrar, se quiser, a sua própria senda para este colóquio com Deus. Não gosto de falar de métodos ou de fórmulas, pois nunca fui amigo de espartilhar ninguém: ao animar a todos a aproximar-se do Senhor, tenho respeitado cada alma tal como é, com as suas características próprias. Peçamos-lhe que introduza os seus desígnios na nossa vida: não apenas na cabeça, mas também no cerne do coração e em toda a nossa atividade exterior. Posso assegurar que, deste modo, pouparemos grande parte dos desgostos e das penas do egoísmo, e nos sentiremos com forças para difundir o bem à nossa volta. Quantas contrariedades desaparecem, se interiormente nos colocamos bem próximos desse nosso Deus, que nunca nos abandona! Renova-se com diferentes matizes o amor que Jesus tem pelos seus, pelos enfermos, pelos paralíticos, e que o faz per-

---

(*) O Autor emprega a palavra "oratório", não no sentido de nicho ou armário com imagens, como é usual entre nós, mas no sentido de pequena capela familiar com o Santíssimo Sacramento (N. do T.).

guntar: – O que é que te acontece? – Acontece-me... E imediatamente luz ou, pelo menos, aceitação e paz.

Ao convidar-te para estas confidências com o Mestre, refiro-me especialmente às tuas dificuldades pessoais, porque a maioria dos obstáculos à nossa felicidade nasce de uma soberba mais ou menos oculta. Julgamo-nos de um valor excepcional, com umas qualidades extraordinárias; e, quando os outros não pensam o mesmo, sentimo-nos humilhados. Aí está uma boa oportunidade para recorrer à oração e para retificar, com a certeza de que nunca é tarde para mudar de rota. Mas é muito conveniente começar essa mudança de rumo quanto antes.

Na oração, com a ajuda da graça, a soberba pode converter-se em humildade. E brota na alma a verdadeira alegria, mesmo que ainda notemos o barro nas asas, o lodo da pobre miséria, que está secando. Depois, pela mortificação, esse barro cairá, e poderemos voar muito alto, porque o vento da misericórdia de Deus nos será favorável.

250   O Senhor suspira por levar-nos a um passo maravilhoso, divino e humano, que se traduz em abnegação feliz, de alegria com dor, de esquecimento próprio. *Se alguém quiser vir após mim, negue-se a si mesmo*[24]. Eis um conselho que todos nós já escutamos. Temos que decidir-nos a segui-lo de verdade: que o Senhor possa servir-se de nós para que, situados em todas as encruzilhadas do mundo – estando nós mesmos situados em Deus –, sejamos sal, fermento, luz. Assim, tu em Deus, para iluminar, para dar sabor, para dilatar, para fermentar.

Mas não esqueçamos que não somos nós que criamos essa luz; apenas a refletimos. Não somos nós que salvamos as almas, estimulando-as a praticar o bem: somos apenas um instrumento, mais ou menos digno, dos desígnios salvíficos de Deus. Se chegássemos a pensar que o bem que fazemos é obra nossa, a soberba voltaria, mais retorcida ainda; o sal perderia o sabor, o fermento apodreceria, a luz se converteria em trevas.

―――――――

(24) Mt XVI, 24.

Mais um personagem

Ao longo destes trinta anos de sacerdócio, tenho insistido tenazmente na necessidade da oração, na possibilidade de converter a existência num clamor incessante. E houve quem me perguntasse: Mas será possível comportar-se sempre assim? Claro que é. Essa união com Nosso Senhor não nos afasta do mundo, não nos transforma em seres estranhos, alheios ao transcorrer dos tempos.

Se Deus nos criou e nos redimiu, se nos ama a ponto de entregar por nós o seu Filho Unigênito[25], se nos espera – todos os dias! – como o pai da parábola esperava o seu filho pródigo[26], como não há de desejar que frequentemos o seu convívio amorosamente? O estranho seria não falar com Deus, afastar-se dEle, esquecê-lo, mergulhar em atividades alheias a esses toques ininterruptos da graça.

Além disso, quereria que percebêssemos que ninguém escapa ao mimetismo. Os homens, mesmo inconscientemente, andam num anseio contínuo de se imitarem uns aos outros. E nós havemos de recusar o convite para imitar Jesus? Cada indivíduo esforça-se, pouco a pouco, por identificar-se com aquilo que o atrai, com o modelo que escolheu segundo o seu feitio; seu modo de proceder segue o ideal que tiver forjado. O nosso Mestre é Cristo: Filho de Deus, a Segunda Pessoa da Trindade Beatíssima. Imitando Cristo, conseguimos a maravilhosa possibilidade de participar dessa corrente de amor que é o mistério do Deus Uno e Trino.

Se alguma vez não nos sentimos com forças para seguir as pegadas de Cristo, troquemos palavras amigas com aqueles que o conheceram de perto, enquanto permaneceu nesta nossa terra. Com Maria, em primeiro lugar, que foi quem o trouxe até nós. Com os Apóstolos: *Alguns gentios chegaram-se a Filipe, que era natural de Betsaida da Galileia, e fizeram-lhe*

---

(25) Cfr. Ioh III, 16; (26) cfr. Lc XV, 11-32.

este pedido: Desejamos ver Jesus. Filipe foi e disse-o a André; e André e Filipe disseram-no a Jesus[27]. Não é verdade que isto nos anima? Aqueles estrangeiros não se atrevem a apresentar-se ao Mestre, e procuram um bom intercessor.

253   Talvez penses que os teus pecados são muitos, que o Senhor não poderá ouvir-te. Não é assim, porque Ele tem entranhas de misericórdia. Se, apesar desta maravilhosa verdade, te apercebes da tua miséria, mostra-te como o publicano[28]: Senhor, aqui estou, Tu é que sabes! E observemos o que nos conta São Mateus, quando colocam um paralítico diante de Jesus. Aquele doente não faz nenhum comentário: fica ali simplesmente, na presença de Deus. E Cristo, comovido por essa contrição, por essa dor de quem sabe nada merecer, não demora a reagir com a sua misericórdia habitual: *Tem confiança, que te são perdoados os teus pecados*[29].

Meu conselho é que, na oração, cada um intervenha nas passagens do Evangelho, como mais um personagem. Primeiro, imaginamos a cena ou o mistério, que servirá para nos recolhermos e meditar. Depois, empregamos o entendimento para considerar este ou aquele traço da vida do Mestre: seu Coração enternecido, sua humildade, sua pureza, seu cumprimento da Vontade do Pai. Depois, contamos-lhe o que nos costuma ocorrer nessas matérias, o que sentimos, o que nos está acontecendo. É preciso permanecermos atentos, porque talvez Ele nos queira indicar alguma coisa: e surgirão essas moções interiores, o cair em si, essas reconvenções.

254   Para dar rumo à oração – e talvez isto possa servir-nos de ajuda –, costumo materializar até as coisas mais espirituais. Nosso Senhor usava esse processo. Gostava de ensinar por meio de parábolas, extraídas do ambiente que o rodeava: do pastor e das ovelhas, da videira e dos sarmentos, de barcas e de redes, da semente que o semeador lança a mãos cheias...

Na nossa alma caiu a Palavra de Deus. Que espécie de ter-

---

(27) Ioh XII, 20-22; (28) cfr. Lc XVIII, 13; (29) Mt IX, 2.

ra lhe preparamos? Há muitas pedras? Está inçada de espinhos? Não será um lugar demasiado batido por andanças meramente humanas, pequenas, sem brio? Senhor, que a minha parcela seja terra boa, fértil, generosamente exposta à chuva e ao sol; que a tua sementeira crie raízes; que produza espigas graúdas, trigo bom.

Eu sou a videira e vós os sarmentos[30]. Setembro chegou, e as cepas estão carregadas de rebentos grandes, delgados, flexíveis e nodosos, pejados de frutos, prontos já para a vindima. Olhemos para esses sarmentos, repletos por participarem da seiva do tronco: só assim aqueles minúsculos rebentos de alguns meses atrás puderam converter-se em polpa doce e madura que cumula de alegria a vista e o coração[31]. No chão talvez tenham ficado alguns gravetos soltos, meio enterrados. Eram sarmentos também, mas secos, crestados. São o símbolo expressivo da esterilidade. *Porque sem Mim nada podeis fazer*[32].

O tesouro. Imaginemos o júbilo imenso do felizardo que o encontra. Acabaram-se os apertos e as angústias. Vende tudo o que possui e compra aquele campo. É lá que todo o seu coração está pulsando; é lá que esconde a sua riqueza[33]. O nosso tesouro é Cristo; pouco nos deve importar jogar fora tudo o que seja estorvo, para o podermos seguir. E a barca, sem esse lastro inútil, navegará em linha reta para o porto seguro do Amor de Deus.

Há mil maneiras de orar, digo-vos novamente. Os filhos de Deus não necessitam de um método, quadriculado e artificial, para se dirigirem a seu Pai. O amor é criativo, engenhoso; se amamos, saberemos descobrir caminhos pessoais, íntimos, que nos conduzam a esse diálogo contínuo com o Senhor.

Queira Deus que tudo o que hoje contemplamos não passe por cima da nossa alma como uma tormenta de verão: quatro gotas, depois o sol, e a seca de novo. Esta água de Deus tem

---

(30) Ioh XV, 5; (31) cfr. Ps CIII, 15; (32) Ioh XV, 5; (33) cfr. Mt VI, 21.

de remansar-se, tem de chegar às raízes e dar fruto de virtudes. Assim irão transcorrendo os nossos anos – dias de trabalho e de oração –, na presença do Pai. Se fraquejarmos, acudiremos ao amor de Santa Maria, Mestra de oração; e a São José, nosso Pai e Senhor, a quem tanto veneramos, que foi quem neste mundo mais conviveu com a Mãe de Deus e – depois de Santa Maria – com o seu Filho Divino. E eles apresentarão a nossa fraqueza a Jesus, para que a converta em fortaleza.

PARA QUE TODOS SE SALVEM

Homilia pronunciada em 16-4-1954.

A vocação cristã, que é um chamado pessoal do Senhor, leva cada um de nós a identificar-se com Ele. Mas não devemos esquecer que Ele veio à terra para redimir o mundo inteiro, porque *quer que os homens se salvem*[1]. Não há alma que não interesse a Cristo. Cada uma delas custou-lhe o preço do seu sangue[2].

Ao considerar estas verdades, vem-me à memória a conversa dos Apóstolos com o Mestre, momentos antes do milagre da multiplicação dos pães. Uma grande multidão acompanhara Jesus. Nosso Senhor ergue os olhos e pergunta a Filipe: *Onde compraremos pão para dar de comer a toda esta gente?*[3] Fazendo um cálculo rápido, Filipe responde: *Duzentos denários não bastam para que cada um receba um pequeno pedaço*[4]. Como não dispõem de tanto dinheiro, lançam mão de uma solução caseira: *Diz-lhe um dos seus discípulos, André, irmão de Simão Pedro: Está aqui um rapaz que trouxe cinco pães de cevada e dois peixes; mas que é isso para tanta gente?*[5]

O fermento e a massa

Nós queremos seguir o Senhor e desejamos difundir a sua palavra. Pensando em termos humanos, é lógico que também

---

(1) I Tim II, 4; (2) cfr. I Pet I, 18-19; (3) Ioh VI, 5; (4) Ioh VI, 7; (5) Ioh VI, 8-9.

nos perguntemos: Mas que somos nós para tanta gente? Em comparação com o número de habitantes da terra, ainda que sejamos milhões, somos poucos. Por isso, temos de considerar-nos uma pequena levedura, preparada e pronta para fazer o bem à humanidade inteira, recordando as palavras do Apóstolo: *Um pouco de levedura fermenta toda a massa*[6], transforma-a. Precisamos, portanto, de aprender a ser esse fermento, essa levedura, para modificar e transformar as multidões. Será que o fermento é naturalmente melhor que a massa? Não. Mas é o meio necessário para que a massa se elabore, convertendo-se em alimento comestível e são.

Ainda que a traços largos, pensai na eficácia do fermento, que serve para fazer o pão, alimento básico, simples, ao alcance de todos. Em muitos lugares, a preparação da fornada é uma verdadeira cerimônia, da qual resulta um produto esplêndido, saboroso, que se come com os olhos. Talvez já o tenhais presenciado.

Escolhem farinha boa; se possível, da melhor. Trabalham a massa na masseira, para misturá-la bem com o fermento, em longo e paciente labor. Depois, um tempo de repouso, imprescindível para que a levedura complete a sua missão, inchando a massa. Nesse meio tempo, arde o lume no forno, animado pela lenha que se consome. E daquela massa, metida no calor do fogo, sai o pão fresco, esponjoso, de grande qualidade. Resultado impossível de alcançar, se não fosse pela levedura – em pequena quantidade – que se diluiu, que desapareceu no meio dos outros elementos, num trabalho eficiente, mas que não se vê.

Se meditarmos com sentido espiritual no texto de São Paulo que citei no começo, compreenderemos que não temos outro jeito senão trabalhar a serviço de todas as almas. O contrário seria egoísmo. Um olhar humilde sobre a nossa vida nos faz perceber claramente que o Senhor, além da graça da fé,

---

(6) I Cor V, 6.

nos concedeu talentos e qualidades. Nenhum de nós é um exemplar repetido: o nosso Pai criou-nos um a um, distribuindo entre os seus filhos um número diverso de bens. Temos que pôr esses talentos, essas qualidades, a serviço de todos; temos que utilizar esses dons de Deus como instrumentos para ajudar os homens a descobrir Cristo.

Não consideremos este anseio como algo acrescentado, como se se tratasse de orlar com filigrana a nossa condição de cristãos. Se a levedura não fermenta, apodrece. Pode desaparecer reavivando a massa; mas pode também desaparecer por se perder, num monumento à ineficácia e ao egoísmo. Não prestamos um favor a Deus Nosso Senhor quando o damos a conhecer aos outros: *Se anuncio o Evangelho, não tenho de que me gloriar, pois é uma necessidade que me é imposta, a mandado de Jesus Cristo, e ai de mim se não evangelizar!*[7]

Fainas de pesca

Eis que mandarei muitos pescadores, promete o Senhor, e pescarei esses peixes[8]. Assim nos indica Deus o nosso grande trabalho: pescar.

Fala-se ou escreve-se, às vezes, comparando o mundo ao mar. E há muita verdade nessa comparação. Na vida humana, tal como no mar, há períodos de calma e períodos de borrasca, de tranquilidade e de ventos fortes. Muitas vezes, os homens nadam em águas amargas, no meio de grandes vagas; avançam entre tormentas, numa triste caminhada, mesmo quando parecem ter alegria, mesmo quando fazem muito barulho: são gargalhadas com que pretendem encobrir o seu desalento, o seu desgosto, a sua vida sem caridade e sem compreensão. E devoram-se uns aos outros, tanto os homens como os peixes.

É tarefa dos filhos de Deus conseguir que todos os homens

---

(7) I Cor IX, 16; (8) Ier XVI, 16.

entrem – com liberdade – dentro da rede divina, para que se amem. Se somos cristãos, temos de converter-nos nesses pescadores de que fala o profeta Jeremias, servindo-se de uma metáfora que o próprio Cristo utilizou repetidamente: *Segui-me, e eu vos farei pescadores de homens*[9], diz Ele a Pedro e a André.

260 Vamos acompanhar Cristo nesta pesca divina. Jesus está junto do lago de Genesaré e as multidões comprimem-se à sua volta, *ansiosas por ouvir a palavra de Deus*[10]. Tal como hoje! Não estais vendo? Andam desejosas de ouvir a palavra de Deus, embora o dissimulem exteriormente. Talvez este ou aquele se tenha esquecido da doutrina de Cristo; outros – sem culpa própria – nunca a aprenderam, e veem a religião como algo estranho. Mas convencei-vos de uma realidade sempre atual: chega sempre um momento em que a alma não pode mais, em que não lhe bastam as explicações habituais, em que não a satisfazem as mentiras dos falsos profetas. E, mesmo que nem então o admitam, essas pessoas sentem fome de saciar a sua inquietação com os ensinamentos do Senhor.

Deixemos São Lucas continuar a sua narrativa: *E viu duas barcas à beira do lago; e os pescadores tinham saído e lavavam as redes. Entrando numa das barcas, que era a de Simão, pediu-lhe que se afastasse um pouco da margem. E, sentando-se, ensinava o povo da barca*[11]. Quando acabou a sua catequese, ordenou a Simão: *Faze-te mais ao largo e lançai as vossas redes para pescar*[12]. É Cristo o dono da barca. É Ele quem prepara a faina. Foi para isso – para cuidar de que os seus irmãos descobrissem o caminho da glória e do amor ao Pai – que Ele veio ao mundo. Não fomos nós, portanto, que inventamos o apostolado cristão. Nós, os homens, quando muito, o dificultamos, com os nossos modos desastrados, com a nossa falta de fé.

261 *Replicou-lhe Simão: Mestre, estivemos trabalhando durante toda a noite e não apanhamos nada*[13]. A resposta de Si-

---

(9) Mt IV, 19; (10) Lc V, 1; (11) Lc V, 2-3; (12) Lc V, 4; (13) Lc V, 5.

mão parece razoável. Costumavam pescar a essas horas e, precisamente naquela ocasião, a noite tinha sido infrutífera. Para que haviam de pescar de dia? Mas Pedro tem fé: *Porém, sobre a tua palavra, lançarei a rede*[14]. Resolve proceder como Cristo lhe sugeriu; compromete-se a trabalhar, fiado na Palavra do Senhor. E que acontece? *Tendo feito isso, apanharam tão grande quantidade de peixes, que a rede se rompia. Então fizeram sinal aos companheiros que estavam na outra barca para que os viessem ajudar. Vieram e encheram tanto as duas barcas, que pouco faltou para que se afundassem*[15].

Ao sair para o mar com os seus discípulos, Jesus não pensava só nessa pesca, porque, quando Pedro se lança aos seus pés e confessa com humildade: *Afasta-te de mim, Senhor, que sou um pecador*, Nosso Senhor responde-lhe: *Não temas; de hoje em diante, serás pescador de homens*[16]. E também nesta nova pesca não há de falhar a plena eficácia divina, pois todo o apóstolo é instrumento de grandes prodígios, apesar das suas misérias pessoais.

Os milagres repetem-se

Atrevo-me a assegurar que o Senhor também fará de nós instrumentos capazes de realizar milagres, e até, se for preciso, dos mais extraordinários, se lutarmos diariamente por alcançar a santidade, cada um no seu próprio estado, dentro do mundo e no exercício da sua profissão, na vida normal e corrente.

Daremos luz aos cegos. Quem não poderia contar mil casos de cegos, quase de nascença, que recobraram a vista, recebendo todo o esplendor da luz de Cristo? E de outros que eram surdos, e mudos, que não podiam ouvir ou articular uma palavra como filhos de Deus?... E purificaram-se os seus sentidos, e já ouvem e se exprimem como homens; não como animais!

In nomine Iesu![17], em nome de Jesus, os seus Apóstolos

---

(14) *Ibid.*; (15) Lc V, 6-7; (16) Lc V, 8.10; (17) Act III, 6.

dão a faculdade de andar àquele aleijado que era incapaz de uma ação útil... E àquele outro, um poltrão, que conhecia as suas obrigações, mas não as cumpria... Em nome do Senhor *surge et ambula!*[18], levanta-te e anda. E um outro, já morto, apodrecido, que cheirava a cadáver, também ouviu a voz de Deus, como no milagre do filho da viúva de Naim: *Rapaz, eu te ordeno: levanta-te!*[19] Faremos milagres como Cristo, milagres como os primeiros Apóstolos.

Talvez esses prodígios se tenham operado em ti mesmo, em mim. Talvez fôssemos cegos, ou surdos, ou paralíticos, ou tresandássemos a cadáver, e a palavra do Senhor nos levantou da nossa prostração. Se amamos a Cristo, se o seguimos sinceramente, se não nos procuramos a nós mesmos, mas unicamente a Ele, em seu nome poderemos transmitir aos outros, de graça, o que de graça nos foi concedido.

Tenho pregado constantemente sobre esta capacidade sobrenatural e humana que Deus, nosso Pai, põe nas mãos de seus filhos: a de participar da Redenção operada por Cristo. E enche-me de alegria encontrar esta mesma doutrina nos textos dos Padres da Igreja. São Gregório Magno explica: *Os cristãos expulsam as serpentes quando arrancam o mal do coração dos outros com a sua exortação ao bem [...]. Impõem as mãos sobre os enfermos, para curá-los, quando veem que o próximo se enfraquece na prática do bem e lhe oferecem ajuda de mil maneiras, robustecendo-o com a força do exemplo. Estes milagres são tanto maiores quanto é certo que se passam no campo espiritual, dando vida, não aos corpos, mas às almas. Também vós, se não vos desleixardes, podereis operar estes prodígios com a ajuda de Deus*[20].

Deus quer que todos se salvem, e isso é um convite e uma responsabilidade que pesam sobre cada um de nós. A Igreja não é um reduto para privilegiados. *A grande Igreja será por-*

---

(18) *Ibid.*; (19) Lc VII, 14; (20) São Gregório Magno, *Homiliae in Evangelia*, XXIX, 4 (PL 76, 1215-1216).

ventura uma exígua parte da terra? A grande Igreja é o mundo inteiro[21]. Assim escrevia Santo Agostinho, acrescentando: *Para onde quer que te dirijas, aí está Cristo. Tens por herança os confins da terra. Vem! Toma comigo posse dela toda*[22]. Certamente nos lembramos de como estavam as redes: carregadas a ponto de transbordar. Não cabiam mais peixes. Deus espera ardentemente que se encha a sua casa[23]. É Pai, e gosta de viver com todos os filhos ao seu redor.

Apostolado na vida de todos os dias

Vejamos agora aquela outra pesca que se deu depois da Paixão e Morte de Cristo.

Pedro negou três vezes o Mestre e chorou com dor humilde. O galo, com o seu canto, recordou-lhe as advertências do Senhor, e ele pediu perdão do fundo da alma. Enquanto espera, contrito, na promessa da Ressurreição, exerce o seu ofício e vai pescar. *A propósito desta pesca, perguntam-nos com frequência por que é que Pedro e os filhos de Zebedeu voltaram à ocupação que tinham antes de o Senhor os ter chamado. Efetivamente, eram pescadores quando o Senhor lhes disse: "Segui-me e eu vos farei pescadores de homens". Aos que se surpreendem com esta conduta, deve-se responder que não estava proibido aos Apóstolos exercerem a sua profissão, visto tratar-se de coisa legítima e honesta*[24].

O apostolado, essa ânsia que rói as entranhas do cristão, não é coisa diferente do trabalho de todos os dias; confunde-se com esse mesmo trabalho, convertido em ocasião de um encontro pessoal com Cristo. No meio dessas tarefas, empenhados ombro a ombro nas mesmas aspirações com os nossos co-

---

(21) Santo Agostinho, *Enarrationes in Psalmos*, XXI, II, 26 (PL 36, 177); (22) Santo Agostinho, *Enarrationes in Psalmos*, XXI, II, 30 (PL 36, 180); (23) cfr. Lc XXIV, 23; (24) Santo Agostinho, *In Iohannis Evangelium tractatus*, CXXII, 2 (PL 35, 1959).

legas, com os nossos amigos, com os nossos parentes, poderemos ajudá-los a chegar a Cristo, que nos espera na margem do lago. Antes de ser apóstolo, pescador. Depois de apóstolo, pescador. Antes e depois, a mesma profissão.

265 O que é que muda então? O que muda é que na alma – porque nela entrou Cristo, tal como entrou na barca de Pedro – se abrem horizontes mais amplos, maior ambição de servir, e um desejo irreprimível de anunciar a todas as criaturas as *magnalia Dei*[25], as coisas maravilhosas que o Senhor faz, se o deixamos agir.

A este propósito, não posso silenciar que o *trabalho*, digamos, *profissional* dos sacerdotes é um *ministério divino e público*, que lhes absorve de modo exigente toda a atividade: a tal ponto que, de maneira geral, se um sacerdote se encontra com tempo de sobra para outros trabalhos que não sejam propriamente sacerdotais, pode ter a certeza de que não cumpre os deveres do seu ministério.

Estavam juntos Simão Pedro e Tomé, chamado Dídimo, e Natanael, que era de Caná da Galileia, e os filhos de Zebedeu, e outros dois dos seus discípulos. Disse-lhes Simão Pedro: Vou pescar. Responderam-lhe: Também nós vamos contigo. Partiram e entraram numa barca; e naquela noite nada apanharam. Chegada a manhã, Jesus apresentou-se na praia[26].

Passa ao lado dos seus Apóstolos, junto dessas almas que se lhe entregaram. E eles não se dão conta disso. Quantas vezes está Cristo, não perto de nós, mas dentro de nós, e temos uma vida tão humana! Cristo está ao nosso lado, e não recebe um olhar de carinho, uma palavra de amor, uma obra de zelo por parte de seus filhos.

266 *Os discípulos, todavia –* escreve São João –, *não perceberam que era Jesus. Disse-lhes, pois, Jesus: Ó moços, tendes alguma coisa que comer?*[27] Esta cena tão familiar de Cristo

---

(25) Act II, 11; (26) Ioh XXI, 2-4; (27) Ioh XXI, 4-5.

dá-me muita alegria. Que diga isso Jesus Cristo, o próprio Deus! Ele, que já tem corpo glorioso! *Lançai a rede para o lado direito da barca, e encontrareis. Lançaram a rede e já não a podiam tirar por causa da grande quantidade de peixes*[28]. Agora compreendem. Volta à memória desses discípulos o que tantas vezes tinham ouvido dos lábios do Mestre: pescadores de homens, apóstolos. E compreendem que tudo é possível, porque é Ele quem dirige a pesca. *Então o discípulo que Jesus amava disse a Pedro: É o Senhor!*[29] O amor, o amor vê de longe. O amor é o primeiro a captar essas delicadezas. O Apóstolo adolescente, com o firme carinho que sentia por Jesus, pois amava a Cristo com toda a pureza e toda a ternura de um coração que nunca se corrompera, exclamou: É o Senhor!

Simão Pedro, mal ouviu dizer que era o Senhor, vestiu a túnica e lançou-se ao mar[30]. Pedro é a fé. E lança-se ao mar, cheio de uma audácia maravilhosa. Com o amor de João e a fé de Pedro, até onde não poderemos nós chegar!

As almas são de Deus

Os outros discípulos foram com a barca porque não estavam distantes de terra senão duzentos côvados, e tiraram a rede cheia de peixes[31]. Põem imediatamente a pesca aos pés do Senhor, porque a pesca é dEle. Para que aprendamos que as almas são de Deus, que ninguém nesta terra pode avocar a si essa propriedade; que o apostolado da Igreja – a notícia e a realidade da salvação – não se baseia no prestígio desta ou daquela pessoa, mas na graça divina.

Jesus Cristo interroga Pedro três vezes, como se lhe quisesse dar a repetida oportunidade de reparar a sua tripla negação. Pedro já aprendeu, escarmentado à custa da sua própria

---

(28) Ioh XXI, 6; (29) Ioh XXI, 7; (30) *ibid.*; (31) Ioh XXI, 8.

miséria: consciente da sua debilidade, está profundamente convencido de que sobejam os seus alardes temerários. Por isso coloca tudo nas mãos de Cristo: *Senhor, tu sabes que eu te amo... Senhor, tu sabes tudo, tu sabes que eu te amo*[32]. E que responde Cristo? *Apascenta os meus cordeiros; apascenta as minhas ovelhas*[33]. Não as tuas, não as vossas; as minhas! Porque foi Ele que criou o homem, Ele que o redimiu, Ele que comprou cada alma, uma a uma, ao preço – repito – do seu Sangue.

Quando os donatistas, no século V, lançavam os seus ataques contra os católicos, sustentavam a impossibilidade de que o bispo de Hipona, Agostinho, professasse a verdade, porque tinha sido um grande pecador. E Santo Agostinho sugeria aos seus irmãos na fé como haviam de replicar: *Agostinho é bispo na Igreja Católica. Ele leva a sua carga, de que há de prestar contas a Deus. Conheci-o entre os bons. Se é mau, ele o sabe; se é bom, nem por isso deposito nele a minha esperança. Porque a primeira coisa que aprendi na Igreja Católica foi a não pôr a minha esperança num homem*[34].

Não fazemos o *nosso* apostolado. Então, como havemos de dizer? Fazemos – porque Deus o quer, porque assim no-lo mandou: *Ide por todo o mundo e pregai o Evangelho*[35] – o apostolado de Cristo. Os erros são nossos; os frutos, do Senhor.

Audácia para falar de Deus

268   E como realizaremos esse apostolado? Antes de mais nada, com o exemplo, vivendo de acordo com a Vontade do Pai, tal como Jesus Cristo no-lo revelou com a sua vida e os seus ensinamentos. Fé verdadeira é aquela que não permite

---

(32) Ioh XXI, 15-17; (33) *ibid.*; (34) Santo Agostinho, *Enarrationes in Psalmos*, XXXVI, III, 20 (PL 36, 395); (35) Mc XVI, 15.

que as ações contradigam o que se afirma com as palavras. Devemos medir a autenticidade da nossa fé examinando a nossa conduta pessoal. Se não nos esforçamos por realizar com as nossas ações o que confessamos com os lábios, não cremos com sinceridade.

Vem agora a propósito recordar um episódio que põe em evidência o maravilhoso vigor apostólico dos primeiros cristãos. Não tinha passado um quarto de século desde que Jesus subira aos céus, e já em muitas cidades e povoados se propagava a sua fama. Chega a Éfeso um homem chamado Apolo, *varão eloquente e versado nas Escrituras. Estava instruído no caminho do Senhor, pregava com fervor de espírito e ensinava com exatidão tudo o que dizia respeito a Jesus, embora só conhecesse o batismo de João*[36].

Na mente daquele homem já se tinha insinuado a luz de Cristo. Ouvira falar dEle e anuncia-o aos outros. Mas ainda lhe faltava um pouco de caminho para se informar melhor, para alcançar totalmente a fé e amar deveras o Senhor. Áquila e Priscila, um casal de cristãos, ouvem as suas palavras e não permanecem inativos e indiferentes. Não lhes ocorre pensar: Este já sabe bastante; ninguém nos manda dar-lhe lições. Como eram almas com autêntica preocupação apostólica, aproximaram-se de Apolo, *levaram-no consigo e instruíram-no mais acuradamente na doutrina do Senhor*[37].

Admiremos também o comportamento de São Paulo: preso por divulgar os ensinamentos de Cristo, não desaproveita ocasião alguma para difundir o Evangelho. Diante de Festo e Agripa, não duvida em declarar: *Graças ao auxílio de Deus, perseverei até o dia de hoje em dar testemunho da verdade a pequenos e grandes, nada pregando senão o que Moisés e os profetas disseram que havia de suceder: que o Messias teria de padecer, e que seria o primeiro a ressuscitar dos mortos, e anunciaria a luz a este povo e aos gentios*[38].

---

(36) Act XVIII, 24-25; (37) Act XVIII, 26; (38) Act XXVI, 22-23.

O Apóstolo não se cala, não oculta a sua fé nem a propaganda apostólica que provocara o ódio dos seus perseguidores; continua a anunciar a salvação a toda a gente. E, com uma audácia maravilhosa, interpela Agripa: *Crês, ó rei Agripa, nos profetas? Eu sei que crês*[39]. Quando Agripa comenta: *Por pouco não me persuades a fazer-me cristão, Paulo respondeu-lhe: Prouvera a Deus que, por pouco ou por muito, não somente tu, mas também todos quantos me ouvem se fizessem hoje tais como eu sou, menos estas cadeias*[40].

271   Donde tirava São Paulo essa força? *Omnia possum in eo qui me confortat*[41], tudo posso nAquele que me conforta! Tudo posso, porque só Deus me dá esta fé, esta esperança, esta caridade. Custa-me muito crer na eficácia sobrenatural de um apostolado que não esteja apoiado, solidamente alicerçado, numa vida contínua de intimidade com o Senhor. No meio do trabalho, sim; dentro de casa ou no meio da rua, com todos os problemas, uns mais importantes que outros, que surgem todos os dias. Ali, não fora dali, mas com o coração em Deus. E então as nossas palavras e as nossas ações – e até as nossas misérias! – exalarão o *bonus odor Christi*[42], o bom odor de Cristo, que os outros forçosamente hão de perceber: aqui está um cristão.

272   Se admitisses a tentação de perguntar a ti mesmo: Quem me manda a mim meter-me nisto?, teria que responder-te: Quem te manda – quem te pede – é o próprio Cristo. *A messe é grande, e os operários, poucos. Rogai, pois, ao dono da messe que mande operários para a sua messe*[43]. Não concluas comodamente: Eu não sirvo para isso, para isso já há outros; essas tarefas me são estranhas. Não, para isso não há outros; se tu pudesses falar assim, todos poderiam dizer o mesmo. O pedido de Cristo dirige-se a todos e a cada um dos cristãos. Ninguém está dispensado, nem por razões de idade, nem de saúde,

---

(39) Act XXVI, 27; (40) Act XXVI, 28-29; (41) Phil IV, 13; (42) II Cor II, 15; (43) Mt IX, 37-38.

nem de ocupação. Não há desculpas de nenhum gênero. Ou produzimos frutos de apostolado ou a nossa fé será estéril.

E depois, quem foi que disse que, para falar de Cristo, para difundir a sua doutrina, é preciso fazer coisas esquisitas, estranhas? Faze a tua vida normal; trabalha onde estás, procurando cumprir os deveres do teu estado, acabar bem as tarefas da tua profissão ou do teu ofício, superando-te, melhorando dia a dia. Sê leal, compreensivo com os outros e exigente contigo mesmo. Sê mortificado e alegre. Esse será o teu apostolado. E sem saberes por quê, dada a tua pobre miséria, os que te rodeiam virão ter contigo e, numa conversa natural, simples – à saída do trabalho, numa reunião familiar, no ônibus, ao dar um passeio, em qualquer parte –, falareis de inquietações que existem na alma de todos, embora às vezes alguns não as queiram reconhecer: irão entendendo-as melhor quando começarem a procurar Deus a sério.

Pede a Maria, *Regina apostolorum*, Rainha dos Apóstolos, que te decidas a participar nas ânsias *de sementeira e de pesca* que palpitam no Coração do seu Filho. Eu te asseguro que, se começares, verás a barca repleta, como os pescadores da Galileia. E Cristo na margem, à tua espera. Porque a pesca é dEle.

273

MÃE DE DEUS, MÃE NOSSA

Homilia pronunciada em 11-10-1964,
festa da Maternidade da Santíssima Virgem.

Todas as festas de Nossa Senhora são grandes, porque constituem ocasiões que a Igreja nos oferece para demonstrarmos com fatos o nosso amor a Santa Maria. Mas, se dentre essas festividades tivesse que escolher uma, escolheria a de hoje: a da Maternidade divina da Santíssima Virgem. Esta celebração leva-nos a considerar alguns dos mistérios centrais da nossa fé: a meditar na Encarnação do Verbo, obra das três Pessoas da Trindade Santíssima. Maria, Filha de Deus Pai, é Esposa de Deus Espírito Santo e Mãe de Deus Filho pela encarnação do Senhor nas suas entranhas imaculadas.

Quando a Virgem respondeu livremente que sim aos desígnios que o Criador lhe revelava, o Verbo divino assumiu a natureza humana: a alma racional e o corpo formado no seio puríssimo de Maria. A natureza divina e a natureza humana uniam-se numa única Pessoa: Jesus Cristo, verdadeiro Deus e, desde então, verdadeiro Homem; Unigênito eterno do Pai e, a partir daquele momento, como Homem, filho verdadeiro de Maria. Por isso Nossa Senhora é Mãe do Verbo encarnado, da Segunda Pessoa da Santíssima Trindade, que uniu a si para sempre – sem confusão – a natureza humana. Podemos dizer bem alto à Virgem Santa, como o melhor dos louvores, estas palavras que expressam a sua mais alta dignidade: Mãe de Deus.

Fé do povo cristão

Esta foi sempre a fé segura. Contra os que a negaram, o Concílio de Éfeso proclamou que *se alguém não confessa que o Emanuel é verdadeiramente Deus, e que por isso a Santíssima Virgem é Mãe de Deus, já que engendrou segundo a carne o Verbo de Deus encarnado, seja anátema*[1].

A história conservou-nos testemunhos da alegria com que os cristãos acolheram essas decisões claras, nítidas, que reafirmavam aquilo em que todos acreditavam: *O povo inteiro da cidade de Éfeso permaneceu ansioso à espera da resolução, desde as primeiras horas da manhã até a noite* [...]. *Quando se soube que o autor das blasfêmias fora deposto, todos a uma só voz começamos a glorificar a Deus e a aclamar o Sínodo, porque caíra o inimigo da fé. Logo que saímos da igreja, fomos acompanhados com tochas até nossas casas. Era noite: toda a cidade estava alegre e iluminada*[2]. Assim escreve São Cirilo, e não posso negar que, mesmo à distância de dezesseis séculos, essa reação de piedade me impressiona profundamente.

Queira Deus Nosso Senhor que esta mesma fé arda em nossos corações e que se levante dos nossos lábios um cântico de ação de graças porque a Trindade Santíssima, escolhendo Maria como Mãe de Cristo, de um Homem como nós, nos colocou a cada um sob o seu manto maternal. É Mãe de Deus e Mãe nossa.

A Maternidade divina de Maria é a raiz de todas as perfeições e privilégios que a adornam. Por esse título, foi concebi-

---

(1) Concílio de Éfeso, cân. 1, Denzinger-Schön., 252 (113); (2) São Cirilo de Alexandria, *Epistolae*, XXIV (PG 77, 138).

da imaculada e está cheia de graça, é sempre virgem, subiu em corpo e alma aos céus, foi coroada como Rainha da criação inteira, acima dos anjos e dos santos. Mais do que Ela, só Deus. *A Santíssima Virgem, por ser Mãe de Deus, possui uma dignidade de certo modo infinita, derivada do bem infinito que é Deus*[3]. Não há o perigo de exagerar. Nunca aprofundaremos bastante neste mistério inefável; nunca poderemos agradecer suficientemente à nossa Mãe a familiaridade com a Trindade Beatíssima que Ela nos deu.

Éramos pecadores e inimigos de Deus. A Redenção não se limita a livrar-nos do pecado e a reconciliar-nos com o Senhor: converte-nos em filhos, entrega-nos uma Mãe, a mesma que engendrou o Verbo, segundo a sua Humanidade. É possível maior prodigalidade, maior excesso de amor? Ansioso por redimir-nos, Deus dispunha de muitos modos para executar a sua Vontade Santíssima, segundo a sua infinita sabedoria. Escolheu um que dissipa todas as possíveis dúvidas sobre a nossa salvação e glorificação. *Assim como o primeiro Adão não nasceu de homem e mulher, mas foi plasmado na terra, assim também o último Adão, que havia de curar a ferida do primeiro, tomou um corpo plasmado no seio da Virgem, para ser, quanto à carne, igual à carne dos que pecaram*[4].

Mãe do amor formoso

277   *Ego quasi vitis fructificavi... Como a vide, lancei troncos de agradável olor, e as minhas flores deram frutos saborosos e ricos*[5]. É o que lemos na Epístola. Que essa suavidade de odor, que é a devoção à nossa Mãe, aflua à nossa alma e à alma de todos os cristãos, e nos leve à mais completa confiança em quem vela sempre por nós.

---

(3) São Tomás de Aquino, *Summa Theologiae*, I, q. 25, a. 6; (4) São Basílio, *Commentarius in Isaiam*, VII, 201 (PG 30, 466); (5) Ecclo XXIV, 23.

*Eu sou a Mãe do amor formoso, do temor, da ciência e da santa esperança*⁶. Lições que Santa Maria nos recorda hoje. Lição de amor formoso, de vida limpa, de um coração sensível e apaixonado, para que aprendamos a ser fiéis ao serviço da Igreja. Não é este um amor qualquer: é o Amor. Aqui não ocorrem traições, nem cálculos, nem esquecimentos. Um amor formoso, porque tem por princípio e por fim o Deus três vezes Santo, que é toda a Formosura, toda a Bondade e toda a Grandeza.

Mas fala-se também de temor. Não concebo outro temor a não ser o de nos afastarmos do Amor. Porque Deus Nosso Senhor não nos quer pusilânimes, timoratos, ou com uma entrega anódina. Precisa de nos ver audazes, valentes, delicados. O temor que o texto sagrado nos recorda traz-nos à cabeça aquela outra queixa da Escritura: *Procurei o amado da minha alma; procurei-o e não o achei*⁷.

Isto pode acontecer se o homem não compreende até o fundo o que significa amar a Deus. Ocorre então que o coração se deixa arrastar por coisas que não conduzem ao Senhor. E, como consequência, perdemo-lo de vista. Outras vezes, talvez seja o Senhor quem se esconde: Ele sabe por quê. Anima-nos então a procurá-lo com mais ardor e, quando o descobrimos, exclamamos jubilosos: *Apanhei-o e não mais o soltarei*⁸.

O Evangelho da Santa Missa recordou-nos a cena comovente em que Jesus permanece em Jerusalém ensinando no templo. *Maria e José caminharam a jornada inteira procurando-o entre os parentes e conhecidos. E, não o encontrando, voltaram a Jerusalém em busca dele*⁹. A Mãe de Deus, que buscou afanosamente o seu Filho, perdido sem culpa dEla, que experimentou a maior alegria ao encontrá-lo, ajudar-nos-á a desandar o andado, a retificar o que for preciso quando pelas nossas leviandades ou pecados não conseguirmos distinguir Cristo. Alcançaremos assim a alegria de abraçá-lo de novo, para lhe dizer que nunca mais o perderemos.

---

(6) Ecclo XXIV, 24; (7) Cant III, 1; (8) Cant III, 4; (9) Lc II, 44-45.

Maria é Mãe da ciência, porque com Ela se aprende a lição que mais interessa: que nada vale a pena se não estivermos junto do Senhor; que de nada servem todas as maravilhas da terra, todas as ambições satisfeitas, se não nos arde no peito a chama de amor vivo, a luz da santa esperança, que é uma antecipação do amor interminável na nossa Pátria definitiva.

279   *Em mim se encontra toda a graça de doutrina e de verdade, toda a esperança de vida e de virtude*[10]. Com quanta sabedoria a Igreja colocou estas palavras na boca da nossa Mãe, para que nós, os cristãos, não as esqueçamos! Ela é a segurança, o Amor que nunca abandona, o refúgio constantemente aberto, a mão que acaricia e consola sempre.

Um antigo Padre da Igreja escreve que devemos procurar conservar na nossa mente e na nossa memória um resumo ordenado da vida da Mãe de Deus[11]. Teremos folheado em muitas ocasiões esses prontuários de medicina, de matemática ou de outras matérias. Lá se enumeram, para quando se requerem com urgência, os remédios imediatos, as medidas que devemos adotar para não nos extraviarmos nessas ciências.

280   Meditemos frequentemente, numa oração sossegada e tranquila, em tudo o que temos ouvido da nossa Mãe. E, como sedimento, ir-se-á gravando na nossa alma esse compêndio, para recorrermos sem vacilar a Ela, especialmente quando não tivermos outro apoio. Não será isto interesse pessoal da nossa parte? Certamente que o é. Mas porventura ignoram as mães que nós, os filhos, somos geralmente um pouco interesseiros, e que com frequência nos dirigimos a elas como último recurso? Estão convencidas disso, mas não se importam: é por isso que são mães, e o seu amor desinteressado percebe – nesse aparente egoísmo – o nosso afeto filial e a nossa confiança segura.

Não pretendo – nem para mim nem para vós – que a nossa devoção a Santa Maria se limite a essas chamadas premen-

---

(10) Ecclo XXIV, 25; (11) cfr. São João Damasceno, *Homiliae in dormitionem B. V. Mariae*, II, 19 (PG 96, 751).

tes. Penso, no entanto, que não nos devem humilhar, se isso nos acontece em algum momento. As mães não contabilizam os pormenores de carinho que os seus filhos lhes demonstram; não os pesam ou medem com critérios mesquinhos. Uma pequena manifestação de amor, elas a saboreiam como mel, e extravasam-se, concedendo muito mais do que recebem. Se assim reagem as mães boas da terra, imaginai o que poderemos esperar de Nossa Mãe Santa Maria.

Mãe da Igreja

Gosto de voltar com a imaginação àqueles anos em que Jesus permaneceu junto de sua Mãe, e que abarcam quase toda a vida de Nosso Senhor neste mundo. Vê-lo pequeno, quando Maria cuida dEle e o beija e o entretém. Vê-lo crescer, diante dos olhos enamorados de sua Mãe e de José, seu pai na terra. Com quanta ternura e com quanta delicadeza Maria e o Santo Patriarca se ocupariam de Jesus durante a sua infância, e, em silêncio, aprenderiam muito e constantemente dEle! As suas almas ir-se-iam amoldando à alma daquele Filho, Homem e Deus. Por isso a Mãe – e, depois dEla, José – conhece como ninguém os sentimentos do Coração de Cristo, e os dois são o melhor caminho – eu afirmaria que o único – para chegar ao Salvador.

Que em cada um de vós, escrevia Santo Ambrósio, *esteja a alma de Maria, para louvar o Senhor; que em cada um esteja o espírito de Maria, para se alegrar em Deus.* E este Padre da Igreja acrescenta umas considerações que à primeira vista parecem atrevidas, mas que têm um sentido espiritual claro para a vida do cristão: *Segundo a carne, uma só é a Mãe de Cristo; segundo a fé, Cristo é fruto de todos nós*[12].

Se nos identificarmos com Maria, se imitarmos as suas

---

(12) Santo Ambrósio, *Expositio Evangelii secundum Lucam*, II, 26 (PL 15, 1561).

virtudes, poderemos conseguir que Cristo nasça, pela graça, na alma de muitos que se identificarão com Ele pela ação do Espírito Santo. Se imitarmos Maria, participaremos de algum modo da sua maternidade espiritual. Em silêncio, como Nossa Senhora; sem que se note, quase sem palavras, com o testemunho íntegro e coerente de uma conduta cristã, com a generosidade de repetir sem cessar um *fiat* – faça-se – que se renova como algo de íntimo entre nós e Deus.

282 O muito amor que tinha por Nossa Senhora e a falta de cultura teológica levaram um bom cristão a fazer-me conhecer um episódio que vos vou contar porque – com toda a sua ingenuidade – é compreensível em pessoas de poucas letras.

"Entenda-o – dizia-me – como um desabafo: compreenda a minha tristeza perante certas coisas que se passam nestes tempos. Durante a preparação e o desenvolvimento do atual Concílio, propôs-se incluir *o tema da Virgem*. Isso mesmo: *o tema*. É desse jeito que os filhos falam? É essa a fé que os fiéis sempre professaram? Desde quando o amor à Virgem é um *tema*, sobre o qual se permite entabular uma disputa a propósito da sua conveniência?

"Se há alguma coisa que brigue com o amor, é a mesquinhez. Não me importo de ser muito claro. Se não o fosse – continuava –, acharia que faço uma ofensa à nossa Mãe Santa. Discutiu-se se era ou não oportuno chamar a Maria Mãe da Igreja. Incomoda-me descer a mais pormenores. Mas a Mãe de Deus e, por isso, Mãe de todos os cristãos, não será Mãe da Igreja, que é a reunião dos que foram batizados e renasceram em Cristo, filho de Maria?

"Não compreendo – prosseguia – donde nasce a mesquinhez de regatear esse título em louvor a Nossa Senhora. Como é diferente a fé da Igreja! O *tema* da Virgem. Pretendem por acaso os filhos suscitar o *tema* do amor à sua mãe? Amam-na e pronto! Amá-la-ão muito, se são bons filhos. Do *tema* – ou do esquema – falam os estranhos, os que estudam o caso com a frieza do enunciado de um problema". Até aqui o desabafo reto e piedoso, mas injusto, daquela alma simples e devotíssima.

Continuemos nós agora considerando este mistério da Ma- 283
ternidade divina de Maria, numa oração calada, afirmando do
fundo da alma: *Virgem, Mãe de Deus! Aquele que os céus não
podem conter encerrou-se no teu seio para tomar carne de
homem*[13].

Vejamos o que a liturgia nos faz recitar no dia de hoje:
Bem-aventuradas as entranhas da Virgem Maria, que acolheram o Filho do Pai eterno[14]. Uma exclamação velha e nova,
humana e divina. É dizer ao Senhor, tal como se costuma em
alguns lugares, para exaltar uma pessoa: Bendita seja a mãe
que te trouxe ao mundo!

*Mestra de fé, de esperança
e de caridade*

Maria cooperou com a sua caridade para que nascessem 284
na Igreja os fiéis, membros daquela Cabeça da qual Ela é efetivamente mãe segundo o corpo[15]. Como Mãe, ensina; e, também como Mãe, as suas lições não são ruidosas. É preciso ter
na alma uma base de finura, um toque de delicadeza, para
compreender o que Ela nos manifesta – mais do que com promessas – com obras.

Mestra de fé. *Bem-aventurada tu, que creste*[16]; assim a
saúda Isabel, sua prima, quando Nossa Senhora sobe à montanha para visitá-la. Tinha sido maravilhoso aquele ato de fé de
Santa Maria: *Eis a escrava do Senhor. Faça-se em mim segundo a tua palavra*[17]. No nascimento do seu Filho, contempla as
grandezas de Deus na terra: há um coro de anjos, e tanto os
pastores como os poderosos vêm adorar o Menino. Mas depois
a Sagrada Família tem que fugir para o Egito, para escapar das
tentativas criminosas de Herodes. E a seguir, o silêncio: trinta

---

(13) Aleluia da Missa da Maternidade divina de Maria; (14) Antífona *ad Communionem* da Missa comum de Nossa Senhora; (15) Santo Agostinho, *De sancta virginitate*, VI (PL 40, 399); (16) Lc I, 45; (17) Lc I, 38.

longos anos de vida simples, comum, como a de um lar qualquer de uma pequena aldeia da Galileia.

285   O Santo Evangelho facilita-nos brevemente o caminho para entendermos o exemplo da nossa Mãe: *Maria conservava todas estas coisas dentro de si, ponderando-as no seu coração*[18]. Procuremos nós imitá-la, conversando com o Senhor, num diálogo enamorado, de tudo o que se passa conosco, até dos acontecimentos mais triviais. Não esqueçamos que temos de pesá-los, avaliá-los, vê-los com olhos de fé, para descobrir a Vontade de Deus.

Se a nossa fé for débil, recorramos a Maria. Conta São João que, devido ao milagre das bodas de Caná, que Cristo realizou a pedido de sua Mãe, *os seus discípulos creram nEle*[19]. A nossa Mãe intercede sempre diante do seu Filho para que nos atenda e se nos revele de tal modo que possamos confessar: Tu és o Filho de Deus.

286   Mestra de esperança. Maria proclama que a *chamarão bem-aventurada todas as gerações*[20]. Falando humanamente, em que motivos se apoiava essa esperança? Quem era Ela para os homens e mulheres da época? As grandes heroínas do Velho Testamento – Judit, Ester, Débora – tinham conseguido já na terra uma glória humana, haviam sido aclamadas e enaltecidas pelo povo. O trono de Maria, como o de seu Filho, é a Cruz. E durante o resto da sua existência, até que subiu em corpo e alma aos Céus, o que nos impressiona é a sua calada presença. São Lucas, que a conhecia bem, anota que Maria está junto dos primeiros discípulos, em oração. Assim termina os seus dias terrenos Aquela que haveria de ser louvada pelas criaturas até a eternidade.

Como contrasta a esperança de Nossa Senhora com a nossa impaciência! Com frequência reclamamos de Deus que nos pague imediatamente o pouco bem que praticamos. Mal aflora a primeira dificuldade, queixamo-nos. Somos muitas vezes inca-

---

(18) Lc II, 19; (19) Ioh II, 11; (20) Lc I, 48.

pazes de perseverar no esforço, de manter a esperança. Porque nos falta fé. *Bem-aventurada tu, que creste, porque se cumprirão as coisas que te foram ditas da parte do Senhor*[21].

Mestra de caridade. Recordemo-nos da cena da apresentação de Jesus no templo. O ancião Simeão *asseverou a Maria, sua Mãe: Eis que este Menino está posto para ruína e para ressurreição de muitos em Israel, e para ser alvo de contradição. E uma espada trespassará a tua alma, a fim de se descobrirem os pensamentos escondidos de muitos corações*[22].

A imensa caridade de Maria pela humanidade faz com que também nEla se cumpra a afirmação de Cristo: *Ninguém tem maior amor que aquele que dá a vida pelos seus amigos*[23].

Com razão os Romanos Pontífices deram a Maria o título de Corredentora: *De tal modo, juntamente com o seu Filho paciente e moribundo, padeceu e quase morreu; e de tal modo, pela salvação dos homens, abdicou dos seus direitos maternos sobre o Filho e o imolou, no que dEla dependia, para aplacar a justiça de Deus, que se pode com razão dizer que Ela redimiu o gênero humano juntamente com Cristo*[24]. Assim entendemos melhor aquele momento da Paixão do Senhor, que nunca nos cansaremos de meditar: *Stabat autem iuxta crucem Iesu mater eius*[25], sua Mãe estava junto à cruz de Jesus.

Teremos observado como algumas mães, dominadas por um legítimo orgulho, se apressam a colocar-se ao lado de seus filhos quando estes triunfam, quando recebem um reconhecimento público. Outras, contudo, mesmo nesses momentos, permanecem em segundo plano, amando em silêncio. Maria era assim, e Jesus o sabia.

Mas, no escândalo do sacrifício da Cruz, Santa Maria estava presente, escutando com tristeza *os que passavam por ali e blasfemavam meneando a cabeça e gritando: Tu, que der-*

---

(21) Lc I, 45; (22) Lc II, 34-35; (23) Ioh XV, 13; (24) Bento XV, *Carta Inter sodalicia*, 22-3-1918, ASS 10 (1919), 182; (25) Ioh XIX, 25.

rubas o templo de Deus, e em três dias o reedificas, salva-te a ti mesmo. Se és Filho de Deus, desce da Cruz[26]. Nossa Senhora escutava as palavras do seu Filho, unindo-se à sua dor: *Meu Deus, meu Deus, por que me desamparaste?*[27] Que podia Ela fazer? Fundir-se com o amor redentor do seu Filho, oferecer ao Pai a dor imensa – como uma espada afiada – que trespassava o seu Coração puro.

De novo Jesus se sente reconfortado com essa presença discreta e amorosa de sua Mãe. Maria não grita, não corre de um lado para o outro. *Stabat*, está de pé, junto do Filho. É então que Jesus a olha, dirigindo depois a vista para João. E exclama: *Mulher, aí tens o teu filho. Depois disse ao discípulo: Aí tens a tua Mãe*[28]. Em João, Cristo confia à sua Mãe todos os homens e especialmente os seus discípulos: os que haviam de crer nEle.

Felix culpa[29], canta a Igreja, feliz culpa, porque conseguiu tal e tão grande Redentor. Feliz culpa, podemos nós acrescentar, porque nos mereceu recebermos por Mãe Santa Maria. Já estamos seguros, já nada nos deve preocupar. Porque Nossa Senhora, coroada Rainha dos céus e da terra, é a onipotência suplicante diante de Deus. Jesus não pode negar nada a Maria, e também a nós, que somos filhos da sua própria Mãe.

Mãe nossa

289   Os filhos, especialmente quando ainda são pequenos, tendem a interrogar-se sobre o que os pais farão por eles, esquecendo, porém, as suas obrigações de piedade filial. Geralmente, nós, os filhos, somos muito interesseiros, embora essa conduta – já o fizemos notar – não pareça ter muita importância para as mães, porque têm suficiente amor no coração e amam

---

(26) Mt XXVII, 39-40; (27) Mt XXVII, 46; (28) Ioh XIX, 26-27; (29) Vigília Pascal, *Praeconium*.

com o melhor carinho: aquele que se dá sem esperar correspondência.
O mesmo se passa com Santa Maria. Mas hoje, na festa da sua Maternidade divina, temos de esforçar-nos numa observação mais detida. Hão de doer-nos, se as encontrarmos, as nossas faltas de delicadeza para com esta Mãe boa. Eu vos pergunto, e me pergunto: como é que a honramos? Voltamos de novo à experiência de cada dia, ao relacionamento com as nossas mães da terra. Acima de tudo, o que é que elas desejam para os seus filhos, que são carne da sua carne e sangue do seu sangue? O seu maior sonho é tê-los perto de si. Quando os filhos crescem e não é possível continuarem a seu lado, esperam com impaciência as suas notícias, emociona-as tudo o que se passa com eles: desde uma ligeira doença até os eventos mais importantes.

Olhai: para a nossa Mãe Santa Maria, jamais deixamos de ser pequenos, porque Ela nos abre o caminho para o Reino dos Céus, que será dado aos que se fazem crianças[30]. De Nossa Senhora não devemos separar-nos nunca. Como a honraremos? Procurando estar com Ela, falando-lhe, manifestando--lhe o nosso carinho, ponderando no coração as cenas da sua vida na terra, contando-lhe as nossas lutas, os nossos êxitos e os nossos fracassos.

Descobrimos assim – como se recitássemos pela primeira vez – o sentido das orações marianas, que sempre se rezaram na Igreja. Que são a *Ave-Maria* e o *Angelus* senão louvores ardentes à Maternidade divina? E no Santo Rosário – essa maravilhosa devoção que nunca me cansarei de aconselhar a todos os cristãos – passam pela nossa cabeça e pelo nosso coração os mistérios da conduta admirável de Maria, que são os próprios mistérios fundamentais da fé.

O ano litúrgico está balizado por festas em honra de Santa Maria. O fundamento deste culto é a Maternidade divina de

---

(30) Cfr. Mt XIX, 14.

Nossa Senhora, origem da plenitude de dons de natureza e de graça com que a Trindade Beatíssima a exornou. Demonstraria pouca formação cristã – e muito pouco amor de filho – quem temesse que o culto à Santíssima Virgem pudesse diminuir a adoração que se deve a Deus. Nossa Mãe, modelo de humildade, cantou: *Chamar-me-ão bem-aventurada todas as gerações, porque fez em mim coisas grandes aquele que é Todo-Poderoso, cujo nome é santo e cuja misericórdia se derrama de geração em geração sobre os que o temem*[31].

Nas festas de Nossa Senhora, não andemos regateando as manifestações de carinho. Levantemos com mais frequência o coração, pedindo-lhe aquilo de que precisemos, agradecendo-lhe a sua solicitude maternal e constante, recomendando-lhe as pessoas que estimamos. Mas, se pretendemos comportar-nos como filhos, todos os dias serão ocasião propícia de amor a Maria, como todos os dias o são para os que se querem de verdade.

Talvez agora um ou outro de vós possa pensar que a jornada comum, o habitual vaivém da nossa vida, não se presta muito a manter o coração numa criatura tão pura como Nossa Senhora. Eu vos convidaria a refletir um pouco. O que é que procuramos sempre, mesmo sem especial atenção, em tudo o que fazemos? Quando nos deixamos conduzir pelo amor de Deus e trabalhamos com intenção reta, procuramos o que é bom, limpo, aquilo que traz a paz à consciência e felicidade à alma. Será que não nos faltam erros? É claro que não nos faltam. Mas precisamente reconhecer esses erros é descobrir com maior clareza que a nossa meta é essa: uma felicidade não passageira, mas profunda, serena, humana e sobrenatural.

Ora, existe uma criatura que conseguiu nesta terra essa felicidade, porque é a obra-prima de Deus: a nossa Mãe Santíssima, Maria. Ela vive e nos protege; está junto do Pai e do Filho e do Espírito Santo, em corpo e alma. É a mesma que nasceu na Palestina, que se entregou ao Senhor desde menina, que

---

(31) Lc I, 48-50.

recebeu a anunciação do Arcanjo Gabriel, que deu à luz o nosso Salvador, que esteve junto dEle ao pé da Cruz. NEla adquirem realidade todos os ideais. Mas não devemos concluir que a sua sublimidade e a sua grandeza no-la apresentam inacessível e distante. É a cheia de graça, a soma de todas as perfeições; e é Mãe. Com o seu poder diante de Deus, alcançar-nos-á o que lhe pedirmos; como Mãe no-lo quer conceder. E também como Mãe entende e compreende as nossas fraquezas, alenta, desculpa, facilita o caminho, tem sempre o remédio preparado, mesmo quando parece que já nada é possível.

Quanto cresceriam em nós as virtudes sobrenaturais, se conseguíssemos alcançar uma intimidade verdadeira com Maria, que é nossa Mãe! Não nos importe repetir-lhe durante o dia – com o coração, sem necessidade de palavras – pequenas orações, jaculatórias. A devoção cristã reuniu muitos desses elogios ardentes nas Ladainhas que acompanham o Santo Rosário. Mas cada qual é livre de aumentá-las, dirigindo-lhe novos louvores, dizendo-lhe o que – por um santo pudor que Ela entende e aprova – não nos atreveríamos a pronunciar em voz alta.

Aconselho-te – para terminar – que faças, se ainda não o fizeste, a tua experiência particular do amor materno de Maria. Não basta saber que Ela é Mãe, considerá-la assim, falar assim dEla. É a tua Mãe e tu és seu filho. Ama-te como se fosses o seu único filho neste mundo. Trata-a em consequência: conta-lhe tudo o que te acontece, honra-a, quere-a. Ninguém o fará por ti, tão bem como tu, se tu não o fizeres.

Asseguro-te que, se empreenderes este caminho, encontrarás imediatamente todo o amor de Cristo. E ver-te-ás metido nessa vida inefável de Deus Pai, Deus Filho e Deus Espírito Santo. Obterás forças para cumprir acabadamente a Vontade de Deus, encher-te-ás de desejos de servir a todos os homens. Serás o cristão que às vezes sonhas ser: cheio de obras de caridade e de justiça, alegre e forte, compreensivo com os outros e exigente contigo mesmo.

Essa e não outra é a têmpera da nossa fé. Recorramos a Santa Maria, que Ela nos acompanhará com um andar firme e constante.

RUMO À SANTIDADE

Homilia pronunciada em 26-11-1967.

Sentimo-nos tocados, com um forte estremecimento no coração, quando escutamos atentamente o grito de São Paulo: *Esta é a vontade de Deus, a vossa santificação*[1]. É o que hoje, uma vez mais, proponho a mim mesmo, recordando-o também a quantos me ouvem e à humanidade inteira: esta é a Vontade de Deus, que sejamos santos.

Para pacificar as almas com paz autêntica, para transformar a terra, para procurar Deus Nosso Senhor no mundo e através das coisas do mundo, é indispensável a santidade pessoal. Em minhas conversas com pessoas de tantos países e dos mais diversos ambientes sociais, perguntam-me com frequência: E que diz aos casados? E a nós, que trabalhamos no campo? E às viúvas? E aos jovens?

Respondo sistematicamente que tenho *uma só panela*. E costumo frisar que Jesus Cristo pregou a Boa Nova a todos, sem distinção alguma. Uma só panela e um só alimento: *Meu alimento é fazer a vontade dAquele que me enviou e consumar a sua obra*[2]. O Senhor chama cada um à santidade e a cada um pede amor: a jovens e velhos, a solteiros e casados, a sãos e enfermos, a cultos e ignorantes; trabalhem onde trabalharem, estejam onde estiverem. Só há um modo de crescer na familia-

---

(1) I Thes IV, 3; (2) Ioh IV, 34.

ridade e na confiança com Deus: ganhar intimidade com Ele na oração, falar com Ele, manifestar-lhe – de coração a coração – o nosso afeto.

Falar com Deus

295   *Invocar-me-eis e Eu vos atenderei*[3]. E nós o invocamos conversando com Ele, dirigindo-nos a Ele. Por isso, temos de pôr em prática a exortação do Apóstolo: *Sine intermissione orate*[4]; rezai sempre, aconteça o que acontecer. Não só de coração, mas com todo o coração[5].
Talvez se pense que a vida nem sempre é fácil de levar, que não faltam dissabores e penas e tristezas. Responderei, também com São Paulo, que *nem a morte, nem a vida, nem os anjos, nem os principados, nem as virtudes, nem o presente, nem o futuro, nem a força, nem o que há de mais alto ou de mais profundo, nem qualquer outra criatura poderá jamais separar-nos do amor de Deus, que está em Jesus Cristo, Nosso Senhor*[6]. Nada nos pode afastar da caridade de Deus, do Amor, da relação constante com o nosso Pai.

Recomendar esta união contínua com Deus não será apresentar um ideal tão sublime, que se revele inacessível à maioria dos cristãos? Na verdade, alta é a meta, mas não inacessível. A senda que conduz à santidade é senda de oração; e a oração deve vingar pouco a pouco na alma, como a pequena semente que se converterá mais tarde em árvore frondosa.

296   Começamos com orações vocais, que muitos de nós repetimos quando crianças: são frases ardentes e singelas, dirigidas a Deus e à sua Mãe, que é nossa Mãe. Ainda hoje, de manhã e à tarde, não um dia, mas habitualmente, renovo o oferecimento de obras que os meus pais me ensinaram: *Ó Senhora minha,*

---

(3) Ier XXIX, 12; (4) I Thes, V, 17; (5) Santo Ambrósio, *Expositio in Psalmum CXVIII*, XIX, 12 (PL 15, 1471); (6) Rom VIII, 38-39.

ó minha Mãe! Eu me ofereço todo a Vós. E, em prova do meu filial afeto para convosco, vos consagro neste dia os meus olhos, os meus ouvidos, a minha boca, o meu coração... Não será isto – de certa maneira – um princípio de contemplação, demonstração evidente de confiado abandono? O que é que dizem um ao outro os que se amam, quando se encontram? Como se comportam? Sacrificam tudo o que são e tudo o que possuem pela pessoa amada.

Primeiro uma jaculatória, e depois outra, e mais outra..., até que parece insuficiente esse fervor, porque as palavras se tornam pobres..., e se dá passagem à intimidade divina, num olhar para Deus sem descanso e sem cansaço. Vivemos então como cativos, como prisioneiros. Enquanto realizamos com a maior perfeição possível, dentro dos nossos erros e limitações, as tarefas próprias da nossa condição e do nosso ofício, a alma anseia por escapar-se. Vamos rumo a Deus, como o ferro atraído pela força do íman. Começamos a amar Jesus de forma mais eficaz, com um doce sobressalto.

Eu vos livrarei do cativeiro, estejais onde estiverdes[7]. 297 Livramo-nos da escravidão pela oração: sabemo-nos livres, voando num epitalâmio de alma apaixonada, num cântico de amor, que nos impele a não desejar afastar-nos de Deus. Um novo modo de andar na terra, um modo divino, sobrenatural, maravilhoso. Recordando tantos escritores castelhanos quinhentistas, talvez nos agrade saborear isto por nossa conta: *Vivo porque não vivo; é Cristo que vive em mim!*[*][8]

Aceita-se com gosto a necessidade de trabalhar neste mundo durante muitos anos, porque Jesus tem poucos amigos cá em baixo. Não recusemos a obrigação de viver, de gastar--nos – bem espremidos – a serviço de Deus e da Igreja. Desta maneira, em liberdade: *in libertatem gloriae filiorum Dei*[9]; *qua libertate Christus nos liberavit*[10]; com a liberdade dos fi-

---

(7) Ier XXIX, 14; (*) alusão, entre outras, ao poema de Santa Teresa: *Vivo sin vivir en mí* (N. do T.); (8) cfr. Gal II, 20; (9) Rom VIII, 21; (10) Gal IV, 31.

lhos de Deus, que Jesus Cristo nos conquistou morrendo sobre o madeiro da Cruz.

298 É possível que, já desde o princípio, se levantem grandes nuvens de pó e que, ao mesmo tempo, os inimigos da nossa santificação empreguem uma técnica tão veemente e tão bem orquestrada de terrorismo psicológico – de abuso de poder –, que arrastem na sua absurda direção mesmo aqueles que durante muito tempo mantinham outra conduta mais lógica e reta. E, embora essa voz soe a sino rachado, que não foi fundido com bom metal e é bem diferente dos assobios do pastor, desse modo aviltam a palavra, que é um dos dons mais preciosos que o homem recebeu de Deus, dádiva belíssima para manifestar altos pensamentos de amor e de amizade ao Senhor e às suas criaturas; a tal ponto que se chega a entender por que São Tiago diz da língua que ela *é um mundo inteiro de malícia*[11], tantos são os males que pode causar: mentiras, detrações, desonras, embustes, insultos, murmurações tortuosas.

A Humanidade Santíssima de Cristo

299 Como poderemos superar esses inconvenientes? Como conseguiremos fortalecer-nos naquela decisão, que começa a parecer-nos muito pesada? Inspirando-nos no modelo que nos mostra a Virgem Santíssima, nossa Mãe: uma rota muito ampla, que necessariamente passa por Jesus.

Para nos aproximarmos de Deus, temos de enveredar pelo caminho certo, que é a Humanidade Santíssima de Cristo. Por isso aconselho sempre a leitura de livros que narrem a Paixão do Senhor: são escritos cheios de sincera piedade, que nos trazem à mente o Filho de Deus, Homem como nós e Deus verdadeiro, que ama e que sofre na sua carne pela Redenção do mundo.

Consideremos a recitação do Santo Rosário, uma das de-

---

(11) Iac III, 6.

voções mais arraigadas entre os cristãos. A Igreja anima-nos a contemplar os mistérios: para que se grave na nossa cabeça e na nossa imaginação – com o gozo, a dor e a glória de Santa Maria – o exemplo assombroso do Senhor nos seus trinta anos de obscuridade, nos seus três anos de pregação, na sua paixão ignominiosa e na sua gloriosa Ressurreição.

Seguir Cristo: este é o segredo. Acompanhá-lo tão de perto que vivamos com Ele, como aqueles primeiros Doze; tão de perto, que com Ele nos identifiquemos. Não demoraremos a afirmar, desde que não tenhamos levantado obstáculos à graça, que nos revestimos de Nosso Senhor Jesus Cristo[12]. O Senhor reflete-se na nossa conduta como num espelho. Se o espelho for como deve ser, reproduzirá o semblante amabilíssimo do nosso Salvador sem o desfigurar, sem caricaturas: e os outros terão a possibilidade de admirá-lo, de segui-lo.

Neste esforço de identificação com Cristo, costumo distinguir como que quatro degraus: procurá-lo, encontrá-lo, tratá-lo, amá-lo. Talvez vos sintais como que na primeira etapa. Procurai o Senhor com fome, procurai-o em vós mesmos com todas as forças. Se atuardes com este empenho, atrevo-me a garantir que já o tereis encontrado, e que tereis começado a tratá-lo e a amá-lo, e a ter a vossa conversação nos céus[13].

Rogo ao Senhor que nos decidamos a alimentar na alma a única ambição nobre, a única que vale a pena: caminhar ao lado de Jesus Cristo, como fizeram sua Mãe bendita e o santo Patriarca, com ânsia, com abnegação, sem descuidar nada. Participaremos da ventura da divina amizade – num recolhimento interior compatível com os nossos deveres profissionais e com os de cidadãos – e lhe agradeceremos a delicadeza e a clareza com que nos ensina a cumprir a Vontade do nosso Pai que habita nos céus.

Mas não esqueçamos que estar com Jesus é, certamente, topar com a sua Cruz. Quando nos abandonamos nas mãos de Deus, é frequente que Ele nos permita saborear a dor, a soli-

---

(12) Rom XIII, 14; (13) cfr. Phil III, 20.

dão, as contradições, as calúnias, as difamações, os escárnios, por dentro e por fora: porque quer moldar-nos à sua imagem e semelhança, e tolera também que nos chamem loucos e que nos tomem por néscios.

É a altura de amar a mortificação passiva, que vem – oculta ou descarada e insolente – quando não a esperamos. Chegam a ferir as ovelhas com as pedras que se deveriam atirar aos lobos: o seguidor de Cristo experimenta na sua própria carne que aqueles que deveriam amá-lo o tratam de uma maneira que vai da desconfiança à hostilidade, da suspeita ao ódio. Olham-no com receio, como a um mentiroso, por não acreditarem que possa haver relação pessoal com Deus, vida interior; em contrapartida, com o ateu e com o indiferente, ordinariamente rebeldes e desavergonhados, desfazem-se em amabilidades e compreensão.

E talvez o Senhor permita que o seu discípulo se veja atacado com a arma – nunca honrosa para quem a empunha – das injúrias pessoais; com o uso de lugares comuns, fruto tendencioso e delituoso de uma propaganda massiva e mentirosa: porque o dom do bom gosto e do comedimento não é coisa de todos.

Os que sustentam uma teologia incerta e uma moral relaxada, sem freios; os que praticam ao sabor dos seus caprichos uma liturgia duvidosa, com uma disciplina de *hippies* e um governo irresponsável, não é de estranhar que propaguem, contra os que só falam de Cristo, ciumeiras, suspeitas, falsas denúncias, ofensas, maus tratos, humilhações, falatórios e vexames de toda a espécie.

Assim esculpe Jesus a alma dos seus, sem deixar de lhes dar interiormente serenidade e alegria, porque entendem muito bem que – com cem mentiras juntas – os demônios não são capazes de fazer uma verdade. E grava em suas vidas a convicção de que só se sentirão comodamente quando se decidirem a não ser comodistas.

302   Ao admirarmos e amarmos deveras a Humanidade Santíssima de Jesus, descobriremos uma a uma as suas Chagas. E

nesses tempos de purificação passiva, penosos, fortes, de lágrimas doces e amargas que procuramos esconder, precisaremos meter-nos dentro de cada uma das Feridas Santíssimas: para nos purificarmos, para nos deliciarmos com o Sangue redentor, para nos fortalecermos. Faremos como as pombas que, no dizer da Escritura[14], se abrigam nas fendas das rochas durante a tempestade. Ocultamo-nos nesse refúgio para achar a intimidade de Cristo: e vemos que o seu modo de conversar é afável e o seu rosto formoso[15], porque *só sabem que a sua voz é suave e grata aqueles que receberam a graça do Evangelho, que os faz dizer: Tu tens palavras de vida eterna*[16].

Não pensemos que, nesta senda de contemplação, as paixões ficam definitivamente aplacadas. Seria uma ilusão supor que a ânsia de procurar Cristo, a realidade do seu encontro e do seu convívio, bem como a doçura do seu amor, nos transforma em pessoas impecáveis. Embora todos o saibam por experiência, deixai-me que vo-lo recorde: o inimigo de Deus e do homem, Satanás, não se dá por vencido, não descansa. Assedia-nos, mesmo quando a alma arde inflamada no amor a Deus. Sabe que então a queda é mais difícil, mas que – se consegue que a criatura ofenda o seu Senhor, embora em pouco – poderá lançar-lhe sobre a consciência a grave tentação da desesperança.

Se puder servir-vos de aprendizado a experiência de um pobre sacerdote que não pretende falar senão de Deus, dar-vos-ei um conselho: quando a carne tentar recuperar seus foros perdidos, ou a soberba – que é pior – se rebelar e se eriçar, corramos a abrigar-nos nessas fendas divinas, abertas no Corpo de Cristo pelos cravos que o pregaram à Cruz e pela lança que lhe atravessou o peito. Façamo-lo do modo que mais nos comova: derramemos nas Chagas do Senhor todo esse amor humano... e esse amor divino. Que isto é apetecer a união, sen-

---

(14) Cfr. Cant II, 14; (15) cfr. *ibid*; (16) São Gregório Niseno, *In Canticum Canticorum homiliae*, V (PG 44, 879).

tir-nos irmãos de Cristo, seus consanguíneos, filhos da mesma Mãe, pois foi Ela que nos levou até Jesus.

A Santa Cruz

304 Ânsias de adoração, de desagravo, com sossegada suavidade e com sofrimento. Assim se tornará vida na nossa vida a afirmação de Jesus: *Aquele que não toma a sua cruz e me segue não é digno de Mim*[17]. E o Senhor se nos mostra cada vez mais exigente, pede-nos reparação e penitência, até impelir-nos a experimentar o fervente anelo de querermos *viver para Deus, cravados com Cristo na cruz*[18]. Este tesouro, porém, nós *o guardamos em vasos de barro frágil e quebradiço, para sabermos reconhecer que a grandeza do poder que se nota em nós é de Deus e não nossa*[19].

Vemo-nos acossados por toda a espécie de tribulações, mas não perdemos o ânimo; encontramo-nos em grandes apertos, mas não desesperados e sem meios; somos perseguidos, mas não desamparados; abatidos, mas não inteiramente perdidos; trazemos sempre no nosso corpo, por toda a parte, *a mortificação de Jesus*[20].

Imaginamos, além disso, que o Senhor não nos escuta, que andamos enganados, que só se ouve o monólogo da nossa voz. Sentimo-nos como que sem apoio sobre a terra e abandonados pelo céu. No entanto, é verdadeiro e prático o nosso horror ao pecado, mesmo venial. Com a teimosia da Cananeia, prostramo-nos rendidamente como ela, que o adorou implorando: *Senhor, ajuda-me*[21]. Desaparecerá a escuridão, superada pela luz do Amor.

305 É o momento de clamar: Senhor, lembra-te das promessas que me fizeste, e me encherei de esperança. Isto é o que me

---

(17) Mt X, 38; (18) Gal II, 19; (19) II Cor IV, 7; (20) II Cor IV, 8-10; (21) Mt XV, 25.

consola no meu nada e cumula de fortaleza o meu viver[22]. Deus quer que contemos com Ele para tudo: vemos com toda a evidência que, sem Ele, nada podemos[23] e que, com Ele, podemos tudo[24]. Confirma-se a nossa decisão de andar sempre na sua presença[25].

Com a claridade de Deus na inteligência, que parece inativa, não nos fica a menor dúvida de que, se o Criador cuida de todos – mesmo dos seus inimigos –, muito mais cuidará dos seus amigos! Convencemo-nos de que não há mal nem contradição que não venham por bem: assim se assentam com mais firmeza no nosso espírito a alegria e a paz, que nenhum motivo humano poderá arrancar-nos, porque estas *visitações* sempre nos deixam algo de seu, algo divino. Passamos a louvar o Senhor, nosso Deus, que fez em nós obras admiráveis[26]; e compreendemos que fomos criados com capacidade para possuir um tesouro infinito[27].

A Trindade Beatíssima

Havíamos começado com orações vocais, simples, encantadoras, que aprendemos na infância e que não gostaríamos de abandonar nunca. A oração, iniciada com essa ingenuidade pueril, desenvolve-se agora em caudal largo, manso e seguro, porque vai ao passo da amizade por Aquele que afirmou: *Eu sou o Caminho*[28]. Se amamos Cristo assim, se com divino atrevimento nos refugiamos na abertura que a lança lhe deixou no Lado, cumpre-se a promessa do Mestre: *Se alguém me ama, guardará a minha doutrina, e meu Pai o amará, e viremos a ele, e nele faremos morada*[29].

O coração necessita então de distinguir e adorar cada uma das Pessoas divinas. De certa maneira, o que a alma realiza na

---

(22) Cfr. Ps CXVIII, 49-50; (23) cfr. Ioh XV, 5; (24) cfr. Phil IV, 13; (25) cfr. Ps CXVIII, 168; (26) cfr. Iob V, 9; (27) cfr. Sap VII, 14; (28) Ioh XIV, 6; (29) Ioh XIV, 23.

vida sobrenatural é uma descoberta semelhante às de uma criaturinha que vai abrindo os olhos à existência. E entretém-se amorosamente com o Pai e com o Filho e com o Espírito Santo; e submete-se facilmente à atividade do Paráclito vivificador, que se nos entrega sem o merecermos: os dons e as virtudes sobrenaturais!

307   Corremos *como o cervo, que anseia pelas fontes das águas*[30]; com sede, gretada a boca, ressequida. Queremos beber nesse manancial de água viva. Sem esquisitices, mergulhamos ao longo do dia nesse veio abundante e cristalino de frescas linfas que saltam até a vida eterna[31]. Sobram as palavras, porque a língua não consegue expressar-se; começa a serenar-se a inteligência. Não se raciocina, fita-se! E a alma rompe outra vez a cantar com um cântico novo, porque se sente e se sabe também fitada amorosamente por Deus, em todos os momentos.

Não me refiro a situações extraordinárias. São, podem muito bem ser fenômenos ordinários da nossa alma: uma loucura de amor que, sem espetáculo, sem extravagâncias, nos ensina a sofrer e a viver, porque Deus nos concede a sabedoria. Que serenidade, que paz então, metidos na *senda estreita que conduz à vida!*[32]

308   Ascética? Mística? Não me preocupo com isso. Seja o que for, ascética ou mística, que importa? É mercê de Deus. Se tu procuras meditar, o Senhor não te negará a sua assistência. Fé e obras de fé: obras, porque – já o verificaste desde o início e já o frisei a seu tempo – o Senhor é cada dia mais exigente. Isto é já contemplação e é união; é assim que deve ser a vida de muitos cristãos, avançando cada um pela sua própria via espiritual – são infinitas –, no meio dos afãs do mundo, ainda que nem sequer se aperceba disso.

Uma oração e uma conduta que não nos afastam das nossas atividades habituais e que, no meio dessas aspirações nobremente terrenas, nos conduzem ao Senhor. Elevando todos

---

(30) Ps XLI, 2; (31) cfr. Ioh IV, 14; (32) Mt VII, 14.

os afazeres a Deus, a criatura diviniza o mundo. Quantas vezes não tenho falado do mito do rei Midas, que convertia em ouro tudo o que tocava! Podemos converter tudo o que tocamos em ouro de méritos sobrenaturais, apesar dos nossos erros pessoais.

Assim atua o nosso Deus. Quando aquele filho regressa depois de ter gastado o seu dinheiro vivendo mal e, sobretudo, depois de se ter esquecido de seu pai, é o pai quem diz: *Depressa! Trazei-me o vestido mais precioso e vesti-lho, metei--lhe um anel no dedo, calçai-lhe as sandálias e pegai um vite-lo gordo, matai-o e comamos e celebremos um banquete*[33]. Nosso Pai-Deus, quando acudimos a Ele com arrependimento, da nossa miséria tira riqueza; da nossa debilidade, fortaleza. O que não nos há de preparar então, se não o abandonamos, se frequentamos a sua companhia todos os dias, se lhe dirigimos palavras de carinho confirmadas com as nossas ações, se lhe pedimos tudo, confiados na sua onipotência e na sua misericórdia? Se prepara uma festa para o filho que o traiu, só por tê-lo recuperado, o que não nos outorgará a nós, se sempre procuramos ficar a seu lado?

Longe da nossa conduta, portanto, a lembrança das ofensas que nos tenham feito, das humilhações que tenhamos padecido – por muito injustas, descorteses e rudes que tenham sido –, porque é impróprio de um filho de Deus ter preparado um registro para apresentar uma lista de agravos. Não podemos esquecer o exemplo de Cristo, e a nossa fé cristã não se troca como quem troca de roupa: pode debilitar-se, robustecer--se ou perder-se. Esta vida sobrenatural dá vigor à fé, e a alma apavora-se ao considerar a miserável nudez humana sem o divino. E perdoa e agradece: Meu Deus, se contemplo a minha pobre vida, não encontro nenhum motivo de vaidade e, menos ainda, de soberba; só encontro abundantes razões para viver sempre humilde e compungido. Bem sei que não há nada tão senhoril como servir.

---

(33) Lc XV, 22-23.

Oração viva

310   *Levantar-me-ei e rodearei a cidade; pelas ruas e praças buscarei aquele a quem amo...*[34] E não só a cidade; correrei todo o mundo de lés a lés – por todas as nações, por todos os povos, por picadas e atalhos – para alcançar a paz da minha alma. E a descubro nas ocupações diárias, que para mim não são estorvo; que são – pelo contrário – vereda e motivo para amar mais e mais, e mais e mais me unir a Deus.

E quando nos espreita – violenta – a tentação do desânimo, dos contrastes, da luta, da tribulação, de uma nova noite na alma, o salmista nos põe nos lábios e na inteligência estas palavras: *Com Ele estou no tempo da adversidade*[35]. O que vale, Jesus, diante da tua Cruz, a minha; diante das tuas feridas, os meus arranhões? O que vale, diante do teu Amor imenso, puro e infinito, este pesadume de nada que me puseste às costas? E os vossos corações – como o meu – se cumulam de uma santa avidez, confessando-lhe – com obras – que *morremos de amor*[36].

Nasce uma sede de Deus, uma ânsia de compreender as suas lágrimas; de ver o seu sorriso, o seu rosto... Julgo que o melhor modo de exprimi-lo é voltar a repetir com a Escritura: *Como o cervo que anseia pelas fontes das águas, assim por Vós anela a minha alma, ó meu Deus!*[37] E a alma avança metida em Deus, endeusada: fez-se o cristão viajante sequioso, que abre a boca às águas da fonte[38].

311   Com esta entrega, o zelo apostólico inflama-se, aumenta de dia para dia e contagia esta ânsia aos outros, porque o bem é difusivo. Não é possível que a nossa pobre natureza, tão perto de Deus, não arda em fomes de semear pelo mundo inteiro a alegria e a paz, de regar tudo com as águas redentoras que brotam do Lado aberto de Cristo[39], de começar e acabar todas as tarefas por Amor.

Falava há pouco de dores, de sofrimento, de lágrimas. E

---

(34) Cant III, 2; (35) Ps XC, 15; (36) cfr. Cant V, 8; (37) Ps XLI, 2; (38) cfr. Ecclo XXVI, 15; (39) cfr. Ioh XIX, 34.

não me contradigo se afirmo agora que, para um discípulo que procura amorosamente o Mestre, é muito diferente o sabor das tristezas, das penas, das aflições: desaparecem, mal se aceita deveras a Vontade de Deus, logo que cumprimos com gosto os seus desígnios, como filhos fiéis, ainda que os nervos pareçam desfazer-se e o suplício se nos afigure insuportável.

Vida corrente

312 Interessa-me confirmar de novo que não me refiro a uma forma extraordinária de viver cristãmente. Medite cada um no que Deus fez por ele e no modo como correspondeu. Se formos valentes neste exame pessoal, perceberemos o que ainda nos falta. Ontem me comovia ao ouvir falar de um catecúmeno japonês que ensinava o catecismo a outros que ainda não conheciam Cristo. E envergonhava-me. Necessitamos de mais fé, mais fé! E, com a fé, a contemplação.

Recordemos com calma aquela divina advertência que enche a alma de inquietação e, ao mesmo tempo, lhe sabe a favo de mel: *Redemi te, et vocavi te nomine tuo: meus es tu*[40]; Eu te redimi e te chamei pelo teu nome: tu és meu! Não roubemos a Deus o que é seu. Um Deus que nos amou a ponto de morrer por nós, que nos escolheu desde toda a eternidade, antes da criação do mundo, para sermos santos na sua presença[41]; e que continuamente nos oferece ocasiões de purificação e de entrega.

Caso ainda tenhamos alguma dúvida, há outra prova que recebemos dos seus lábios: *Não fostes vós que me escolhestes, mas eu que vos escolhi para irdes e dardes fruto; e para que permaneça abundante esse fruto* do vosso trabalho de almas contemplativas[42].

Portanto, fé, fé sobrenatural. Quando a fé fraqueja, o homem tende a imaginar Deus como se estivesse longe e mal se

---

(40) Is XLIII, 1; (41) cfr. Eph I, 4; (42) cfr. Ioh XV, 16.

preocupasse com os seus filhos. Pensa na religião como algo justaposto, para quando não há outro remédio; sem saber por quê, espera manifestações aparatosas, acontecimentos insólitos. Em contrapartida, quando a fé vibra na alma, descobre-se que os passos do cristão não se separam da própria vida humana corrente e habitual. E que essa santidade grande, que Deus nos reclama, se encerra aqui e agora, nas coisas pequenas de cada jornada.

313   Gosto de falar de caminho, porque somos viandantes, dirigimo-nos para a casa do Céu, para a nossa Pátria. Mas reparemos que um caminho, embora possa apresentar trechos de dificuldades especiais, embora vez por outra nos obrigue a vadear um rio ou a atravessar um pequeno bosque quase impenetrável, habitualmente é coisa correntia, sem surpresas. O perigo é a rotina: imaginar que Deus está ausente das coisas de cada instante por serem tão simples, tão triviais!

Caminhavam aqueles dois discípulos em direção a Emaús. Andavam a passo normal, como tantos outros que transitavam por aquelas paragens. E ali, com naturalidade, aparece-lhes Jesus, e caminha com eles, numa conversa que diminui a fadiga. Imagino a cena, bem ao cair da tarde. Sopra uma brisa suave. Em redor, campos semeados de trigo já crescido, e as oliveiras velhas, com os ramos prateados à luz tíbia.

Jesus, no caminho. Senhor, és sempre tão grande! Mas Tu me comoves quando te abaixas a seguir-nos, a procurar-nos, na nossa diária roda-viva. Senhor, concede-nos a ingenuidade de espírito, o olhar límpido, a cabeça clara, que permitam entender-te quando vens sem nenhum sinal externo da tua glória.

314   Termina o trajeto ao chegarem à aldeia, e aqueles dois que – sem darem por isso – foram feridos no fundo do coração pela palavra e pelo amor do Deus feito homem, sentem que Ele se vá embora. Porque Jesus se despede *com gesto de quem vai prosseguir*[43]. Nunca se impõe, este Senhor nosso. Quer que o

---

(43) Lc XXIV, 28.

chamemos livremente, depois de entrevermos a pureza do Amor que nos meteu na alma. Temos que detê-lo *à força* e rogar-lhe: *Fica conosco, porque é tarde e o dia está já declinando*[44], faz-se noite.

Somos assim: sempre pouco atrevidos, talvez por insinceridade, talvez por pudor. No fundo, pensamos: Fica conosco, porque as trevas nos rodeiam a alma, e só Tu és luz, só Tu podes acalmar esta ânsia que nos consome. Porque *dentre as coisas formosas, honestas, não ignoramos qual é a primeira: possuir sempre a Deus*[45].

E Jesus fica. Abrem-se os nossos olhos como os de Cléofas e seu companheiro, quando Cristo parte o pão; e embora Ele volte a desaparecer da nossa vista, seremos também capazes de retomar a caminhada – anoitece –, para falar dEle aos outros, pois não cabe num peito só tanta alegria.

Caminho de Emaús. O nosso Deus impregnou de doçura este nome. E Emaús é o mundo inteiro, porque o Senhor abriu os caminhos divinos da terra.

Com os santos anjos

Peço ao Senhor que, durante a nossa permanência neste chão que pisamos, não nos afastemos nunca do Caminhante divino. Para tanto, aumentemos também a nossa amizade com os Santos Anjos da Guarda. Todos necessitamos de muita companhia: companhia do Céu e da terra. Sejamos devotos dos Santos Anjos! É muito humana a amizade, mas é também muito divina; tal como a nossa vida, que é divina e humana. Lembramo-nos do que diz o Senhor? *Já não vos chamo servos, mas amigos*[46]. Ensina-nos a ter confiança com os amigos de Deus, que já moram no Céu, e com as criaturas que convi-

---

(44) Lc XXIV, 29; (45) São Gregório Nazianzeno, *Epistolae*, CCXII (PG 37, 349); (46) Ioh XV, 15.

vem conosco, incluídas as que parecem afastadas do Senhor, para as atrairmos ao bom caminho.

E vou terminar, repetindo com São Paulo aos Colossenses: *Não cessamos de orar por vós e de pedir a Deus que alcanceis pleno conhecimento da sua vontade, com toda a sabedoria e inteligência espiritual*[47]. Sabedoria que nos proporcionam a oração, a contemplação, a efusão do Paráclito na alma.

A fim de que tenhais uma conduta digna de Deus, agradando-lhe em tudo, produzindo frutos de toda a espécie de obras boas e progredindo na ciência de Deus; corroborados em toda a sorte de fortaleza pelo poder da sua graça, para terdes sempre uma perfeita paciência e longanimidade acompanhada de alegria; dando graças a Deus Pai, que nos fez dignos de participar da sorte dos santos, iluminando-nos com a sua luz; que nos arrebatou ao poder das trevas e nos transferiu para o reino do seu Filho muito amado[48].

316   Que a Mãe de Deus e Mãe nossa nos proteja, a fim de que cada um de nós possa servir a Igreja na plenitude da fé, com os dons do Espírito Santo e com a vida contemplativa. Realizando cada qual os deveres que lhe são próprios, cada um no seu ofício e profissão, e no cumprimento das obrigações do seu estado, honre gozosamente o Senhor.

Amai a Igreja, servi-a com a alegria consciente de quem soube decidir-se a esse serviço por Amor. E se virmos que alguns andam sem esperança, como os dois de Emaús, aproximemo-nos deles com fé – não em nome próprio, mas em nome de Cristo –, para lhes garantir que a promessa de Jesus não pode falhar, que Ele vela pela sua Esposa sempre: que não a abandona; que passarão as trevas, porque somos filhos da luz[49] e fomos chamados a uma vida perdurável.

E Deus lhes enxugará todas as lágrimas dos olhos, já não haverá morte, nem pranto nem clamor; não mais haverá dor, porque as coisas de antes passaram. E disse Aquele que estava

---

(47) Col I, 9; (48) Col I, 10-13; (49) cfr. Eph V, 8.

sentado no trono: Eis que renovo todas as coisas. E ordenou-me: Escreve, porque todas estas palavras são digníssimas de fé e verdadeiras. E acrescentou: É um fato. Eu sou o Alfa e o Ômega, o princípio e o fim. Ao sedento, eu lhe darei de beber gratuitamente da fonte da água da vida. Aquele que vencer possuirá todas estas coisas, e eu serei o seu Deus e ele será meu filho[50].

---

(50) Apoc XXI, 4-7.

ÍNDICE DE TEXTO DA SAGRADA ESCRITURA*

ANTIGO TESTAMENTO

Gênesis (Gen)
I, 26-31 .... 73, 116
II, 15 .... 57, 81, 169
III, 5 99

Deuteronômio (Dt)
VI, 5 32
XXV, 4 137
XXX, 15.16.19 24

I Reis (I Reg)
III, 6.8 187
III, 9 22

II Reis (II Reg)
XXII, 2 246

II Macabeus (II Mac)
VI, 27-28 77

Jó (Job)
V, 7 57
V, 9 305
VII, 1 217
XXII, 29-30 104

Salmos (Ps)
II, 3 28
II, 8 190
IX, 11 107
IX, 13 107
XXII, 2-4 219

XXVI, 1 95-218
XXVI, 14 94
XXX, 2 210
XXXIII, 2 52
XXXIX, 3 133
XLI, 2 .... 307, 310
XLII, 1 107
XLII, 2 .... 17, 92, 131, 213
XLII, 3 107
XLII, 4 31
LXXX, 2 .... 142, 153
XC, 15 310
CIII, 15 254
CV, 1 208
CXVIII, 49-50 305
CXVIII, 100 54
CXVIII, 168 305
CXLII, 10 198

Provérbios (Prv)
VIII, 31 151
XI, 2 96
XVI, 21 85
XVIII, 15 87
XXIII, 26 .... 182, 211
XXIV, 16 .... 131, 215

Cântico dos Cânticos (Cant)
II, 14 302
II, 15 16
III, 1 277
III, 2 310

(*) O Autor cita a Sagrada Escritura segundo a versão da *Vulgata*. Por fidelidade ao texto original, julgou-se conveniente não substituir essas citações pelas correspondentes da *Neovulgata*. Neste índice e nos seguintes, os números de referência correspondem à numeração marginal que aparece no texto.

III, 4 277
V, 8 310
VIII, 7 237

Sabedoria (Sap)
II, 3 110
VII, 14 305

Eclesiástico (Ecclo)
II, 11 208
III, 20 104
VII, 9 55
X, 9.11.12 99
X, 14 99
XVIII, 13 1
XXIV, 23 277
XXIV, 24 277
XXVI, 15 310
XXIX, 25 279

Isaías (Is)
I, 17 .... 38, 91, 145, 232
XI, 2 92
XLIII, 1 .... 215, 312
XLIX, 14-15 186
L, 2.3 190
LI, 6 190
LIII, 7 25

Jeremias (Ier)
II, 19 153
VIII, 7 52
XVI, 16 259
XXIX, 12 295
XXIX, 14 297

Zacarias (Zach)
IX, 9 103

NOVO TESTAMENTO

Evangelho de São Mateus (Mt)
I, 19 174
IV, 1-11 ..... 27, 43, 128, 224, 239
IV, 19 260
V, 3 123
V, 6 167
V, 8 175
V, 14-16 61
V, 43-44 .... 223, 231
V, 48 177
VI, 7.8 145
VI, 16-18 136
VI, 19-21 .... 118, 254
VI, 24 .... 118, 165
VII, 6 38
VII, 14 307
VII, 21 243
VIII, 20 .... 43, 128, 224
VIII, 24 128
IX, 2 253
IX, 11 176
IX, 20-23 199
IX, 37-38 272

X, 38 304
X, 39 38
XI, 15 170
XI, 18 176
XI, 25 87
XI, 28 131
XI, 29-30   28, 31, 97, 128,
                                175, 224, 247
XII, 1 128
XII, 37 6
XIII, 55 176
XV, 25 304
XVI, 24-26 .... 114, 128, 130,
                                200, 216, 250
XVIII, 3 147
XVIII, 24 168
XIX, 14 290
XIX, 21 24
XIX, 22 24
XX, 1 42
XX, 12 .... 44, 52
XX, 22 67
XX, 28 .... 173, 230

XXI, 5	103
XXI, 18-19	50, 128, 201, 202
XXI, 20-22	203
XXI, 28	57
XXI, 29	57
XXI, 33	48
XXI, 16	156, 158, 159, 162, 163
XXII, 17	165
XXII, 18-21	165
XXII, 37	27
XXII, 37-40	27, 222
XXIII, 23-24	90
XXV, 1-2	40
XXV, 6	40
XXV, 10-11	41
XXV, 12	41
XXV, 14	45
XXV, 18	30, 45
XXV, 21	221
XXVI, 48	121
XXVII, 39-40	288
XXVII, 46	288

Evangelho de São Marcos (Mc)

II, 23	115
VI, 3	62
VI, 31	89
VI, 48.50-51	22
VII, 36	56
IX, 22.23	204
IX, 32-36	102
X, 39	216
X, 43-45	102
X, 46-48	195
X, 49-50	196
X, 51	197
X, 52	198
XI, 13	201
XI, 14	51
XII, 13	160
XV, 21	132
XVI, 15	267

Evangelho de São Lucas (Lc)

I, 28	241
I, 35	96
I, 38	25, 109, 284
I, 45	284, 286
I, 46-50	96, 241, 286, 291
I, 52	96
II, 6-7	128
II, 19	126, 285
II, 34.35	287
II, 44-45	278
II, 49	53
IV, 16-30	128
V, 1	260
V, 2-3	260
V, 4	21, 23, 260
V, 5	261
V, 6-7	261
V, 8	23, 261
V, 10-11	21, 261
VI, 12	239
VI, 35-36	232
VII, 14	262
VII, 32	89
VII, 34	135
VII, 36-50	73, 122
VII, 23-25	22
IX, 58	115
X, 33-34	157
X, 37	157
X, 39-40	222
XI, 1-2	244
XI, 9	247
XI, 53.54	128
XII, 22-24	116
XII, 27-28	116
XII, 30	116
XII, 31	117
XIV, 23	37, 263
XIV, 29-30	66
XV, 11-32	251, 309
XVI, 10	62
XVIII, 1	238
XVIII, 12	172
XVIII, 13	253
XVIII, 16	89
XVIII, 41	127
XIX, 7	176
XIX, 13	45, 141
XIX, 14	23
XXII, 42	240
XXII, 44	25
XXIII, 46	240

XXIV, 28	314
XXIV, 39	314

Evangelho de São João (Ioh)

I, 14	74
I, 18	111
II, 3	237
II, 11	285
II, 14	221
III, 16	251
IV, 6	128, 176
IV, 7	201
IV, 14	307
IV, 27	176
IV, 34	201, 294
IV, 36	57
VI, 5	256
VI, 7	256
VI, 8-9	256
VI, 12-13	121
VI, 61	235
VII, 1	107
VII, 3	107
VII, 10	4, 152
VIII, 32	26, 141, 171
VIII, 36	35
VIII, 46	224
IX, 1-2	192
IX, 6-7	192
X, 14	1
X, 17-18	25
XI, 33-35	128
XI, 41	239
XII, 1-3	126
XII, 5	126
XII, 20-22	252
XIII, 4-5	103
XIII, 12-14	103
XIII, 15	103
XIII, 23	125
XIII, 34-35	43, 222, 224
XIV, 2-3	220
XIV, 6	26, 127, 220, 306
XIV, 9	52
XIV, 23	306
XIV, 27	117
XV, 5	70, 254, 305
XV, 13	287
XV, 15	315
XV, 16	312
XVII, 3	1
XVII, 19	9
XIX, 25	287
XIX, 26-27	288
XIX, 28	202
XIX, 34	311
XX, 19-20	153
XX, 27	145
XX, 28	145
XXI, 2-4	265
XXI, 4-7	266
XXI, 8	267
XXI, 15-17	267
XXI, 17	17

Atos dos apóstolos (Act)

I, 1	115, 163
I, 14	242
II, 11	265
II, 42	242
III, 6	262
IX, 6	27
X, 38	221
XII, 5	242
XVIII, 24-26	269
XXI, 5	14
XXVI, 22-23	270
XXVI, 27	270
XXVI, 28-29	270

Epístola aos Romanos (Rom)

IV, 18	210
V, 1-5	205
V, 12	57
V, 22-24	181
VIII, 6	87
VIII, 18	71
VIII, 21	27, 297
VIII, 26	244
VIII, 28	119
VIII, 31	108, 219
VIII, 37-39	237
VIII, 38-39	35, 296
XII, 12	206
XII, 16	85
XIII, 14	299
XV, 26-27	126

ÍNDICE

I Epístola aos Coríntios (I Cor)
I, 19 85
II, 14 175
III, 3-5 234
IV, 7 .... 112, 167
V, 6 257
VI, 15.19-20 178
VII, 7 234
VII, 29 .... 39, 52
IX, 9-10 137
IX, 16 258
IX, 25 135
XIII, 1-3 235
XIII, 4-7 232
XIII, 8-13 235
XV, 8, 12-14 .... 220, 235
XV, 58 72
XVI, 13-14 88

II Epístola aos Coríntios (II Cor)
II, 15 271
IV, 7-10 .... 139, 304
V, 14 43
VI, 2 52
VIII, 9 110
IX, 7-8 .... 93, 126, 140
XI, 24-28 212
XII, 7 180
XII, 9 .... 181, 194
XII, 10 212

Epístola aos Gálatas (Gal)
II, 19 304
II, 20 297
IV, 30 35
IV, 31 .... 11, 26, 35, 171, 297
V, 9 9
V, 22 92
VI, 1-2 .... 44, 69, 173, 236
VI, 10 225

Epístola aos Efésios (Eph)
I, 4-5 2
IV, 13 19
V, 1-2 128
V, 8 316
V, 32 184
VI, 6-7 62

Epístola aos Filipenses (Phil)
II, 5-8 .... 97, 111, 201, 236
III, 19 43
III, 20 300
III, 21 98
IV, 12-13 .... 123, 213, 271, 305

Epístola aos Colossenses (Col)
I, 9 315
I, 10-3 315
I, 24 49
III, 1-3 206
III, 14 6
III, 17 71

I Epístola
aos Tessalonicenses (I Thes)
IV, 3-5 .... 2, 177, 294
V, 17 .... 242, 295

II Epístola
aos Tessalonicenses (II Thes)
III, 7-10 69

I Epístola a Timóteo (I Tim)
II, 4 .... 42, 230, 256
V, 22 182

II Epístola a Timóteo (II Tim)
I, 9 132
II, 5 216

Epístola aos Hebreus (Hebr)
I, 1-3 191
X, 7 25
XI, 1 220
XIII, 8 127
XIII, 14 210

Epístola de São Tiago (Iac)
I, 10-11 211
III, 6 298
V, 13 242

I Epístola de São Pedro (I Pet)
I, 18-19 256
II, 2 142
II, 21 110

V, 5 98
V, 8 105
V, 9 148

I Epístola de São João (I Ioh)
II, 1-2 214
II, 16 99
III, 1-2 .... 143, 228
III, 18 .... 91, 171
IV, 7-9 228
IV, 10 229
IV, 16 172
IV, 20 166

V, 2-3 166
V, 4 144
V, 9 143

III Epístola de São João (III Ioh)
8 154

Epístola de São Judas (Iudac)
12 29

Apocalipse (Apoc)
XXI, 4-7 316

ÍNDICE DE PADRES E DOUTORES DA IGREJA E DE OUTROS ESCRITORES ECLESIÁSTICOS

Santo Agostinho, *Confessiones*, I, I, 1 208
Santo Agostinho, *De diversis quaestionibus LXXXIII*, LXXI, 7 236
Santo Agostinho, *De sancta virginitate*, VI 284
Santo Agostinho, *De vera religione*, XIV, 27 33
Santo Agostinho, *Enarrationes in Psalmos*, XXI, II, 26, 30 263
Santo Agostinho, *Enarrationes in Psalmos*, XXXVI, III, 20 267
Santo Agostinho, *Enarrationes in Psalmos*, XLIX, 19 97
Santo Agostinho, *Enarrationes in Psalmos*, LXIII, 18 85
Santo Agostinho, *Enarrationes in Psalmos*, LXXXV, 5 248
Santo Agostinho, *Enarrationes in Psalmos*, CXXXIX, 10 243
Santo Agostinho, *In Ioannis Evangelium tractatus*, XXVI, 2 36
Santo Agostinho, *In Ioannis Evangelium tractatus*, XXVI, 7 37
Santo Agostinho, *In Ioannis Evangelium tractatus*, XLIV, 2 193
Santo Agostinho, *In Ioannis Evangelium tractatus*, CXXII, 2 264
Santo Agostinho, *Sermo LXXXV*, 6 125
Santo Agostinho, *Sermo CLXIX*, 13 23
Santo Ambrósio, *Expositio Evangelii secundum Lucam*, II, 26 281
Santo Ambrósio, *Expositio Evangelii secundum Lucam*,
    VI, 56, 58 199
Santo Ambrósio, *Expositio Evangelii secundum Lucam*, VIII, 32 106
Santo Ambrósio, *Expositio in Psalmum CXVIII*, XIX, 12 295
São Basílio, *Commentarius in Isaiam*, VII, 201 276
São Basílio, *Regulae fusius tractatae*, III, 1 224
São Bernardo, *Sermones in Cantica Canticorum*, XLIX, 5 164
Cassiano, *Collationes*, VI, 17 15
São Cirilo de Alexandria, *Epistolae*, XXIV 275
Clemente de Alexandria, *Stromata*, VII, 7 .... 58, 66, 70
Epistola ad Diognetum, VI 63
São Gregório Magno, *Homiliae in Evangelia*, VI, 6 5
São Gregório Magno, *Homiliae in Evangelia*, XXIX, 4 263
São Gregório Magno, *Homiliae in Evangelia*, XXXII, 2 .... 114, 123
São Gregório Magno, *Homiliae in Evangelia*, XXXV, 4 78
São Gregório Magno, *Homiliae in Evangelia*, XXXVIII, 11 40
São Gregório Magno, *Moralia*, II, VIII, 43-44 131
São Gregório Magno, *Moralia*, XXI, II, 4 186

São Gregório Nazianzeno, *Epistolae*, CCXII 314
São Gregório Niseno, *De perfecta christiani forma* 216
São Gregório Niseno, *In Canticum Canticorum homiliae*, V 302
Santo Inácio de Antioquia, *Epistola ad Romanos*, VII 221
São Jerônimo, *Commentariorum in Matthaeum libri*, III, 20 42
São Jerônimo, *Commentariorum in Matthaeum libri*, IV, 25 47
São João Crisóstomo, *Epistolae*, LX, 12 8
São João Crisóstomo, *In Epistolam I ad Timotheum homiliae*, X, 3 ... 60
São João Crisóstomo, *In Matthaeum homiliae*, XV, 4 175
São João Crisóstomo, *In Matthaeum homiliae*, XIX, 4 145
São João Crisóstomo, *In Matthaeum homiliae*, LXIII, 3 118
São João Crisóstomo, *In Matthaeum homiliae*, LXVI, 1 195
São João Crisóstomo, *In Matthaeum homiliae*, LXX, 1 165
São João Crisóstomo, *In Matthaeum homiliae*, LXXVII 46
São João da Cruz, *Cartas e primeiros escritos*, 6-7-1591 9
São João da Cruz, *Poesia, 10. Outras canções à divindade
   de Cristo e à alma* 184
São João Damasceno, *Homiliae in dormitionem B. V.
   Mariae*, II, 19 279
São Leão Magno, *Sermo XII*, II 230
São Marcos Eremita, *De lege spirituali*, CLXXII 7
São Máximo Confessor, *Capita de charitate*, II, 32 27
Minúcio Félix, *Octavius*, XXXI 226
Orígenes, *Commentarii in Epistolam ad Romanos*, IV, 9 229
Orígenes, *Commentarii in Epistolam ad Romanos*, V, 6 26
Orígenes, *Contra Celsum*, VIII, 36 27
Orígenes, *In Lucam homiliae*, XXI 178
Pseudo-Macário, *Homiliae*, XII, 5 129
Símbolo *Quicumque* 33, 50, 56, 73, 176, 201, 241
Santa Teresa de Jesus, *Caminho de perfeição*, 40, 9 203
Santa Teresa de Jesus, *Livro da vida*, 1, 6 200
Santa Teresa de Jesus, *Livro da vida*, 20, 26 10
Santa Teresa de Jesus, *Poesias*, 5, 9 184
Tertualiano, *Apologeticus*, XXXIX 225
São Tomás de Aquino, *In III Sententiarum*, dist. 33, q. 2, a. 5 164
São Tomás de Aquino, *Quaestiones disputatae. De malo*,
   q. VI, a. 1 .... 34, 36, 37
São Tomás de Aquino, *Summa Theologiae*, I, q. 25, a. 6 276
São Tomás de Aquino, *Summa Theologiae*, II-II, q. 47, a. 8 86
São Tomás de Aquino, *Super Epistolas Sancti Pauli
   lectura. Ad Romanos*, cap. II, lect. III 27

ÍNDICE DE MATÉRIAS

ABANDONO EM DEUS. 143, 144; aceitação da sua Vontade, 53, 153, 167, 311; sua Misericórdia, 168, 169, 214, 215, 218, 220; sua Providência, 116, 117, 187. V. FILIAÇÃO DIVINA e INFÂNCIA ESPIRITUAL.

ABNEGAÇÃO. 114, 115, 139; sacrifício por Amor, 84, 140, 196. V. ENTREGA.

AGRADECIMENTO. 167-169.

ALEGRIA. 92, 93, 108, 206; e filiação divina, 116, 117, 208--210, 218-221; e presença de Deus, 12, 18, 153; alegria na Cruz, 128-130, 132, 140, 141; e liberdade, 24, 33, 35; e sinceridade, 188, 189; a alegria de retificar, 133, 134; Nossa Senhora, causa da nossa alegria, 109. V. ENTREGA.

AMBIENTE. 5, 61-63, 67, 264, 265, 273.

AMIZADE. 273, 315; apostolado, 314; caridade, 231, 233.

AMOR DE DEUS. 240, 246, 256, 295, 296, 307, 308, 314; Deus é Amor, 110, 222-224, 228, 231, 236, 237; Amor redentor, 111, 112, 148, 234-237; que liberta o homem, 27, 36-38, 297; Providência de Deus, 116, 117, 187; sua Misericórdia, 168, 169, 214, 215, 218, 220, 232; correspondência ao Amor de Deus, 40, 84, 102, 246, 266, 267, 277, 278; amá-Lo, 222, 228, 233, 236; com o coração, 229; com obras, 211, 217, 218, 222, 233; fim do homem, 208, 209; direitos de Deus, 156, 160, 165-167; agradar a Deus, 6, 114, 152, 153; entrega e liberdade, 28-31, 33, 38; sacrifício por Amor, 134-136, 139, 140; santa pureza, 177, 183, 186; oferecimento do trabalho, 55, 61, 67, 68, 71, 72; obstáculos ao Amor de Deus, 98, 99; a Mãe de Deus, 237, 277. V. CARIDADE, MISERICÓRDIA DIVINA.

AMOR HUMANO. 221, 289; caridade, 231, 233; santa pureza, 221; matrimônio, 184; Nossa Senhora, Mãe do Amor Formoso, 277, 279. V. PUREZA.

ANJOS DA GUARDA. 18, 220, 315.

APOSTOLADO. Mandato imperativo de Cristo, 258, 272; instrumentos de Deus, 259-262, 266; o fermento e a massa, 257, 258; santificação do mundo, 105, 210, 221, 250; superabundância da vida interior, 5, 18, 150, 196, 239, 271, 311; apostolado na vida ordinária, 264-266, 273; filiação divina e esperança, 51, 117, 144, 219; caridade, 9, 202, 222-228; caridade universal, 230, 231, 233-235; amizade, 162, 314, 315; exemplo no trabalho, 48, 49, 60, 61, 63, 70, 268; apostolado e humildade, 23, 106; santa pureza, 175, 178, 185; apostolado *ad fidem*, 227; os primeiros cristãos, 269, 270; Nossa Senhora, Corredentora, 41, 237, 281, 287, 288. V. homilia PARA QUE TODOS SE SALVEM, *256-273*, e os verbetes PROSELITISMO CRISTÃO e VIDA SOBRENATURAL.

APROVEITAMENTO DO TEMPO. Laboriosidade, 39, 41, 54, 81; redenção do tempo, 48, 49; exigência no trabalho, rendimento, 42, 51, 52, 62, 64, 67; santidade e apostolado, 5, 44, 212. V. homilia O TESOURO DO TEMPO, *39-54*; e o verbete TRABALHO.

ATIVIDADES TEMPORAIS. Santificadas, 12, 58, 63, 105, 165, 210; liberdade, 11; exemplo, 70. V. MUNDO E TRABALHO.

AUDÁCIA. 85, 87, 266; valentia, 90, 164; no apostolado, 269, 270. V. FORTALEZA.

AUTENTICIDADE. 12, 13, 74, 75, 82; coerência e sinceridade de vida, 19, 141, 163, 164, 211, 268. V. SINCERIDADE.

BATISMO. 27, 210.

CARIDADE. Amor a Deus e amor aos homens, 9, 32, 222, 225, 228, 230-232, 235; dom de Deus, 228, 229, 236; mandamento novo, 222-224, 230, 243, 244; caridade e entrega, 30, 31, 237; sacrifício por Amor, 127, 140; caridade e santidade, 6, 9, 35; caridade universal, 162, 226-228, 230; unidade, 234, 237; caridade, carinho, 229, 231, 233; caridade e justiça, 83, 162, 166, 168, 169, 172-174; misericórdia, 20, 232; humildade, compreensão, 100, 233, 236; correção fraterna, 157, 158, 234; Nossa Senhora, Mestra de caridade, 237, 287, 288. V. homilia COM A FORÇA DO AMOR, *222-237*, e os verbetes AMOR DE DEUS, APOSTOLADO e FRATERNIDADE.

CÉU. 39, 71, 130, 131, 213, 216, 219; esperança, 206, 208, 209, 211, 221, 316; liberdade, 26, 33, 187. V. ESPERANÇA.

CIÊNCIA. 89; dom do Espírito Santo, 92; Nossa Senhora, Mãe da ciência, 278.

COISAS PEQUENAS. 40, 41; a santidade e as coisas pequenas, 7, 8, 20; na piedade, 149, 151; na sinceridade, 15, 16; sacrifício por Amor, 134, 138, 139, 141; trabalho bem feito, 55, 57, 61, 62, 65; desprendimento, 119, 122, 125; Céu, 221. V. TRABALHO e VIDA CORRENTE.

COMEÇAR E RECOMEÇAR. 94, 95, 131, 216, 219. V. LUTA ASCÉTICA.

COMPREENSÃO. 20, 78, 233, 236; e humildade, 100, 162, 237; e convivência, 9, 169, 230--233, 236. V. CARIDADE.

COMUNHÃO DOS SANTOS. 76, 154. V. UNIDADE.

CONFIANÇA. 156, 159, 244; e filiação divina, 143, 144, 146--148; confiança em Jesus Cristo, 21, 22, 205, 214, 218. V. FILIAÇÃO DIVINA.

CONFISSÃO. 214, 215, 219; sinceridade e contrição, 15-17, 188, 189. V. DIREÇÃO ESPIRITUAL e EXAME DE CONSCIÊNCIA.

CONHECIMENTO PRÓPRIO. 97, 98, 113, 167, 218. V. EXAME DE CONSCIÊNCIA e HUMILDADE.

CONSCIÊNCIA. Formação da consciência, 20, 185; sinceridade, 188, 189; liberdade das consciências, 32-35, 37; honradez, 19, 75, 82, 91. V. DIREÇÃO ESPIRITUAL.

CONSELHO. 86, 88; dom do Espírito Santo, 92.

CONSTÂNCIA. 187, 218, 219, 221; na vida interior, 151, 152, 195; tenacidade no trabalho, 62, 67. V. FORTALEZA.

ÍNDICE

CONTEMPLAÇÃO. Contemplativos no meio do mundo, 67, 70, 149-151, 211, 247, 250, 292, 308; Nossa Senhora, 285. V. PRESENÇA DE DEUS e UNIDADE DE VIDA.

CONTRIÇÃO. 112, 215, 267; purificação, 301, 302. V. CONFISSÃO.

CONVERSÃO. 95, 137, 216, 219, 309; começar e recomeçar, 94, 137, 216, 219; confissão, 214, 215, 219; com a ajuda de Nossa Senhora, 16, 134. V. CONFISSÃO.

CONVIVÊNCIA. 9, 169, 230-233, 236. V. COMPREENSÃO.

CORAÇÃO. 74; sabedoria de coração, 85, 87; coração livre, 114, 115, 118, 123, 124; caridade, carinho, 229, 232, 236; esperança, 211, 230; pureza e guarda do coração, 84, 175, 178, 183, 230; cordialidade, 88, 309. V. PUREZA.

CORREÇÃO FRATERNA. 20, 69, 157, 158, 161, 234. V. CARIDADE.

CORREDENÇÃO. Ser corredentores, 132, 140, 256, 260, 261, 263; fermento da caridade, 9, 225-228, 230-237; esperança, 124, 219; Nossa Senhora, Corredentora, 141, 287, 288. V. APOSTOLADO e CRUZ.

COVARDIA. 90, 164; audácia, 85, 87, 266. V. AUDÁCIA.

CRIAÇÃO. O trabalho, participação no poder divino, 57. V. TRABALHO.

CRUZ, 301, 304, 305; a Cruz de Cristo, caminho, 128-130, 140, 141; os três caminhos, 130, 131, 133; aceitação gozosa da Cruz, 124, 132, 212, 216; na vida corrente, 134-136; na oração, 310, 311; no trabalho, 67, 68, 71; Nossa Senhora ao pé da Cruz, 141, 287, 288. V. CORREDENÇÃO e VIDA SOBRENATURAL.

DEMÔNIO. 130, 131, 140, 217, 303; "demônio mudo", 188, 189.

DESAGRAVO. 112, 215, 267; amor à Cruz, 132, 140. V. CRUZ e PENITÊNCIA.

DESCANSO. 10, 62, 137.

DESPRENDIMENTO. Exemplo de Cristo, 110-112, 115, 121; confiança em Deus, 116, 117, 206; desprendimento de si mesmo, 31, 113, 114, 124; senhorio, servir, 115, 118, 119, 122, 123; naturalidade, 120, 121; exercícios de desprendimento, 125, 126. V. homilia DESPRENDIMENTO, *110-126*, e o verbete TEMPERANÇA.

DIFICULDADES. 77, 105, 108, 298, 301; confiança e esperança, 116, 119, 212, 213, 218; na entrega e no apostolado, 5, 21, 22; obscuridade na vida interior, 151, 152; recorrer a Nossa Senhora, 16, 134. V. CRUZ.

DIGNIDADE HUMANA. 22, 38, 90, 108, 159; dignidade do trabalho, 66-68; justiça e caridade, 172, 173; humildade, 223, 236; desprendimento, 119, 120, 122; santa pureza, 84, 177-179, 185; a palavra humana, 245, 298; virtudes humanas, 74, 75, 82, 90, 91, 93; respeito à pessoa e à sua liberdade, 11, 32-35; com o olhar no Céu, 206, 208, 209, 220.

DILIGÊNCIA. 42, 81; no trabalho, 55, 57, 60, 62. V. APROVEITAMENTO DO TEMPO.

DIREÇÃO ESPIRITUAL. Exame e sinceridade, 15-17, 188, 189; humildade, 147; empregar o remédio oportuno, 157, 158, 161, 164. V. CONFISSÃO e EXAME DE CONSCIÊNCIA.

DIREITOS E DEVERES. 119, 120, 171. V. DIGNIDADE HUMANA, JUSTIÇA e TRABALHO.

DOENÇA. 124; e a Cruz, 132, 212, 216. V. CRUZ.

DOR. 124, 132, 212, 216, 302, 311. V. CRUZ.

DOUTRINA. 260; transmitir a doutrina, 163; prudência e fortaleza, 157, 158; formação da consciência, 20, 185. V. APOSTOLADO.

EGOÍSMO, 47-49, 92, 101, 158; desprendimento de si mesmo, 21, 22, 31, 115; temperança, 84, 114, 121; caridade, 228-236. V. HUMILDADE e CARIDADE.

ENDEUSAMENTO. Bom, 94, 98, 106, 107; mau, 99-101, 107. V. HUMILDADE e SOBERBA.

ENTENDIMENTO. 33, 79, 88; doutrina, 260; dom do Espírito Santo, 92.

ENTREGA. 6, 46, 80. Resposta à vocação, 195, 196. Generosidade e liberdade, 28-31, 35, 38, 47. Entrega do coração, 183, 184, 211. Acompanhar Cristo, 21, 22, 140, 300. Justiça e caridade, 172, 173, 220. Sinceridade e fidelidade, 187--189. V. ABNEGAÇÃO e VOCAÇÃO CRISTÃ.

ESPERANÇA. Jesus Cristo, nossa esperança, 205, 212, 213, 215. 216, 220, 265; dom de Deus, 116, 206, 218; falsas esperanças, 207; na terra e no Céu, ao mesmo tempo, 71, 206, 208--211, 220, 316; comunicar a esperança ao mundo, 210, 221; luta confiada, 211-214, 217, 219; apesar das fraquezas, 20, 79, 94, 95; misericórdia de Deus, 168, 169, 206, 214, 215, 218, 220, 232; Nossa Senhora, Mestra de esperança, 221, 286. V. homilia A ESPERANÇA CRISTÃ, *205-221*, e o verbete CÉU.

ESPÍRITO DE SERVIÇO. 103, 108, 114, 120, 123; servir a Deus, 3, 4; humildade e luta, 101, 217; aceitação gozosa da Cruz, 93, 132, 133; justiça e caridade, 172-174, 228-231, 236; serviço e liberdade, 30, 31, 34, 35: magnamidade, 80, 106, 196, 245. V. CARIDADE e LUTA ASCÉTICA.

ESPÍRITO SANTO. Dons do Espírito Santo e vida sobrenatural, 87, 92, 244, 306, 307; e caridade, 229, 236; templos do Espírito Santo, 178. V. SANTIDADE e VIDA SOBRENATURAL.

EUCARISTIA. 199; caridade, unidade, 235; devoções eucarísticas, 142; junto do Sacrário, 249. V. MISSA.

EVANGELHO. Introduzir-se nas suas passagens e tirar consequências, 160, 216, 222, 252, 253.

Cenas evangélicas: o Menino perdido no Templo, 53, 278; a vida oculda do Senhor, 56, 62, 72, 284, 285; a mulher samaritana, 176; a mulher cananéia, 304; a mulher pecadora, 73; o jovem rico, 24; Jesus e os fariseus, 156-159, 163, 165; entrada em Jerusalém, 103; o tributo a César, 165; o lava-pés, 103; Simão Cireneu, 132; discípulos de Emaús, 313, 314, 316.

Milagres: primeira pesca milagrosa: 21, 23, 259-261; a hemorroíssa, 199; a fé de Bartimeu, 195-198; Jesus caminha sobre as águas, 22; multiplicação dos pães, 121, 256; o rapaz lunático, 204; o cego de nascença, 192; a figueira estéril, 51, 201-203; segunda pesca milagrosa, 264-267.

Ensinamentos, parábolas e alegorias: Sermão da montanha, 232; confiança na Providência, 116; o Pai-Nosso, 145; fazer-se criança, 102; luz, sal e fermento, 9; carregar a Cruz de Cristo, 114, 128, 216; o tesouro e o coração, 118; não servir a dois senhores, 118, 119; a vide e os sarmentos, 254; o tesouro escondido, 254; o mandamento novo, 222-224; parábola dos talentos, 30, 45-47, 258; o filho pródigo, 309; os convidados à ceia, 37; parábola das virgens, 40, 41; os empregados da vinha, 42; os vinhateiros infiéis, 48; os dois filhos, 57; o bom samaritano, 157; os dois devedores, 168; parábola do semeador, 254. V. DOUTRINA.

EXAME DE CONSCIÊNCIA. 15--17; delicadeza de consciência, 20; retificar, 133, 134. V. CONFISSÃO, DIREÇÃO ESPIRITUAL e LUTA ASCÉTICA.

EXEMPLO. 268, 273; no trabalho, 61, 63, 66, 69, 70.

EXEMPLOS EXPRESSIVOS. O redil das ovelhas, 1; os anos que contam, 3; fantasias de Tartarin de Tarascón, 8; o menino e os pescadores, 14; o cigano do cabestro, 15; história do padre e sua mula, 16; sobre as asas de um avião, 18; o homem de uma só peça, 19; a bênção das últimas pedras, 55; cada caminhante siga o seu caminho, 59; a galinha choca e os ovos de pata, 59; lavores cimeiros da catedral de Burgos, 65, 66; os grampos, 95, 107, 108; o sapo soberbo, 100; o faisão dourado, 113; a colher de estanho, 123; o sonho dos três caminhos, 130, 131, 133; o heroísmo das mães, 134, 289; o círio das nossas misérias, 142; as criança de borracha, 146-148; as estacas pintadas de vermelho, 151; usar o desinfetante, 157, 161; a desigual justiça das mães, 173; o "reino hominal", 179; o demônio é um cão raivoso, 180; os despojos do campo de batalha, 193; para sempre, para sempre, 200; os pregos necessitam de resistência, 216; a cabeça no Céu e os pés na terra, 229, 231--234, 243; o fermento e a elaboração do pão, 257; o mito do rei Midas, 308.

FÉ. 191, 220; poder da fé, 203, 204; fé viva e operativa, 193, 198, 202, 308, 310; características da fé, 196, 199, 266, 312; crescimento na fé, 204, 309, 313; homem de fé, 6, 203, 206; liberdade das consciências, 32, 36, 38; o apostolado, consequência da fé, 262, 268, 272; a fé de Nossa Senhora, 284, 285. V. homilia VIDA DE FÉ, *190-204*, e os verbetes DOUTRINA e VISÃO SOBRENATURAL.

FELICIDADE. 292; felicidade e entrega, 22, 93; e liberdade, 33, 35; fruto da presença de Deus, 18; alegria, 92, 108, 206. V. CÉU e SANTIDADE.

FIDELIDADE. 48, 49, 187; a Deus e aos homens, 5; justiça com Deus, 165, 167; fidelidade e esperança, 206, 208, 209, 211, 220, 221; sinceridade, 188, 189. V. PERSEVERANÇA e VOCAÇÃO CRISTÃ.

FILIAÇÃO DIVINA. 143, 144, 228; confiança em Deus, 116, 117, 208-210, 218, 219, 221;

agradar a Deus, 136, 152, 153; recorrer a Deus nas fraquezas, 108, 146-148; normas de piedade, 149-151; confiança e simplicidade na oração, 145, 243; infância espiritual, 142-144; caridade, fraternidade, 228, 231, 233; filiação divina e liberdade, 26, 27, 35, 38. V. homilia A RELAÇÃO COM DEUS, *142-153*, e os verbetes ABANDONO EM DEUS, INFÂNCIA ESPIRITUAL e PIEDADE.

FIM DO HOMEM. 2-4, 9, 10, 12, 21, 22, 294; escolha do homem, 24, 26, 29; os três caminhos, 130, 131, 133; a vida à luz da morte, 48-52; liberdade das consciências, 32, 35; os meios, 118; Céu, 39, 71, 213, 216, 219. V. CÉU e SANTIDADE.

FIRMEZA. 77, 90, 92; fortaleza no trabalho, 72, 141. V. FORTALEZA.

FORMAÇÃO. Doutrina, 260; formação da consciência, 20, 185; corrigir, 157, 158, 161. V. DOUTRINA e DIREÇÃO ESPIRITUAL.

FORTALEZA. Paciência, serenidade, 78, 79, 88, 105, 286; retidão, firmeza, 77, 90, 92; audácia, 85, 87, 163, 164, 266; servir-se dos meios eficazes, 118, 157, 158, 161; poder de Deus, filiação divina, 14, 146-148; fortaleza na fé, 171, 174, 246; no trabalho e na Cruz, 72, 141; fortaleza e esperança, 207, 211, 212, 218, 219; a força do amor, 162-164, 237; dom do Espírito Santo, 92; Nossa Senhora, fortaleza do cristão, 16, 134. V. AUDÁCIA, CONSTÂNCIA, PACIÊNCIA, VALENTIA.

FRAQUEZA HUMANA. Proximidade do Senhor, 50, 201; misérias, 94, 95, 107; experiência e responsabilidade, 163, 164; fidelidade e esperança, 187, 212, 213, 215, 218, 253; sinceridade e Confissão, 188, 189, 214; compreensão, 162, 233, 236; Nossa Senhora, Mãe, 237, 276, 280, 292. V. CONFISSÃO e HUMILDADE.

FRAQUEZAS. 94, 95, 107, 146--148, 214. V. FRAQUEZA HUMANA.

FRATERNIDADE. 228, 231, 233; mandamento novo, 222-224, 230, 243, 244; correção fraterna, 157, 158, 234. V. CARIDADE.

GENEROSIDADE. 46, 47, 80; generosidade e liberdade, 28-31, 35, 38, 47; com Deus, 21, 22, 140, 196; na Cruz, 131, 132, 140; generosidade e pobreza, 126. V. ENTREGA.

GLÓRIA DE DEUS. 10, 12, 248; e liberdade do homem, 24.

GRAÇA DIVINA. 92; vida interior e correspondência à graça, 7, 267, 300, 307, 308; ação da graça, 105, 262, 263. V. ESPÍRITO SANTO e VIDA SOBRENATURAL.

HEROÍSMO. 134, 139; na luta pela santidade, 3, 5, 7, 22. V. ENTREGA e GENEROSIDADE.

HIPOCRISIA. 131, 133, 141, 243; com Deus, 51, 153, 167; justiça e caridade, 172, 174; fustigada no Evangelho, 155, 156, 159; sinceridade de vida, 19, 75, 91. V. VERACIDADE.

HONRADEZ, 82; homens de bem, 19, 75, 91.

HUMILDADE. 23, 45, 82, 309; conhecimento de Deus e conhecimento próprio, 98, 113, 167, 218; exemplo e ensinamentos de Jesus Cristo, 97, 102, 103, 111, 112, 154; poder de Deus e debilidade humana, 14, 104, 194, 199; humildade nas fraquezas,

131, 146-148, 180, 182; soberba, 99-101; desprendimento de si mesmo, 114, 115, 139; liberdade e entrega, 21, 22, 31; endeusamento bom, 94, 98, 106, 107; instrumentos nas mãos de Deus, 250, 261, 262, 267; retidão de intenção, 131, 133; verdade e sinceridade, 7, 15-17, 96, 141, 163, 164, 188, 189; humildade e caridade, 162, 233, 236, 237; e esperança, 213-216; e diginidade humana, 108, 233, 236; humildade de Nossa Senhora, 286. V. homilia HUMILDADE, *94-109*, e os verbetes CONHECIMENTO PRÓPRIO e VIDA SOBRENATURAL.

IGREJA. 2, 263, 316; fidelidade e liberdade, 11, 33, 36, 156; prudência e fortaleza na doutrina, 157, 158, 161; justiça e caridade, 170, 171, 225-228, 231, 234-237; apostolado dos cristãos, 5, 267; Comunhão dos Santos, 76, 154; na barca de Cristo, 21, 22; Nossa Senhora, Mãe da Igreja, 155, 281, 282.

INFÂNCIA ESPIRITUAL. 102, 103, 142, 290; filiação divina e abandono, 14, 143, 144; retidão e maturidade, 136, 147, 148; simplicidade na oração, 145; piedade filial nas fraquezas, 108, 146-148, 153. V. FILIAÇÃO DIVINA.

INSTRUMENTOS DE DEUS, 250, 259-262, 266, 267. V. APOSTOLADO.

JACULATÓRIAS. 195, 197, 283, 293, 296. V. ORAÇÃO e PRESENÇA DE DEUS.

JESUS CRISTO. Sua Humanidade Santíssima, 50, 111, 112, 201, 266; sua Encarnação e vida corrente, 81, 89, 274, 275; Bom Pastor, 1; sede de almas, 202, 311; Cruz e Ressurreição, 128, 132, 141, 216, 220, 301; as Chagas de Cristo, 302, 303, 306; seu senhorio e liberdade, 11, 21, 22, 25, 27; seu Coração e amor aos homens, 93, 222-225, 228-231, 234-237; esperança e fortaleza do homem, 205, 214, 218; Cristo que passa e chama, 3-5, 21, 22, 202, 265, 299, 300; Modelo e Caminho, 75, 127, 224, 299, 300, 306, 314; exemplo de filiação divina, 143, 144; de humildade e de serviço, 97, 103, 111, 112, 173; de oração, 239, 240; de caridade, 43, 44; de trabalho, 56, 62, 72, 81, 284, 285; de prudência e fortaleza, 155-159, 163, 165; de pobreza, 110, 115, 121, 122; de santa pureza, 43, 175, 176; de penitência, 135, 136; crer em Jesus Cristo e identificar-se com Ele, 58, 191, 204, 252, 281, 303; o cristão, outro Cristo, 6, 129, 140, 254, 302; Jesus Cristo liberta o homem, 26, 32-35, 171; Nossa Senhora, Mãe de Cristo e caminho para Ele, 274, 275, 283, 299. V. CARIDADE e VIDA SOBRENATURAL.

JUSTIÇA. A cada um o que é seu, 165, 166; os direitos de Deus, 156, 160, 166, 167, 171; justiça no mundo, 170, 171; trabalho e serviço, 72, 118-120, 126; justiça e verdade, 82, 83, 90; justiça e caridade, 83, 161, 162, 168, 169, 172-174, 232, 235, 236. V. homilia VIVER DIANTE DE DEUS e DIANTE DOS HOMENS, *154-174*.

JUVENTUDE. 31, 54; esperança, 221.

LABORIOSIDADE. 55, 57, 60, 62; diligência, 42, 81; aproveitamento do tempo, 39, 41, 54; exigência e rendimento no trabalho, 51, 52, 64, 67. V. APROVEITAMENTO DO TEMPO e TRABALHO.

LEALDADE. 273; fidelidade, 5, 48, 49, 187.

LEI MORAL. E liberdade das consciências, 32, 38.

LIBERDADE. Escolher e decidir-se por Deus, 23-25, 35, 37, 38, 297; sentido da liberdade, 26, 27; falsa liberdade, 29, 30; coração livre, 114, 115, 118, 123, 125; liberdade para a entrega, 10, 11, 28-31, 84, 233, 297; liberdade responsável, 36-38; nas questões terrenas, 165; verdade e justiça, 170, 171; liberdade das consciências, 32-35, 37. V. homilia A LIBERDADE, DOM DE DEUS, *23-38*.

LUTA ASCÉTICA. 62, 217; humilde, 8, 14, 20, 162, 238; começar e recomeçar, 94, 95, 106, 131; por Amor, 222-224; esportividade na luta, 182, 186; sinceridade de vida e liberdade, 13, 36, 38; piedade filial nas fraquezas, 146-148; plano de vida, 149-151; necessidade da santa pureza, 180-182, 186; Cruz e penitência, 132, 138, 139, 141; esperança, 207, 211, 214-216, 218, 219; crescimento na caridade, 232, 233; heroísmo, 3, 7; Nossa Senhora nos ajuda na luta, 16, 134. V. VIRTUDES HUMANAS e VIDA SOBRENATURAL.

MAGNANIMIDADE. 80, 106, 196, 245. V. FORTALEZA.

MARXISMO. 170, 171.

MATURIDADE. 74-76, 92, 93, 147, 148.

MEDIOCRIDADE. 5, 42, 202, 248; comodismo, 46, 83; tibieza, 150, 192, 207, 211.

MISÉRIAS. 94, 95, 107, 146-148, 214. V. FRAQUEZA HUMANA.

MISERICÓRDIA DIVINA. 168, 169, 214, 215, 218, 222, 232; e debilidade humana, 14, 104, 194, 199, 253. V. AMOR DE DEUS.

MISSA. Corredenção, 140; centro de toda a vida, 13; Eucaristia, 199, 235. V. EUCARISTIA.

MORTE. 39, 40, 110; a vida à luz da morte, 48-52; esperança, 206, 208, 209, 211, 221. V. CRUZ.

MORTIFICAÇÃO. O seu sentido profundo, 128, 140, 201, 216, 301; os três caminhos, 130, 131, 133; aceitação gozosa da Cruz, 132, 140, 141; sacrifício por Amor, 84, 140, 196; mortificação na vida corrente, 134-137, 250; no trabalho, 67, 68, 71; exercícios de penitência, 138, 139, 141. V. homilia SEGUINDO OS PASSOS DO SENHOR, *127-141*, e os verbetes CORREDENÇÃO, CRUZ, VIDA SOBRENATURAL.

MUNDO. 39, 105; responsabilidade do cristão, 48, 49, 156, 297; esperança e eternidade, 200, 203, 207, 219; na terra e no Céu ao mesmo tempo, 71, 206, 208-211, 220, 316; contemplativos no meio do mundo, 247, 250, 292, 308, 310, 313, 314; santificação do trabalho humano, 57, 58, 61, 63, 67; salvação do mundo, 3, 4, 206, 221, 263, 294, 308; o fermento e a massa, 9, 257, 259, 260; liberdade, 11, 29, 35, 165; justiça e prudência, 120, 155, 168-171; caridade, unidade, 172-174, 228, 231, 234-237; semear a caridade no mundo, 222-225; colocar Cristo no cume das atividades humanas, 58. V. ATIVIDADES TEMPORAIS.

NATURALIDADE. 253, 254; no desprendimento e na mortificação, 120, 135, 136, 138, 139, 141; no apostolado, 273; naturalidade de Jesus Cristo, 121. V. VIDA CORRENTE.

NORMAS DE PIEDADE. 149--152. V. PLANO DE VIDA.

NOSSA SENHORA. Mãe de Deus, 241, 274, 275, 283; Mãe do Amor Formoso, 277, 279; Mãe da Igreja, 156, 281, 282; Mãe dos homens, 237, 276, 280; Corredentora, 141, 287, 288; Esperança, 214, 220, 221; perfeições e privilégios, 276, 288, 292; liberdade da sua entrega, 25; modelo e caminho, 134, 279, 281, 299, 303; Mestra de fé, 284, 285; de esperança, 286; de caridade de justiça, 173, 174, 237, 287, 288; de oração, 241; de humildade e de virtudes humanas, 16, 93, 241; do aproveitamento do tempo, 54; alegria, 109; santa pureza, 180, 181, 185, 186, 189; ajuda para lutar, 16, 134; amor e devoção a Nossa Senhora, 277, 279, 289; Santo Rosário, 248, 290, 293, 299. V. homilia MÃE DE DEUS, MÃE NOSSA, *274-293*.

OBEDIÊNCIA. Fé operativa, 193; instrumentos de Deus, 261; obediência e entrega, 21. V. DIREÇÃO ESPIRITUAL.

OFERECIMENTO DE OBRAS. 217, 296; oferecimento do trabalho, 55, 61, 67, 68, 71, 72.

OMISSÕES. 42, 202.

OPUS DEI. Santidade e liberdade, 10-12, 294; Cruz e alegria, 132; pobreza e confiança em Deus, 117, 122; caridade com todos, 43, 226-228; santificação do trabalho, 54, 58, 59, 61, 65, 210.

ORAÇÃO. Vida de oração e santidade, 238, 249, 294, 295, 306; exemplo de Jesus Cristo, 239, 240, 252; ação do Espírito Santo, 145, 244; como fazer oração, 243, 244, 255; falar com Deus, 197, 245, 246, 253, 294-298; introduzir-se nas passagens do Evangelho, 160, 216, 222, 252, 253; oração confiada, 95, 204; com simplicidade, 38, 145; sem anonimato, 64, 67; viva e operativa, 133, 134, 160, 236, 310; perseverante, 195, 249; contínua, 149, 150, 247, 251, 308, 309; oratório, 249; normas de piedade, 149-151; orações vocais, 248, 296; meio para o apostolado, 5, 18, 150, 154, 196, 239, 271, 311; primeiros cristãos, 242; Nossa Senhora, Mestra de oração, 241, 279, 280, 285, 293. V. homilia VIDA DE ORAÇÃO, *238-255*, e os verbetes PRESENÇA DE DEUS e VIDA SOBRENATURAL.

ORGULHO. V. SOBERBA.

OTIMISMO. Confiança em Deus, 116, 119; esperança, 219; alegria, 92, 93, 108, 206. V. FILIAÇÃO DIVINA.

PACIÊNCIA. 78, 219, 286; serenidade, 79, 88, 105. V. FORTALEZA.

PAZ. Na vida sobrenatural, 10, 12, 305, 307, 308; consequência da luta, 13, 20; liberdade e esperança, 33, 35, 116, 153, 215; semear a caridade e a paz no mundo, 93, 228, 231, 233, 236, 311. V. SERENIDADE.

PECADO. 94, 95, 243; escravidão do pecado, 33, 34, 37, 38, 57, 211; a soberba, raiz de todos os pecados, 100; dívida com Deus, confissão, 140, 168, 214; humildade e oração, 187, 253, 288. V. FRAQUEZA HUMANA.

PENITÊNCIA, 138-141, 309; mortificação, 128, 201, 216, 301. V. CRUZ.

PERDÃO. 168, 214, 215, 218-220. V. COMPREENSÃO.

PERSEVERANÇA. Na vida interior, 151, 152; na oração, 195, 238, 242, 244, 247; sinceridade, fidelidade, 48, 49, 187-189; esperança, 218, 219, 221. V. FORTALEZA e VOCAÇÃO CRISTÃ.

PIEDADE. Nasce da filiação divina, 142-144, 146; justiça para com Deus, 156, 160, 165, 166; agradar a Deus, 152, 153; simplicidade na oração, 145, 243; confiança filial nas fraquezas, 108, 146-148; normas de piedade, 149-151; sinceridade de vida, 141, 153, 167; dom do Espírito Santo, 92. V. homilia A RELAÇÃO COM DEUS, *142-153*, e o verbete ORAÇÃO.

PLANO DE VIDA. 18, 19, 137, 141; normas de piedade, 149--152; exercícios de penitência, 138, 139. V. PRESENÇA DE DEUS.

POBREZA. Exemplo de Cristo, 110, 121; desprendimento, 118, 123-125; responsabilidade e generosidade, 119, 120, 122, 126, 137, 235, 236; confiança em Deus, 116, 117. V. homilia DESPRENDIMENTO, *110-126*, e o verbete TEMPERANÇA.

PREGUIÇA. 30, 42, 45-47; no trabalho, 59, 62, 69; falsas esperanças, 207; preguiça na luta ascética, 150, 211, 217; diligência, 42, 81.

PRESENÇA DE DEUS. 20-22, 218, 312; no trabalho, 58, 62, 65-67; plano de vida, 18, 19, 149-152; contemplativos no meio do mundo, 70, 221, 247, 250, 292, 308. V. CONTEMPLAÇÃO e VIDA SOBRENATURAL.

PRIMEIROS CRISTÃOS. 63, 225, 242, 269, 270.

PROSELITISMO CRISTÃO. 9, 267; levar os outros a Cristo, 5. V. APOSTOLADO.

PRUDÊNCIA. Sabedoria do coração, 85-88; necessidade, 155, 160, 163, 164; falsa prudência, 85, 158, 159; prudência e maturidade, 54, 72, 79, 88, 158, 164; prudência e conselho, 86, 88; sem ser cautelosos nem desconfiados, 156, 159; decisão e fortaleza, 79, 156, 161-166, 172--174; servir-se dos meios eficazes, 118, 157, 158. V. homilia VIVER DIANTE DE DEUS e DIANTE DOS HOMENS, *154-174*, e o verbete VIRTUDES HUMANAS.

PUREZA. Exemplo de Cristo, 43, 176; liberdade para o amor, 84, 175, 183, 184, 187; afirmação gozosa, 177, 178, 182; dignidade humana, 177-179, 185; entrega do coração, 183, 184; luta esportiva, 180-182, 186; meios, 183, 184, 249, 303; sinceridade, 181, 182, 188, 189. V. homilia PORQUE VERÃO A DEUS, *175--189*, e o verbete CORAÇÃO.

REBELDIA. E liberdade, 38.

REDENÇÃO. 110, 220, 240; Cristo liberta o homem, 26, 32-35, 171; caridade, 230, 231, 233--237; salvação do mundo, 3, 4, 206, 221, 263, 294, 308; redenção do tempo, 48, 49; Nossa Senhora, Medianeira, 276, 287, 288. V. CORREDENÇÃO e JESUS CRISTO.

RESPEITO À PESSOA. 11, e à sua liberdade, 32-35.

RESPEITOS HUMANOS. 158, 159. V. COVARDIA.

RESPONSABILIDADE. 42, 258, 263; diante de Deus, 36-38; render, 45, 46, 51, 54, 119, 120, 272; responsabilidade e liberda-

ÍNDICE

de, 11, 27, 32, 125; do cristão, 156, 272. V. APOSTOLADO e TRABALHO.

RETIDÃO DE INTENÇÃO. 16, 17, 62, 66, 68, 88, 131-133, 143; veracidade, 159; sinceridade de vida, 163, 164; a alegria de retificar, 133-134. V. VONTADE DE DEUS.

SABEDORIA. Dom do Espírito Santo, 85, 87, 92, 148, 307, 315; e Nossa Senhora, 278.

SACRIFÍCIO. 128, 201, 216, 301; por Amor, 84, 140, 196; aceitação gozosa da Cruz, 132, 141; no trabalho, 67, 68, 71. V. CORREDEÇÃO e CRUZ.

SANTIDADE. Chamada universal, 2, 6, 294, 312; meta acessível, heroísmo, 3, 4, 7, 13, 298; poder de Deus e debilidade humana, 14, 20; amizade e identificação com Jesus Cristo, 21, 22, 199, 201, 265, 299, 300, 302; encontro com a Cruz, 132, 137-141, 301, 302, 304, 305; Santíssima Trindade, ação do Espírito Santo, 92, 178, 244, 306; começar e recomeçar, 31, 131, 214, 216, 309; por um plano inclinado, 7, 219; na vida corrente, 9, 48, 49, 54, 119, 120, 297, 308, 312--314; a santidade e as coisas pequenas, 7, 8, 16, 20, 55, 62; filiação divina, 143, 144, 146--148; oração, 238, 295, 296; virtudes e vida sobrenatural, 18-20, 74, 91, 205, 206; necessidade da santa pureza, 177, 178, 185, 186; entrega, 6, 9, 21, 22; crescimento na caridade, 222-224, 232, 233, 235-237; santidade e liberdade, 9-12; apostolado e salvação do mundo, 4, 5, 9, 257, 258, 262, 311; companhia dos anjos e ajuda de Nossa Senhora, 293, 299, 315, 316. V. homilias

A GRANDEZA DA VIDA CORRENTE, *1-22*, e RUMO À SANTIDADE, *294--316*, e os verbetes LUTA ASCÉTICA, VIDA SOBRENATURAL e VOCAÇÃO CRISTÃ.

SANTÍSSIMA TRINDADE. Trato com a Santíssima Trindade, 152, 252, 306; e Nossa Senhora, 25, 274.

SANTOS. Exemplo em sua fraqueza, 20.

SÃO JOSÉ. 174, 220, 255.

SENHORIO. Filiação divina e serviço, 26, 120; desprendimento, 84, 116, 118, 122, 123.

SERENIDADE. Paz interior, 10, 12, 79, 88, 105; paciência, 78, 219, 286. V. FORTALEZA.

SERVIÇO. V. ESPÍRITO DE SERVIÇO.

SINCERIDADE. 82, 181, 182, 243; na direção espiritual, 15--17, 188, 189; sinceridade de vida, 19, 141, 163, 164, 211, 268. V. VERACIDADE.

SIMPLICIDADE. 89, 90; filiação divina, 143; nas fraquezas, 146--148, na oração e no apostolado, 145, 273; sinceridade, 188, 189. V. INFÂNCIA ESPIRITUAL e NATURALIDADE.

SOBERBA. 94, 98, 107, 112; raiz de todos os pecados, 99-101; vaidade, 100, 113, 114; suscetibilidade e imaginações vãs, 8, 90, 101; conhecimento de Deus e conhecimento próprio, 98, 113, 167, 218; Deus resiste aos soberbos, 104; necessidade de Deus, 146, 148, 213, 303; desprendimento de si mesmo e liberdade, 21, 22, 31, 114, 115; necessidade da oração, 150, 249; e da sinceridade, 188, 189. V. HUMILDADE.

SOBRIEDADE. 43, 84, 125. V. TEMPERANÇA.

TEMOR DE DEUS. Dom do Espírito Santo, 92; detestação do pecado, 130, 253.

TEMPERANÇA. 43, 72, 84, 130, 135. V. homilias DESPRENDIMENTO, *110-126*, e PORQUE VERÃO A DEUS, *175-189*, e o verbete VIRTUDES HUMANAS.

TEMPO. 39, 46, 52, 54, 81; redenção do tempo, 48, 49; aproveitamento do tempo, 41, 42, 51, 62, 64, 67; santidade e apostolado, 5, 44, 212. V. homilia O TESOURO DO TEMPO, *39-54*, e os verbetes APROVEITAMENTO DO TEMPO e TRABALHO.

TERÇO. 248, 290, 293, 299. V. NOSSA SENHORA.

TIBIEZA. 42, 150, 192, 202, 207, 211; mediocridade e comodismo, 46, 83; remédios, 143, 217; a Cruz de Cristo, 129-131. V. CARIDADE.

TRABALHO. Exemplo de Jesus Cristo, 56, 72, 81, 284, 285; participação na obra criadora, 57; trabalho bem feito, 55, 63, 65, 66; vocação profissional, 58, 60-62; rendimento, 42, 45, 46, 51, 54, 258, 272; aproveitamento do tempo, 45-47, 52, 64, 81; retidão de intenção, 62, 66; santificação do trabalho, 58, 61, 70, 72, 202, 210; converter o trabalho em oração, 10, 12, 44, 64--67, 208, 209, 245, 246; apostolado correndeção, 48, 49, 60, 61, 67, 264, 273; exemplaridade, 62, 63, 66, 69, 70; justiça e caridade, 44, 61, 67, 68, 71, 72, 169; colocar Cristo no cume de todas as atividades humanas, 58. V. homilia TRABALHO DE DEUS, *55-72*, e os verbetes APROVEITAMENTO DO TEMPO, LABORIOSIDADE e VIDA SOBRENATURAL.

UNIDADE. 228-234; Comunhão dos santos, 76, 154.

UNIDADE DE VIDA. 74, 75, 91, 93, 165, 243; sinceridade de vida, 13, 163, 164; retidão de intenção, 131-133; contemplativos no meio do mundo, 247, 250; oração viva, 146, 153, 245, 246, 249, 310, 312; plano de vida, 149-151. V. CONTEMPLAÇÃO.

UNIVERSALIDADE. 67, 154, 156, 294; caridade universal, 162, 226-228, 230.

VAIDADE. 100, 101, 113, 114; imaginações vãs, 8, 90, 101. V. HUMILDADE e SOBERBA.

VALENTIA. 90, 164; audácia, 85, 87, 266; no apostolado, 269, 270. V. FORTALEZA.

VERACIDADE. 82, 160; prudência, 88, 156, 158, 159; justiça e liberdade, 26, 27, 32, 33, 170, 171; dar doutrina, 157, 163, 260. V. SINCERIDADE.

VIDA CORRENTE. Exemplo de Jesus Cristo, 56, 81, 89, 121, 127, 274, 275; Cristo na vida do homem, 21, 22, 313, 314; santidade na vida corrente, 2-7, 294, 308; liberdade e santidade, 7, 8, 55, 62; com o olhar no céu, 206, 208, 209, 212, 213, 220; presença de Deus operativa, 18, 19; filiação divina e oração viva, 143, 144, 149-151, 241, 245-247; unidade de vida e luta, 13, 14, 16, 17, 28, 71, 165; mortificação, 134-136, 138-141; a santidade e as coisas pequenas, 7, 8, 20, 55, 62; vocação profissional e vocação divina, 58, 60-62, 312; direitos e deveres, 119, 120; trabalho, 58, 61, 70, 72, 202, 210; aproveitamento do tempo, 39, 48, 49; amar os outros e convivência, 9, 231, 233,

236; apostolado no próprio ambiente, 5, 61-63, 67, 264, 265, 273; a vida corrente de Nossa Senhora, 285, 292. V. homilia A GRANDEZA DA VIDA CORRENTE, *1--22*.

VIDA SOBRENATURAL. Amizade e identificação com Jesus Cristo, 199, 201, 265, 299, 300, 302; filiação divina, 143, 144, 146-148; ação do Espírito Santo, 178, 244, 306; vida interior, 40, 41, 200, 255, 297, 307, 308; fundamentada na humildade, 98, 99; na presença de Deus, 21, 22; na oração, 238, 245, 247, 251, 310; e na mortificação, 138, 141, 301, 302, 304, 305; obscuridade na vida interior, 152; virtudes e dons, 92, 205; crescimento na caridade, 222--225, 232, 233, 235-237; santificação do trabalho, 61, 68, 72; converter o trabalho em oração, 10, 12, 44, 64-67, 208, 209, 246; necessidade da santa pureza, 175, 181, 182, 185, 186; coerência de vida e heroísmo, 3, 5, 13; plano de vida, 18, 19, 149-151; começar e recomeçar, 94, 95, 131, 216, 219; contemplativos no meio do mundo, 250; vida interior e apostolado, 5, 51, 271, 273, 297; Nossa Senhora, 279, 280, 285, 289, 293. V. APOSTOLADO, CARIDADE, MORTIFICAÇÃO, ORAÇÃO.

VIRGEM SANTÍSSIMA. V. NOSSA SENHORA.

VIRTUDES. Jesus Cristo, Modelo, 154, 224; virtudes teologais, 205, 220, 221, 235, 306; virtudes humanas, 19, 73-75, 90, 273; fundamento das sobrenaturais, 74, 91; exercício diário e heroico, 3, 7, 161; Nossa Senhora, Mestra de virtudes, 93, 241, 284-288. V. homilia VIRTUDES HUMANAS, *73-93*, e os verbetes FORTALEZA, JUSTIÇA, LUTA ASCÉTICA, TEMPERANÇA e PRUDÊNCIA.

VISÃO SOBRENATURAL. 10, 194, 200, 203, 303; no apostolado, 267. V. FÉ.

VOCAÇÃO CRISTÃO, 196, 294, 312; o Bom Pastor, 156-158; encontro com a Cruz de Cristo, 128, 129, 132, 301; resposta e entrega livre, 28-31, 36, 195; os três caminhos, 130, 131, 133; com o olhar posto no Céu, 208, 209; exercício de virtudes, 160, 170, 171, 205, 215; mandamento novo, 222-224; santificação do mundo, 210; seguir a Jesus Cristo, 21, 22, 127, 198, 199, 299, 313, 314. V. SANTIDADE e VIDA SOBRENATURAL.

VOCAÇÃO PROFISSIONAL. 61--63, 70, 308. V. TRABALHO.

VONTADE. 33, 84, 86; responsável ante Deus, 36; amor, caridade, 231. V. CARIDADE.

VONTADE DE DEUS. 198, 243; aceitá-la, amá-la, 52, 153, 167, 311; serviço alegre, 12, 93; santidade e apostolado, 268, 294; prudência e liberdade, 26, 27, 86; Nossa Senhora, fiel, 293. V. RETIDÃO DE INTENÇÃO.

Direção geral
Renata Ferlin Sugai

Direção editorial
Hugo Langone

Produção editorial
Juliana Amato
Gabriela Haeitmann
Ronaldo Vasconcelos

Capa
Gabriela Haeitmann

Diagramação
Sérgio Ramalho

ESTE LIVRO ACABOU DE SE IMPRIMIR
A 27 DE NOVEMBRO DE 2023,
EM PAPEL IVORY SLIM 65 g/m².